Os Lugares do Meio

RORY STEWART

Os Lugares do Meio

Tradução de
S. DUARTE

EDITORA RECORD
RIO DE JANEIRO • SÃO PAULO

2008

CIP-Brasil. Catalogação-na-fonte
Sindicato Nacional dos Editores de Livros, RJ.

Stewart, Rory
S871L Os lugares do meio / Rory Stewart; tradução S. Duarte.
– Rio de Janeiro: Record, 2008.

Tradução de: The places in between
ISBN 978-85-01-08022-6

1. Stewart, Rory – Viagens – Afeganistão. 2. Afeganistão
– Descrições e viagens. 3. Afeganistão – Usos e costumes.
I. Título.

CDD – 915.81
07-4312 CDU – 913(581)

Título original em inglês:
THE PLACES IN BETWEEN

Direitos exclusivos de publicação em língua portuguesa para o Brasil adquiridos pela
EDITORA RECORD LTDA.
Rua Argentina 171 – Rio de Janeiro, RJ – 20921-380 – Tel.: 2585-2000
que se reserva a propriedade literária desta tradução

Impresso no Brasil

ISBN 978-85-01-08022-6

PEDIDOS PELO REEMBOLSO POSTAL
Caixa Postal 23.052
Rio de Janeiro, RJ – 20922-970

EDITORA AFILIADA

Dedico este livro aos povos do Irã, Afeganistão, Paquistão, Índia e Nepal, que me indicaram o trajeto e me ofereceram alimento, proteção e abrigo, tornando possível esta caminhada. Nem todos eram santos, mas alguns, sim. Vários foram gananciosos, indolentes, burros, hipócritas, insensíveis, mentirosos, ignorantes e cruéis. Alguns haviam roubado ou assassinado outras pessoas; muitos me ameaçaram e me pediram favores. Nunca, porém, durante os 21 meses de minhas viagens, alguém tentou me seqüestrar ou matar. Eu era um estrangeiro viajando sozinho a pé em regiões muito remotas, representava uma cultura que muitos deles odiavam e trazia comigo dinheiro suficiente para salvar suas vidas ou pelo menos transformá-las. Em mais de quinhentas casas das várias aldeias fui recebido, alimentado, cuidado e protegido por pessoas mais pobres e vulneráveis, com mais fome e menos saúde do que eu. Quase todos os grupos que encontrei — curdos sunitas, xiitas hazara, cristãos do Punjab, siques, brâmanes de Kedarnath, dalits de Garwhal e budistas de Newari — prodigalizaram-me hospitalidade sem pensar em recompensa.

A eles devo esta viagem e minha vida.

Sumário

Prefácio, 9

Introdução

O Novo Serviço Público, *13*
Tanques que Viram Cajado, *19*
Longe do Litoral da Ásia, *24*

Primeira Parte

Chicago e Paris, *31*
Huma, *33*
A Caminho, *37*
Aquelas Botas, *44*

Segunda Parte

Qasim, *53*
Pronome Indefinido, *61*
Uma Aldeia Tadjique, *65*
O Emir do Ocidente, *68*
Caravançarai, Cujos Portais..., *75*
Aos Olhos de um Cego, *82*
Genealogias, *90*
"Lest he Returning Chide"
("Para que castigo a mim não torne"), *96*
Jóias da Coroa, *108*
Pão e Água, *114*
O Guerrilheiro Invencível, *119*
O Homem que não Valia Nada, *123*

Terceira Parte

Edificações nas Terras Altas, *129*
A Dança dos Missionários, *136*
Óculos de Gato Espelhados, *141*
Casamento com Muçulmano, *145*
Um Cão de Guerra, *152*
O Comandante Haji (Moalem) Mohsin Khan, de Kamenj, *160*
Primos, *167*

Quarta Parte
O Minarete de Jam, *175*
Vestígios no Chão, *185*
Entre Jam e Chaghcharan, *190*
Orações na Alvorada, *194*
O Pequeno Lorde, *197*
Sapos, *202*
O Lugar Ventoso, *207*

Quinta Parte
Um Mapa Feito de Nomes, *217*
Recepção a Desconhecidos, *224*
Folhas no Teto, *229*
Chamas, *232*
Zia, de Katlish, *236*
O Hóspede Sagrado, *241*
A Caverna de Zarin, *245*
Devoções, *250*
Os Desfiladeiros do Vale, *253*

Sexta Parte
Os Estágios Intermediários da Morte, *261*
Pegadas Aladas, *264*
Blair e o Corão, *267*
O Solo Salgado e o Nardo, *273*
Círculos Pálidos nas Paredes, *276*
@afghangov.org, *279*
Enquanto Dura a Música, *284*

Sétima Parte
Pegadas no Teto, *291*
Eu Sou o *Zoom*, *294*
Karaman, *296*
Os Soldados de Khalili, *301*
E Eu Tenho a Minha, *306*
O Plano das Gerações, *309*
A Nascente do Rio Cabul, *312*
Talibã, *315*
Dedos dos Pés, *321*
Mármore, *326*

Epílogo, 331

Agradecimentos, 335

Prefácio

NÃO SOU CAPAZ DE EXPLICAR muito bem por que atravessei o Afeganistão a pé. Talvez o tenha feito porque era uma aventura. Contudo, foi a parte mais interessante de minha viagem pela Ásia. O Talibã proibira cartazes e filmes, mas eu cheguei seis semanas depois que eles já tinham partido e vi as arcadas de Herat cheias de pôsteres do astro do cinema indiano Hrithik Roshan de pé sobre um penhasco ao pôr-do-sol, com os cabelos espessos assanhados pela brisa da tarde. No pátio onde os homens da al-Qaeda se reuniam para conversar em urdu, estudantes esperavam os correspondentes de guerra a fim de praticar o inglês. Num carrinho de mão, em meio a uma pilha de outros DVDs, encontrei um do filme *O homem da máscara de ferro*. A capa fora retocada para o mercado afegão, e portanto Leonardo Di Caprio, vestido com as roupagens do século XVII no papel de Luís XIV, brandia uma Browning 9mm. Em Herat, que tinha sido um grande mercado medieval para a China, a Turquia e a Pérsia, vendiam-se agora despertadores chineses, óculos escuros turcos e suco de maçã iraniano.

Era o início de 2002. Eu tinha acabado de passar dezesseis meses caminhando entre trinta e quarenta quilômetros por dia para atravessar o Irã, o Paquistão, a Índia e o Nepal. Minha intenção era fazer todo o percurso a pé; eu pretendia ter atravessado o Afeganistão no ano anterior, mas em dezembro de 2000 o governo iraniano revogou meu visto. Talvez tivessem descoberto que eu já tinha sido diplomata britânico e desconfiassem de minha motivação. Em seguida, o Talibã recusou-se a permitir minha entrada no Afeganistão e o governo paquistanês impediu minha ida à província de Baluquistão. Como resultado, tive de deixar um hiato entre o Irã e a etapa seguinte de minha jornada, que começou em Multan, no Paquistão, e continuou ininterruptamente até a parte oriental do Nepal.

Pouco antes do Natal de 2001, cheguei a uma cidade no Nepal e lá fiquei sabendo que o regime do Talibã tinha caído. Resolvi voltar ao Afeganistão utilizando veículos e caminhar de Herat a Cabul, ligando assim minha caminhada no Irã com o trecho que percorrera no Paquistão. Preferi caminhar em linha reta nesse percurso, atravessando as montanhas centrais. O atalho habitual através de Kandahar era mais plano, mais fácil e sem neve, mas era também mais longo e controlado em alguns trechos pelo Talibã.

A guerra no país já durava 25 anos; o novo governo assumira apenas duas semanas antes, e entre Herat e Cabul não havia energia elétrica, televisão ou camisetas. Nas aldeias praticava-se uma etiqueta medieval combinada a novas ideologias políticas. Em muitas casas, a única tecnologia estrangeira era um rifle Kalashnikov e a única marca global era a do Islã. Tudo o que antes fizera o Afeganistão parecer atrasado, periférico e irrelevante agora o trazia para o centro da atenção mundial.

Introdução

O país é coberto por trevas, e por isso as pessoas de fora nada podem ver em seu interior, e ninguém ousa penetrar por temor às trevas. No entanto, seus habitantes dizem que às vezes ouvem vozes humanas, o relinchar de cavalos e galos cantando; portanto deve haver algum tipo de gente morando lá, mas não se sabe quem poderia ser.

Viagens de Sir John Mandeville,
c. 1360, capítulo 28

O Novo Serviço Público

OBSERVEI OS DOIS HOMENS QUE ENTRAVAM no saguão do Hotel Mowafaq.

A maioria dos afegãos parece deslizar pelo centro da escadaria do saguão arrastando as túnicas atrás de si como mantos venezianos. Aqueles homens, no entanto, vestiam paletós de estilo ocidental, caminhavam discretamente e se mantinham junto ao corrimão. Senti uma mão em meu ombro. Era o gerente do hotel.

— Siga-os — disse ele. O gerente nunca tinha falado comigo antes.

— Desculpe, mas não vou fazer isso — respondi. — Estou ocupado.

— Siga-os agora. São do governo.

Ele me levou a uma sala em outro andar, cuja existência eu desconhecia, e mandou-me tirar os sapatos e entrar sozinho, calçado com as meias. Os dois homens estavam sentados em um volumoso sofá de madeira negra, ao lado de uma escarradeira de alumínio. Ainda tinham os sapatos nos pés. Sorri. Eles, não. Com as cortinas de renda cerradas e a ausência de eletricidade na cidade, a sala estava escura.

— *Chi kar mikonid?* — Que está fazendo?, perguntou o que vestia terno escuro e camisa iraniana sem colarinho. Eu esperava que ele se levantasse normalmente e apertasse minha mão, desejando-me paz, mas o homem ficou sentado.

— *Salaam aleikun* — A paz esteja contigo, disse eu, sentando-me.

— *Waleikun a-salaam. Chi kar mikonid?* — repetiu ele, em voz baixa, recostando-se e passando a mão gorducha e manicurada pelo braço de veludilho roxo do sofá. Os cabelos fartos e o cavanhaque eram bem aparados. Senti-me acanhado por ter feito a barba pela última vez oito semanas antes.

— Já expliquei muitas vezes o que estou fazendo a Sua Excelência, Yuzufi, do Ministério do Exterior — respondi. — Tenho de encontrar-me com ele novamente agora. Estou atrasado.

Uma veia pulsava fortemente em meu pescoço. Eu sabia que era visível. Tratei de respirar pausadamente. Nenhum de nós falou. Deixei passar algum tempo e olhei em outra direção.

O mais magro dos dois puxou um rádio novo e pequeno, disse alguma coisa ao microfone e ajeitou a jaqueta engomada por sobre a camisa tradicional. Não precisei ver o coldre a tiracolo. Já imaginara que deviam ser membros do Serviço Secreto. Não davam importância ao que eu dizia nem ao que pensava deles. Já tinham observado gente por meio de câmeras escondidas em quartos de dormir, salas de tortura e lugares de execução. Sabiam que eu podia ser subjugado, qualquer que fosse a forma com que me apresentasse. Mas por que tinham resolvido interrogar-me? No silêncio que se seguiu ouvi um carro dando marcha a ré no pátio e depois as primeiras notas do chamado para a prece.

— Vamos — disse o homem do terno escuro. Mandou que eu caminhasse na frente. Nas escadas, passei por um garçom com quem tinha falado antes. Ele se afastou. Fui levado a um pequeno carro japonês estacionado no pátio de terra. Tinha sido pintado e lavado recentemente. Mandaram que eu me sentasse na parte de trás. Não havia nada nos compartimentos internos das portas e no chão. O carro parecia ter acabado de sair da fábrica. Sem nada dizer, entramos na avenida principal.

Isso foi em janeiro de 2002. A coalizão liderada pelos Estados Unidos estava terminando o bombardeio do complexo de Tora-Bora; Osama bin Laden e o mulá Mohammed Omar tinham escapado; começavam as operações em Gardez. O novo governo que substituíra o Talibã existia havia duas semanas. As leis que proibiam a televisão e a educação das mulheres tinham sido abolidas, prisioneiros políticos foram soltos e refugiados voltavam a seus lares; algumas mulheres saíam à rua sem véu. Militares dos Estados Unidos e das Nações Unidas administravam a infra-estrutura básica e as remessas de alimentos. Não havia uma guarda na fronteira, e eu entrei no país sem visto. Eu mal notava a existência de um governo no Afeganistão, mas aparentemente aqueles homens estavam em posição de autoridade.

Quando o carro entrou no Ministério do Exterior, os guardas no portão bateram continência e abriram passagem. Ao subir as escadas, dei-me conta de que me movimentava com rapidez pouco natural e que os homens tinham notado. Sem bater, um secretário nos introduziu na sala do Sr. Yuzufi. Este nos fitou durante um momento, de detrás de sua escrivaninha. Depois levantou-se, ajeitou o largo paletó de riscas e com um gesto colocou os homens na posição mais nobre da sala. Eles caminharam vagarosamente pelo chão forrado de linóleo, olhando a mobília que Yuzufi conseguira juntar desde que herdara um escritório vazio: a escrivaninha deteriorada, quatro arquivos desiguais em tons diferentes de verde-oliva e o aquecedor, que enchia a sala com um forte cheiro de gasolina.

Eu conhecia Yuzufi havia uma semana, o que correspondia à metade de sua carreira no Ministério do Exterior. Na quinzena anterior, ele estava no Paquistão. Na véspera, ele me oferecera chá e um doce cozido, dizendo que admirava minha viagem; riu ao ver uma foto de meu pai vestido com um *kilt* e falou de poesia persa. Agora não me cumprimentou, mas em vez disso sentou-se numa cadeira diante de mim, perguntando:

— Que aconteceu?

Antes que eu pudesse responder, o homem da barbicha adiantou-se.

— O que é que esse estrangeiro está fazendo aqui?

— Esses homens são do Serviço de Segurança — disse Yuzufi.

Assenti com a cabeça. Notei que Yuzufi tinha entrelaçado as mãos e que, tal como as minhas, elas tremiam ligeiramente.

— Vou traduzir para ter certeza de que o senhor compreende as perguntas deles — continuou Yuzufi. — Diga a eles quais são suas intenções, exatamente como disse a mim.

Olhei nos olhos o homem à minha esquerda.

— Pretendo atravessar o Afeganistão a pé. De Herat a Cabul. Caminhando. — Minha respiração ofegante não me deixava completar as frases. Fiquei surpreso ao ver que não me interrompiam. — Estou seguindo os passos de Babur, o primeiro imperador da Índia mongol. Quero ficar afastado das estradas. Os jornalistas, os funcionários humanitários e os turistas em geral viajam de carro, mas eu...

— Não há turistas — disse o homem do paletó engomado, que ainda não tinha falado. — O senhor é o primeiro turista no Afeganistão. Estamos no meio do inverno; nos passos mais elevados há três metros de neve e lobos, e está havendo uma guerra. O senhor vai morrer, posso garantir. Quer morrer?

— Muito obrigado pelo conselho. Tomei nota desses três pontos. — Pelo tom de voz dele inferi que os conselhos eram uma ordem. — Mas falei com o Gabinete — prossegui, dando nova qualidade a uma rápida reunião com um jovem secretário do ministro do Bem-Estar Social. — Preciso fazer essa viagem.

— Faça-a daqui a um ano — disse o homem do terno escuro.

Ele recebera de Yuzufi os registros meio maltratados de minha caminhada pelo sul da Ásia e os examinava: o recorte de um jornal do Nepal ocidental, que dizia "O Sr. Stewart é um peregrino pela paz"; uma carta do Conservador, Segundo Distrito, Departamento de Florestas de Himachal Pradesh, na Índia: "O Sr. Stewart, escocês, se interessa pelo meio ambiente"; e as de um funcionário distrital na região do Punjab, de um secretário do Interior num estado do Himalaia e de um Engenheiro Chefe do Departamento de Irrigação do Paquistão que solicitava a "todos os Engenheiros Executivos (XEN) do baixo Bari Doab que ajudem o Sr. Stewart, que empreenderá uma viagem a pé a fim de pesquisar a história do sistema de canais".

— Já expliquei isso — acrescentei — a Sua Excelência o filho do Emir, ministro do Bem-Estar Social, na ocasião em que ele também me deu uma carta de apresentação.

— De Sua Excelência Mir Wais?

— Aqui está. — Entreguei a folha de papel timbrado que tinha recebido do secretário do ministro. "O Sr. Stewart é estudioso da antiguidade medieval interessado na antropologia de Herat."

— Mas não está assinada.

— O Sr. Yuzufi perdeu a carta assinada.

Yuzufi, que estivera olhando para o chão, fez um leve sinal afirmativo com a cabeça.

Os dois homens falaram entre si durante alguns minutos. Não procurei entender o que diziam. Notei, no entanto, que usavam a língua persa do Irã, e não a do Afeganistão. Isso, suas roupas e seus modos me faziam pensar que tinham passado muito tempo no serviço secreto iraniano. Eu já tinha sido interrogado pelos iranianos, que suspeitavam que eu fosse espião. Não queria ser interrogado por eles novamente.

O homem do paletó engomado falou.

— Vamos deixar que ele caminhe até Chaghcharan. Mas nossos soldados o acompanharão por todo o trajeto. — Chaghcharan ficava a meio caminho entre Herat e Cabul e representava uma quinzena de minha viagem.

Os habitantes das aldeias nas quais eu pensava hospedar-me ficariam aterrorizados com uma escolta da polícia secreta. Provavelmente a intenção era essa. Mas por que me deixariam fazer a viagem, quando podiam expulsar-me? Eu me perguntava se talvez quisessem dinheiro.

— Muito obrigado pela preocupação com minha segurança — repliquei —, mas não me importo em correr o risco. Já caminhei sozinho em outros países da Ásia sem quaisquer problemas.

— O senhor terá a escolta — disse Yuzufi, interrompendo pela primeira vez. — Isto não é negociável.

— Mas tenho cartas de apresentação para os comandantes locais. Ficarei muito mais seguro com eles do que com gente de Herat.

— O senhor irá com nossos homens — repetiu ele.

— Não posso pagar uma escolta. Não tenho dinheiro.

— Não estamos esperando receber dinheiro — disse o do paletó engomado.

— Isto não é negociável — repetiu Yuzufi. Seu robusto joelho agora se agitava. — Se recusar será expulso do país. Eles querem saber quantos soldados o senhor levará.

— Se for obrigatório, um só.

— Dois... armados — disse o do terno escuro —, e o senhor partirá amanhã.

Os dois se levantaram e saíram da sala. Despediram-se de Yuzufi, mas não de mim.

Tanques que Viram Cajado

Fora do escritório de Yuzufi, comprei alguns biscoitos com geléia que vi na vitrine de uma confeitaria. Os homens que tinham acabado de me entrevistar não eram novatos em suas profissões. As reações dos empregados do hotel mostravam que eram bem conhecidos em Herat. Provavelmente trabalhavam para o KHAD, treinado pela KGB. Preocupei-me ao perceber que já operavam com bastante eficiência numa administração que contava somente duas semanas de existência, e fiquei imaginando como tinham me encontrado. Comi rapidamente os biscoitos, deixando cair as migalhas sobre o xale enquanto caminhava na poeira do meio-fio. Minhas botas cobriam rastros de jumentos, pneus e sapatos de outros homens. Tinha medo de que não me deixassem fazer minha jornada. Sentia-me encurralado. Queria pôr-me novamente a caminho, para conhecer os lugares entre Herat e Cabul.

Naquela manhã, Herat lembrava uma aldeia pobre do Irã. Tudo tinha sido construído às pressas e recentemente. Nos tetos planos de fachadas de lojas inacabadas, as vigas nuas se aglomeravam como pernas de insetos mortos, e as paredes eram da mesma cor da areia espalhada pelo vento. Era a arquitetura do Islã político, representando uma combinação de marxismo e teologia puritana com os monótonos tijolos soviéticos. A maioria dos homens vestia trajes provincianos do Irã, de cor preta com manchas de terra ou de um marrom desmaiado. Não gostei da cidade. Para matar o tempo, fui a um bazar para comprar um cajado de andarilho.

Na travessia do Paquistão tive um cajado ideal. Media um metro e meio de comprimento, era feito de bambu polido e o topo e a base eram de ferro. Usei-o durante nove meses, mas não o trouxe ao Afeganistão. Chamavam-no *dang*, e até meados do século XX era usado pelos Jats, uma casta de agricultores do Punjab, em parte para proteção pessoal. Muita gente ainda guardava em casa os cajados de seus avós. Os jovens do Punjab (tanto paquistanês quanto indiano) gostavam de brincar com o meu, girando-o em volta do corpo ou golpeando com a ponta de ferro as cabeças de adversários imaginários. Um homem me disse que seu bisavô tinha matado com seu *dang* o último leão do Punjab. Eu gostava de caminhar com meu *dang*; quando golpeava o chão a cada quatro passos, meus movimentos adquiriam ritmo. Era útil nas subidas, para aliviar o peso em meu joelho esquerdo. Hoje em dia, porém, ninguém mais os usava, a não ser a polícia antimotim. A palavra *dang* tinha um sabor arcaico, e as pessoas riam quando eu a pronunciava.

Diante de um enorme caldeirão medieval de bronze na Mesquita da Sexta-feira, em Herat, um grupo de estudantes afegãos observava os angulosos caracteres guridas na fileira de colunas.

Perguntei a um deles onde poderia conseguir um bastão rijo para caminhar.

Ele riu:

— Como o de um velho?

— Como o de um velho.

— Mas o senhor é jovem. Para que precisa de bengala?

— Para caminhar daqui até Cabul.

— Tome um ônibus. — Todos riram.

— Ou um avião — disse outro. Mais risos.

— Então vocês não têm idéia de onde eu possa comprar um cajado?

— Aqui, não. No Afeganistão nós temos carros.

— Onde os velhos conseguem bengalas?

— Eles mesmos fazem.

* * *

Continuei a caminhar pelas arcadas do antigo bazar coberto, cuja demolição Robert Byron observou em 1933. Eu não tinha certeza do nome adequado para o cajado. Sem dúvida parecia inútil usar a palavra *dang*, que era do Punjab, num lugar em que as pessoas falavam persa. Mas, qualquer que fosse a palavra que eu usasse, as pessoas diziam nunca ter ouvido falar em algo parecido, e passei a perguntar onde encontrar um cabo de vassoura. Indicaram-me a oficina de um construtor de carroças. Contra as paredes do local, entre cestas de hena e abricós secos, havia dezenas de hastes de pinho. Eram muito mais pesadas do que os bambus que eu usara no Punjab, mas no bazar não era possível encontrar bambu. Escolhi uma de um metro e meio, razoavelmente reta e bem equilibrada no centro.

Agora precisava arranjar o ferro. Descendo a rua principal, segui uma nuvem de fumaça escura e encontrei um ferreiro que tinha marcas de queimaduras no rosto e trabalhava em uma forja ardente. No sul da Ásia, os ferreiros eram homens de casta inferior, intocáveis. Mas aquele, Haji Ramzun, tinha feito a peregrinação a Meca e era respeitado, uma autoridade entre seus pares. Expliquei meu projeto de caminhada e o que queria que ele fizesse com o cajado. Ele sugeriu fixar um pedaço de cano enferrujado na base e uma porca grande no alto, e pintar ambos de azul-celeste. Cobraria o equivalente a seis dias de trabalho. Fui-me embora dali.

Saí da Piaz Furushi, que significa "Rua da Cebola" embora estivesse cheia de vendedores de tapetes e ouro, e entrei em um pátio. No centro havia um jumento adormecido. Cinco homens compartilhavam o almoço, sentados em tapetes. Fiz um esboço do cajado, e um deles, Wakil Ama, dispôs-se a ajudar. Levou-me a uma bigorna presa às tábuas grosseiras do assoalho de sua cabana. Um grupo de meninos juntou-se para observá-lo. O homem pegou uma folha de metal verde que sobrara de um tanque russo de transporte de tropas e cortou uma peça triangular com uma pequena guilhotina. Dobrou-a, formando um cone, e soldou a junção; mergulhou-a em água, fez um furo, encaixou a peça na madeira, bateu um prego atravessando o furo e cortou a cabeça do prego. Trabalhava rapidamente e em silêncio. Depois fez uma pausa. A ponta ficou aguçada, mais parecendo uma lança do que um cajado.

Expliquei que no Paquistão minha bengala tinha o topo arredondado, e não em forma de ponta. Ele deu de ombros. Perguntei se tinha alguma esfera de metal.

— Não.

— Alguém tem?

— Talvez Hussein — disse um dos espectadores mais velhos.

Houve muita conversa e depois todos olharam para mim.

— E então? — perguntei.

— Não temos nenhuma bola — disse Wakil Ama.

— E Hussein? — sugeri.

Wakil Ama encolheu novamente os ombros como se não tivesse pensado naquilo antes.

— Talvez Hussein.

— Alguém pode me guiar até lá? Quero ir agora.

Wakil Ama gritou para um menino, dizendo que me levasse lá. O menino saiu correndo, rindo, obrigando-me a correr atrás dele. Passamos por um arco às escuras, entramos em um grande pátio, dobramos numa rua e paramos diante de uma loja de quinquilharias. No chão havia uma bandeja de lata amassada que continha duas esferas de ferro, o mostrador de um despertador barato, uma cápsula de munição antiaérea e uma bola de chumbo.

Voltamos à forja. Wakil Ama pegou a esfera, resmungou e soldou-a na ponta do cajado. Depois mergulhou-a em água e envolveu a base da madeira com outra tira de metal do tanque. O metal estava amassado e gotas solidificadas de solda ficaram presas nos pontos de junção, mas eu agora possuía um cajado rijo, bem-equilibrado, que pesava pouco menos de um quilo e meio. Wakil Ama sorriu ao ver o resultado. Aceitou com relutância o pagamento, deixando que eu decidisse quanto seria. Depois me ofereceu chá.

Quando eu ia saindo, um homem idoso, de espessa barba branca, olhou para o cajado.

— Está levando isso por causa dos lobos, imagino — disse ele.
— E também pelos humanos.
Ele assentiu com a cabeça.
— Como se chama este tipo de bengala? — perguntei.
— *Dang* — respondeu ele.

Longe do Litoral da Ásia

Eu tinha dito ao Serviço de Segurança que pretendia atravessar o Afeganistão seguindo os passos de Babur, primeiro imperador mongol da Índia, mas isso não era exatamente verdade. Resolvera caminhar pela rota central de Herat a Cabul porque era mais curta e porque o Talibã ainda resistia na principal estrada meridional. Queria partir em janeiro para não ter de esperar cinco meses até que a neve derretesse. Somente depois de ter tomado a decisão é que descobri que Babur também tinha viajado pela rota central a pé em janeiro e que registrara a viagem em seu diário.

Não me interessei muito pelo diário de Babur. Nao gostava de textos medievais e de suas referências a teologias obscuras e vizires esquecidos. Queria concentrar-me no Afeganistão moderno e não via a relevância de um homem que fora contemporâneo dos astecas.

O início do diário era tão ruim quanto eu previra:

> *Ush está localizada a sudeste de Andejan, porém mais a leste, e dista de Andejan quatro* farsangs *pela estrada... A mãe de Yunus Khan era filha ou neta do Xeique Nur-ed-din Beg, que era um dos Emires de Kipchak, e tinha sido criada por Taimur Beg.*

Enquanto lia, no entanto, a geografia e a genealogia foram desaparecendo e surgiu uma narrativa. Babur tinha nascido em 1480 como príncipe de um reino pobre e remoto no Uzbequistão. Quando chegou aos vinte anos de idade, já tinha perdido todos os territórios na Ásia central e estava escondido nas montanhas com alguns seguidores, a maior parte a pé e armada somente com porretes, mas aos 26 tinha se recuperado e conquistado Cabul. Naquele ano esteve em Herat, a cidade mais civilizada do mundo islâmico na época. Voltou de Herat a Cabul pela rota central, quase morrendo na neve durante a viagem. Dali prosseguiu para o leste a fim de conquistar Déli e fundar a dinastia mongol na Índia. Quando morreu, governava um dos maiores e mais ricos impérios do mundo.

A narrativa de suas aventuras é de impressionante modéstia. Seus feitos o fizeram correr muito perigo, mas ele nunca chama a atenção para o fato. Em vez disso, concentra-se nas pessoas que encontrou e usa descrições de indivíduos para dar idéia de toda uma sociedade. Dá mais atencão a seu mundo contemporâneo do que às lendas ou à história antiga, e se mostra um observador cuidadoso. Fala de ressacas de bebedeira e de técnicas agrícolas, de poesia e economia, pederastia e projetos de jardins, com o sentido de humor e a experiência de um homem que viajou, lutou e governou. Não enfeita as anedotas para torná-las mais diretas e engraçadas e nem mais pessoais ou simbólicas. Ao contrário da maioria dos cronistas de viagens, é honesto.

Às vezes parece que ele próprio é a única coisa que falta em sua história. Nunca explica o que o impeliu a levar aquela vida extraordinária e correr tais riscos. Não descreve suas emoções, o que às vezes dá a impressão de indiferença, e os episódios de sua vida parecem repetitivos. Confrontado por tentativas de assassinato e visões de cadáveres, sua prosa se torna mais desapaixonada e impessoal. Mas esse comedimento só serve para acentuar a natureza excepcional de suas experiências. Eis a tentativa de defender Akhsi, aos 21 anos:

Meu cavalo foi ferido por uma flecha. Parou de chofre e saltou para o lado, jogando-me ao chão no meio dos inimigos. Levantei-me e disparei uma única flecha, mas meu ajudante Khalil, que tinha um mau cavalo, desmontou e mo entregou. Naquele momento, chegou o filho de Qasim.

Ele estava ferido. Disse que meu irmão havia fugido. Perguntei a Ibrahim Beg: "Que podemos fazer agora?" Talvez por estar levemente ferido ou por estar amedrontado, ele não ofereceu uma resposta muito clara... Um homem atirou uma flecha contra mim, acertando-me debaixo do braço e atravessando duas placas de minha armadura Kalmuk, que ficaram quebradas. Lancei uma seta contra ele e depois dei um golpe com a ponta de minha espada na cabeça de um cavaleiro que passava. Ele se inclinou como se estivesse prestes a cair do cavalo, mas apoiou-se contra a parede da passagem, recuperou o equilíbrio na sela e escapou... Eu ainda tinha cerca de vinte flechas. Pensei em desmontar e resistir enquanto tivesse flechas, mas por fim resolvi me dirigir para a colina.

Babur se mostra tolerante e generoso para com os amigos, mas também rude, ambicioso, e exigente consigo mesmo. Sua admiração pela coragem, religiosidade e inteligência está implícita até mesmo nos trechos mais curtos de seus diários. Assim descreve o velho companheiro chamado Qasim, "o Divisor", com quem atravessou o Afeganistão:

Ele se distinguiu pela galhardia no uso da cimitarra. Era um muçulmano devoto, religioso e fiel, que se abstinha cuidadosamente de todas as carnes duvidosas. Suas opiniões e talentos eram extraordinariamente competentes. Era divertido. Não sabia ler nem escrever, mas tinha espírito sagaz e sofisticado.

O imperador não esconde sua origem pobre, seus defeitos, embaraços e amores não-correspondidos. Tem consciência de seus próprios comportamentos absurdos, suas ilusões e fraquezas, sem se desculpar completamente. Orgulha-se de sua poesia, mas não de sua coragem e engenho. Mostra-se cético em relação à autoridade e à religião, e pouco acredita no mundo ou em si mesmo.

Embora os diários tenham mudado minha maneira de ver a Ásia do século XV, pouco se aplicavam ao Afeganistão moderno. Babur era um homem da Idade Média. Sua visão do mundo derivava do fato de ser descendente direto de Gêngis Khan e Tamerlão, de seu contato com a cultura persa do século XV e com o Islã, e de jamais ter viajado a oeste de Herat. A cultura fulgurante que ele descreve em Herat em 1504 não possui equivalente na cidade moderna, com suas pobres paredes de cimento, DVDs ilegais e atmosfera de convencionalidade provinciana:

> *Herat era uma cidade refinada, que possuía à perfeição todos os meios de aumentar o prazer e a alegria; onde os incentivos e instrumentos do deleite se combinavam a um convite à indulgência... Hussein Mirza [o governante] vestia-se com tecidos de lã de cores vermelhas e verdes muito alegres. Nos dias de festa punha um pequeno turbante amarrado em três dobras, amplo e espalhafatoso, colocava uma pluma arqueada sobre ele e assim ia fazer suas orações... Tinha pendor para a poesia e compôs um soneto... Como uma criança, gostava de criar carneiros de briga e de divertir-se com pombos-correio e brigas de galo... Era viciado em vinho e orgias. Criou uma corte repleta de homens eminentes que tinham realizado incomparáveis feitos, cada qual inteiramente decidido a levar à perfeição a arte a que se dedicara.*
>
> *Havia kebabs de carnes de frango e ganso e iguarias de todos os tipos... Quando o vinho fez efeito, um homem saiu e começou a dançar e extremamente bem... depois outro cantou, mas num tom horrivelmente alto, rude e desagradável... Os serventes distribuíram vinho a todos os convivas e eles o sorviam como se fosse a água da vida.*[1]

Quase todas as atividades descritas por Babur — jogos de azar, danças, roupas multicoloridas, orgias, cantos e álcool — eram ilegais durante a época do Talibã e continuaram sendo ilegais, ou desestimuladas, sob o novo governo de Ismail Khan.

* * *

[1] Babur descreve dezenas de homens de Herat e sua pintura, teologia, danças e poesia, e principalmente a bebida. Alguns eram pessoas fora do comum, como, por exemplo, "o mulá que deixou uma prosódia persa que omite muitos termos úteis e difíceis e escreve sobre assuntos óbvios com grande detalhe, e que era notável pela força com que conseguia desferir um soco".

Babur resolveu partir de Herat depois de passar apenas dias na cidade, apesar dos pedidos de seus primos para que os defendesse contra um líder guerrilheiro uzbeque. O imperador afirma que partiu porque suas acomodações de inverno não eram adequadas, mas isso é improvável, já que estava hospedado no palácio do homem mais rico e mais culto da cidade. O mais provável é que ele e seu chanceler analfabeto, Qasim, que tinham origens provincianas, se sentissem intimidados pela sociedade sofisticada da corte. Qasim quase não conseguiu impedir Babur de cometer uma perigosa gafe na câmara de audiências e de beber álcool pela primeira vez. É possível que o chanceler quisesse levar seu protegido para longe dali antes que se corrompesse mais ou fosse humilhado. Além disso, o novo reino de Cabul estava sendo ameaçado e Babur se sentia inquieto. Qualquer que tenha sido a causa determinante, o imperador provavelmente fez questão de deixar a cidade, pois partiu no meio do inverno, época muito desfavorável para viajar pela rota central.

Primeira Parte

Herat... o apito do policial na encruzilhada era capaz de assustar o submundo de Chicago.

Robert Byron, *The Road to Oxiana*, 1933

Herat... a polícia orientava o leve tráfego de automóveis com apitos e gestos mal-humorados, como juízes esportivos.

Eric Newby, *A Short Walk in the Hindu Kush*, 1952

Herat... Um policial baixote e solitário no centro de uma grande praça deserta, orientando dois jumentos e uma bicicleta com uma majestade e ferocidade mais adequada aos Champs Elysées.

Peter Levi, *The Light Garden of the Angel King*, 1970

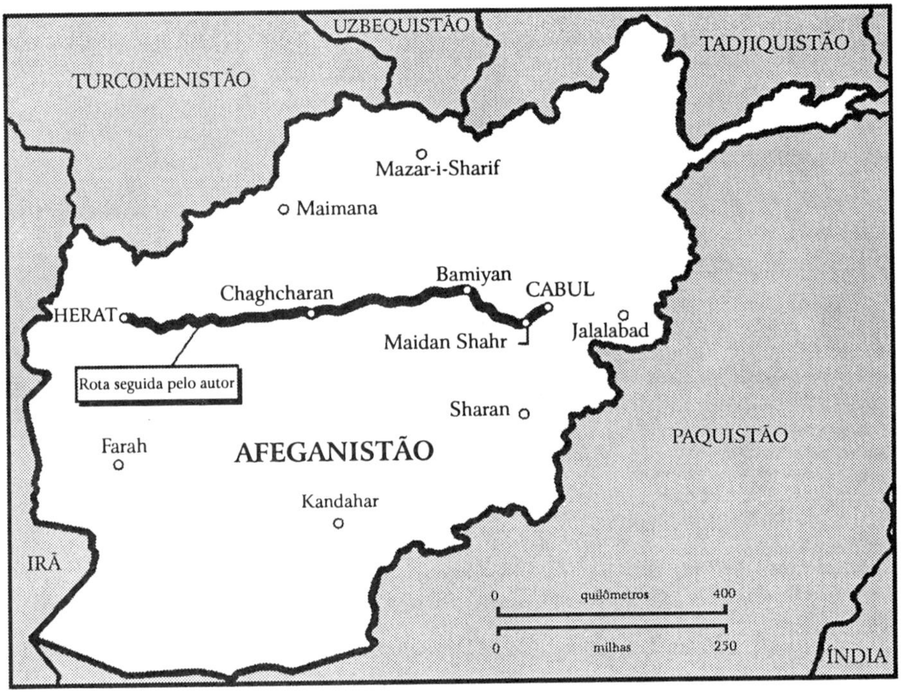
UZBEQUISTÃO
TADJIQUISTÃO
TURCOMENISTÃO
Mazar-i-Sharif
Maimana
Bamiyan
CABUL
Chaghcharan
HERAT
Jalalabad
Maidan Shahr
Rota seguida pelo autor
Sharan
PAQUISTÃO
Farah
AFEGANISTÃO
Kandahar
IRÃ
0 quilômetros 400
0 milhas 250
ÍNDIA

Chicago e Paris

NA ÚLTIMA MANHÃ QUE PASSEI EM HERAT, hesitei em saltar da cama. Fazia frio, apesar de meu saco de dormir feito no Nepal, e eu sabia que ia ser mais frio ainda nas montanhas adiante. Vesti minhas roupas de caminhante: uma longa camisa *shalwar kemis*, calças folgadas e um boné de Chitral, com um manto marrom *patu* cobrindo os ombros. Entrei no restaurante para a refeição matinal. Era proibido aos estrangeiros ficar em outro hotel que não fosse o Mowafaq, talvez, pensei, para facilitar a vigilância do Serviço de Segurança. Na semana anterior, a maioria das mesas tinha sido ocupada por correspondentes de guerra, e eu passara muito tempo em companhia deles. Notei que Matt McAllester e Moises Saman, de quem eu gostava, ainda não tinham aparecido. Na noite anterior estiveram bebendo champanha do Turcomenistão no bar das Nações Unidas para comemorar o aniversário de Moises.

A TV2 francesa tinha trazido sua própria *cafetière* e um pacote de café Lavazza e mandara buscar suco de frutas frescas no bazar. Na véspera eu os ouvira falando em decorações chinesas em um santuário, na semelhança entre os minaretes e as chaminés das fábricas e nos soldados que os expulsaram do forte Bala Hissar. Agora debatiam se deveriam ir conhecer a oficina dos artesãos do vidro soprado ou o campo dos refugiados. Um deles apontava pela janela para um policial do tráfego. Durante anos essas coisas tinham atraído a atenção dos estrangeiros em Herat. Eu já tinha lido cinco diferentes cronistas de viagens mencionando esses policiais. Os chapéus pontudos e os apitos que usavam pareciam aos visitantes especialmente incongruentes em meio ao tumulto de um bazar afegão. Eu também queria escrever a respeito deles.

Entre os britânicos, sentei-me junto de Alex, correspondente do *Telegraph* que eu conhecera em Jacarta, e de Vaughan Smith, que fora oficial do Corpo de Granadeiros antes de virar cinegrafista *freelancer*. Já fazia uma década que ele andava filmando no Afeganistão.

— Vai partir agora de manhã? — perguntou Vaughan.

— Espero que sim.

— E vai mesmo caminhar até Cabul passando por Gur?

— Vou.

— Boa sorte — disse ele sorrindo e entregando-me seu prato de ovos fritos.

Comi seis ovos a fim de armazenar proteína. Em seguida peguei meu cajado e mochila, despedi-me e saí para a rua. O vento forte e frio lançava a areia para o ar e fui obrigado a apertar os olhos.

Na esquina vi homens que desembalavam toalhas de mesa de fardos da China e do Irá, marcados "Nike por Ralph Lauren". Um caminhão tinha trazido a mercadoria de Tabriz em meio a um nevoeiro de fumaça de óleo diesel que se estendia pela estrada de várias pistas, a qual o governo iraniano ainda chamava de Rota da Seda. Fora o caminho percorrido por Alexandre o Grande em perseguição a um rival persa. De Herat, o persa fugira para as montanhas pela rota central e Alexandre, em vez de segui-lo, tomara a estrada de Kandahar para Cabul, que era mais segura. Vi um vendedor de frutas de Isfahan seguindo as pegadas de Alexandre. Caminhei no mesmo sentido do persa e encontrei um homem com uma perna artificial, que eu já tinha conhecido antes.

— *Shoma Gur miravid?* (Vai para a província de Ghor?) — perguntou ele.

— Vou.

— *Shoma be ghabr miravid* (Está indo para seu túmulo) — foi a resposta. Apertei-lhe a mão e segui meu caminho, enquanto ele repetia e ria do trocadilho "*Ghor miyayid... ghabr miyayid*".

Huma

QUANDO CHEGUEI AO GABINETE DE YUZUFI, ele se levantou, sorriu, abotoou o jaquetão muito vagarosamente e deu a volta em sua grande escrivaninha para me abraçar. Ao sentar-me, uma dúzia de pessoas entraram de repente pela porta, sem bater. Eu os conhecia do hotel — *Wall Street Journal, Guardian, Deutsche Allgemeine Zeitung* —, mas nenhum deles me cumprimentou. Traziam consigo jovens tradutores de Cabul que vestiam jaquetas pregueadas de couro e calças largas. Ao se aproximarem da escrivaninha de Yuzufi, passaram a falar em inglês, cada qual mais alto que o outro: "Podemos falar com ele?", "Podemos marcar uma audiência?", "Mas Sua Excelência disse...", "Não há autoridade maior", "Sem carta?", "E que acontece se...". Como se fosse uma ópera cômica, a voz grave de Yuzufi interrompeu, em conciliação:

— Não se sabe... não se preocupem... tudo vai dar certo...

Os jornalistas pleiteavam acesso a um prisioneiro do Talibã. Yuzufi prometeu verificar. Aquele prelúdio tinha sido ensaiado muitas vezes. Alguns dos jornalistas já estavam na cidade havia uma semana, sem conseguir entrar na prisão. Agora, diante da paciente resistência de Yuzufi, apelavam para os tradutores, os quais, estando longe de Cabul, pareciam tão confusos quanto os jornalistas. Finalmente, enquanto Yuzufi ainda falava, todos deram meia-volta e saíram sem se despedir, deixando-me sozinho com a fila de camponeses à porta.

Yuzufi sorriu. Ficara de procurar as cartas de apresentação que eu conseguira com dificuldade em Cabul. Esperei que ele dissesse que as tinha encontrado. Mas não. Em vez disso, falou:

— Estive pensando em você a noite passada, Rory. Você parece um dervixe medieval andarilho.

Comparou-me com Attar,[2] que viveu no século XII durante a dinastia de Gur. Quando Gênghis Khan invadiu o Afeganistão, Attar foi morto por ter feito uma brincadeira, e Rumi, a quem Attar carregara no colo quando bebê, caminhou até a Turquia para fundar a seita dos dervixes dançarinos.

— O que você vai descobrir em sua caminhada — continuou ele — é que hoje em dia somos um só país, assim como éramos no século XII sob o domínio gurida, no tempo de Attar.

Sorri. Enquanto o novo governador aprendia o jargão de um Estado pós-moderno, Yuzufi tinha uma visão mais antiga de um Afeganistão com identidade nacional única, fronteiras naturais, embaixadores e uma cultura definida pela poesia medieval. Para o Serviço de Segurança minha caminhada era apenas uma viagem à fronteira do território de Ismail Khan. A região de Hazara era para eles tão estrangeira quanto o Irã. Yuzufi, porém, via meu projeto como um percurso através de um único país. Talvez por esse motivo ele fosse a única pessoa que achava aquela viagem possível.

— Eu adoraria ir com você — suspirou Yuzufi —, mas sou como os pássaros que se recusaram a juntar-se à missão sagrada. — Em seguida citou o trecho de um poema que pode ter sido o poema de Attar sobre as desculpas dos pássaros para não aderir à viagem:

> A coruja ama seu ninho nas ruínas,
> Os Huma se comprazem em fazer os reis,
> O falcão não deixa a mão do Rei
> E a lavandisca alega fraqueza.[3]

---

[2] Attar: Farid al-Din Attar, um dos mais famosos poetas místicos do Irã, c. 1142-c.1220. (*N. da E.*)

[3] O pássaro mitológico Huma nunca pousa, está em perpétuo vôo. Alimenta-se de ossos. A fêmea põe os ovos do céu e os filhotes nascem durante a queda do

Finalmente entrou um soldado que disse, com a mão direita sobre o peito: "*Salaam aleikum. Chetor hastid?Jan-e-shoma jur ast? Khub hastid? Sahat-e-shoma khub ast? Be khair hastid? Jur hastid? Khane kheirat ast? Zinde bashi.*"

Na língua *dari*, dialeto afegão do idioma persa, isso significa: "A paz esteja contigo. Como estás? Tua alma está sã? Estás bem? Estás bem? Estás com saúde? Estás te sentindo bem? Tua casa está prosperando? Desejo-te longa vida." Ou então, simplesmente: "Olá."

Era um homem baixo, de quarenta e poucos anos e pernas tortas, barba castanha rala e faces encovadas e arroxeadas. Numa bolsa de malha trazia um rádio militar que era sua ligação com o quartel-general; uma caneta, que dava a entender que era alfabetizado; um pacote de pílulas, mostrando que tinha condições de comprar antibióticos; e um rolo de papel higiênico rosado, indicador mais sutil de seu status.

Yuzufi não se levantou para recebê-lo, mas remexeu em três pastas que estavam sobre a maciça escrivaninha e retribuiu as nove saudações. Na parede mais afastada do escritório havia quatro afegãos desconfortavelmente rijos em cadeiras plásticas, com suas galochas firmemente plantadas no linóleo. Por baixo das calças esgarçadas de tipo pijama viam-se seus tornozelos magros e morenos cobertos de finas estrias e cicatrizes brancas. Estavam esperando havia horas para falar com Yuzufi.

— Meu nome é Seyyed Qasim — continuou o soldado, acentuando o título *seyyed*, que significa descendente do Profeta —, do Departamento de Inteligência e Segurança.

— Muito bem. *Seyyed* Qasim, sou Sua Excelência Yuzufi — respondeu este, que era também um *seyyed*. — Este é Sua Excelência Rory, nosso único turista, esperando já pronto para que você o acompanhe em sua caminhada.

---

ovo, escapando antes que a casca atinja o chão. Qualquer pessoa sobre cuja cabeça o Huma voe se tornará rei. Isso faz parte dos mitos tanto da Pérsia quanto da Índia e é cantado pelos poetas hindus e pelos *sufis* muçulmanos, como Attar e Rumi. No passado havia dois gigantescos Huma dourados nas muralhas da perdida capital de Gur na Montanha Turquesa. Até mesmo Babur cita um poema sobre o Huma, escrito por um de seus cortesãos.

Meu acompanhante não olhou para mim.

— *Salaam aleikum* — disse eu.

— *Waleikum a-salaam* — respondeu o homenzinho. Voltou-se para Yuzufi. — Bem, Excelência, temos uma picape lá fora.

— Por favor, entenda — interrompi. — Quero ir caminhando a Chaghcharan.

— A Chaghcharan? Não. — Seyyed Qasim se mantinha espigado e falava com firmeza, mas não parecia à vontade naquele gabinete. Olhava constantemente a sua volta. Tinha olhos pequenos, azuis, e pálpebras inchadas.

— Não apenas a Chaghcharan — disse Yuzufi —, e sim até Cabul.

— Ele vai ser morto. Que é que esse estrangeiro quer fazer?

— Sou professor de história — disse eu.

Qasim fitou minhas roupas desleixadas e franziu a testa.

A porta se abriu e entrou um soldado mais jovem, que fez também seu cumprimento. Tinha mais ou menos 1,80 m de altura — uns centímetros a mais do que Qasim — e os ombros muito mais largos. Tinha raspado a barba, o que não era comum para um afegão que vinha do campo, deixando um bigode comprido que o fazia parecer um pistoleiro mexicano. Em sua bolsa de malha viam-se cinco cartuchos de munição, três granadas, um maço de cigarros e também um rolo de papel higiênico cor-de-rosa. Qasim o apresentou como Abdul Haq.

Yuzufi, que examinava duas pastas, levantou os olhos e falou com eles durante algum tempo. Voltando-se para mim, acrescentou:

— Eu disse a estes homens que você teve uma audiência com Sua Excelência o Emir Ismail Khan e que ele desejou sucesso em sua viagem. Eles devem seguir suas instruções e você tomará nota caso se comportem mal. Sua caminhada pode começar agora.

Levantou-se da escrivaninha e apertou minha mão, solenemente.

— Fale de mim em seu livro. Como diz o poeta persa: "A vida humana é breve e transitória. A literatura dura para sempre."

Ele sorriu.

— Boa sorte, Marco Polo.

A Caminho

Caminhamos pelo corredor e atravessamos a multidão que ainda esperava para apresentar petições ao governador. Chegando à rua, em vez de seguir para o oeste em direção ao hotel, nos dirigimos para o leste, rumo ao deserto e às montanhas. O sol tinha saído, lançando uma luz árdua e clara sobre os tijolos de areia e tornando mais nítidas as sombras dos homens fatigados que empurravam carrinhos de mão. Enquanto caminhávamos, ajustei as alças de minha mochila e fiquei pensando se havia esquecido de comprar alguma coisa que me faria falta durante os dois meses seguintes. Senti o familiar desnível na palmilha de minha bota esquerda, estendi os dedos dos pés e prossegui. Meus companheiros levavam somente rifles automáticos e sacos de dormir, sem comida nem roupas abrigadas.

Sentia-me um tanto ridículo vestido com roupas afegãs, encolhendo os ombros sob o peso da mochila. Qasim, o mais velho dos dois, vestia calças de camuflagem bem passadas, feitas para uma pessoa mais corpulenta. Tinha arrebanhado a cintura frouxa das calças em pregas sob o cinto, mas os bolsos que deviam ficar na altura das coxas chegavam-lhe quase ao meio das canelas. Embora fosse o mais graduado, parecia menos à vontade do que Abdul Haq. Olhava para baixo, com seu rosto avermelhado e marcado pela varíola, os olhos pálidos piscando nervosamente, como se esperasse que alguma coisa explodisse no pavimento. Abdul Haq se mantinha ereto e parecia muito alto ao lado de Qasim. Dois passos seus equivaliam a três de Qasim.

Ninguém na rua sequer nos olhou e nem Qasim nem Abdul olhavam para mim. Não falavam inglês. Conjeturei que tinham apenas uma vaga idéia da caminhada que os aguardava, que nunca antes haviam tratado com um estrangeiro e que eram de grau hierárquico relativamente baixo. Como os uniformes pareciam ter acabado de ser desembalados de algum carregamento norte-americano, presumi também que eram novos em suas funções. Não obstante, pareciam familiarizados com suas armas. Caminhávamos lado a lado, ou quase, porque a rua estava cheia de gente e Abdul Haq se deteve um par de vezes a fim de ajustar o pente de balas de seu Kalashnikov. A areia sobre o asfalto rude tornava-se mais espessa e a multidão menos densa.

Fitei os olhos sem expressão de um corvo pousado em um muro. Abaixo, a mercadoria de uma loja de antiguidades estava exposta em uma bandeja. Ao lado de um bule de chá Gardener do século XIX e dois rifles Lee Enfield de cabos rachados havia um ladrilho do complexo de Musalla, uma cabeça de Buda de Gandhara e um pássaro mitológico de argila: objetos da Herat de Babur e das civilizações de Bancian e Gur pobremente apresentadas na poeira da rua para os caçadores de quinquilharias. Duvido que o vendedor tivesse mais apreço por elas do que o corvo. Passamos por confeitarias, farmácias e frutas empoeiradas à venda em caixotes, e depois pelo último posto de gasolina.

Finalmente, Abdul Haq me fitou com seus olhos escuros e perguntou:

— O senhor não é jornalista, é?

— Não.

— Que pena, porque senão poderia escrever um artigo sobre nós.

Na saída da cidade, sentamo-nos a uma mesa na rua para almoçar. Havia ovos, pão e iogurte, mas eu já tinha comido muitos ovos naquele dia. Qasim encolheu as pernas curtas e sentou-se sobre elas, tomou cuidadosamente minha vasilha de iogurte, enfiou o dedo mínimo e lambeu-o, devolvendo-me a vasilha. Parecia estar demonstrando sua preocupação com o hóspede ao verificar se estava envenenado. Nas cortes medievais, os envenenamentos eram comuns. Babur certa vez estripou um cozinheiro por causa disso. O gesto de Qasim, no entanto, era simplesmente uma demonstração de boas maneiras. Ele não acreditava que tentariam me envenenar. Agradeci e sorri. Pela primeira vez ele retribuiu o sorriso.

Diante da barraca que nos vendeu a comida havia elaboradas torres medievais de barro, feitas para alojar pombos porque os excrementos serviam de adubo para os vinhedos. O Talibã mandara incendiar as vinhas e proibira a criação de pombos. Os balcões enfeitados das torres estavam em ruínas e não havia mais pombos. No passado, esses pássaros também eram criados como passatempo. Tal como Hussein Mirza, governante de Herat no século XV, o pai de Babur possuía pombos treinados para fazer acrobacias em vôo. Numa ocasião em que sua cidade estava sendo invadida e a derrota era iminente, ele subiu à torre dos pombos, que ficava em um penhasco. Babur relata que a terra cedeu, o penhasco desabou e "os pombos e meu pai alçaram vôo para o outro mundo".

Depois do almoço, retomamos a caminhada. Nos arredores da cidade, passamos por uma das encruzilhadas tradicionais da Rota da Seda, onde o caminho das caravanas tomava o rumo norte, em direção à China, ou o rumo sul, em direção à Índia — caminho usado pelos *hippies* nos anos 70. Seguimos para o leste. Comecei a perceber que tínhamos deixado Herat e minha jornada estava começando. De repente, um jipe barulhento parou ao nosso lado. Era David, do *Los Angeles Times*, que estava sem assunto e queria saber se poderia me entrevistar.

Eu gostava de David. Ele me deixara usar seu telefone de transmissão por satélite para ligar para meus pais. Foi um privilégio, pois durante as próximas seis semanas da caminhada não haveria telefone. Perguntou-me por que eu queria atravessar o país a pé. Minhas respostas não o satisfizeram de fato.

Respondi que o Afeganistão era a parte que faltava de meu roteiro de caminhada, um lugar entre o deserto e o Himalaia, entre as culturas persa, hindu e helênica, entre o Islã e o budismo, entre o

Islã místico e o Islã militante. Queria verificar onde essas culturas se mesclavam ou tocavam o mundo global.

Contei que certa tarde eu estava caminhando na Escócia e pensei: *Por que não continuo*? Afirmei que havia uma certa magia em deixar um rastro de pegadas atrás de mim na travessia da Ásia.

Ele perguntou se eu não achava aquilo perigoso. Hesitei. Eu nunca tinha conseguido responder àquela pergunta sem parecer embaraçado, insincero ou ridículo.

— Tenho certeza de que você é capaz de entender — disse eu — a calma daquele homem, Qasim. O céu azul da Prússia; este ar. Parece uma dádiva. Subitamente, tudo faz sentido — continuei, entusiasmando-me com o tema. — Sinto que estive me preparando para isso durante toda a vida.

Mas ele não tomou nota dessas palavras. Em vez disso, enquanto Loomis, o fotógrafo, tirava fotos minhas de dentro de um fosso, ele aparentemente rabiscava: "36 a quarenta quilômetros por dia, alimentando-se de pão — 'o cinturão da fome'. Babur perdeu soldados e cavalos na neve. Uma muda de roupa. Magro, com uma barbicha rala." Loomis me deu um par de luvas para esquentar as mãos, enroladas num plástico, e eu tentei explicar que o lado físico não me importava, que era mais uma maneira de ver o Afeganistão e de estar sozinho.

Loomis assentiu com a cabeça.

— Você já leu *Na natureza selvagem,* aquele livro sobre um jovem norte-americano rico que foi para as regiões remotas do Alasca a fim de encontrar a si mesmo, e morreu sozinho na neve? É um excelente trabalho jornalístico.

Eles nos deixaram, e nós prosseguimos. Abdul Haq puxou o boné de beisebol para a parte de trás da cabeça, ajeitou o longo bigode mexicano, sacudiu os ombros para ajustar a jaqueta americana camuflada e adiantou-se cerca de cinco metros, inclinando-se de tal maneira para a frente que era obrigado a caminhar rapidamente a fim de se manter de pé. Suas botas erguiam uma nuvem de areia cor de abricó, que se misturava com a fumaça cinzenta do cigarro discretamente trazido junto à coxa, na postura tradicional dos soldados que fumam durante o serviço. A meu lado, Qasim dava passos mais fáceis e pedantes devido a sua altura, batendo com o calcanhar na margem da estrada.

Nossas sombras se alongavam no chão de cascalho: a de Abdul Haq maior, a de Qasim menor e a minha com uma corcunda formada pela mochila. O deserto aumentava ao redor, e nós três nos apequenávamos. Eu pensava que o artigo de David seria um grotesco obituário, e algum tempo se passou até que meus músculos se aquecessem e eu entrasse no ritmo já conhecido de mais um dia de caminhada. Quando alcancei Abdul Haq, ele sorriu, enterrou o cano do rifle na areia e fez uma espécie de salto com vara em miniatura, exclamando *Allah-u-Akbar* (Alá é grande) ao aterrizar. Qasim franziu a testa em desaprovação ao rapaz. Fiquei pensando se ele conseguiria controlar seu subordinado.

Sem contar as semanas que passara nas partes maoístas do Nepal ocidental, eu estava acostumado a caminhar em regiões relativamente pacíficas. Embora caminhasse uns quilômetros por dia, encontrava pouca gente e, ao ritmo de cinco quilômetros por hora, o panorama mudava muito lentamente. Tinha o hábito de concentrar-me nos detalhes: as grandes árvores *shisham* do Punjab, pegadas de leopardo nas matas das planícies, as flores *brahma* de cor verde pálida do Himalaia. Tomava nota de todos os objetos dos quartos onde aldeãos me abrigavam. Examinei granjas e paradas de caminhões no Irã; no Nepal, vi camponeses arando os campos com bois brancos, batendo com varas na terra solta, e as nuvens de partículas lançadas ao sol. Registrei as experiências de trabalhadores manuais na Arábia Saudita e suas teorias conspiratórias sobre os Estados Unidos. Procurei descobrir vestígios da história antiga na fronteira entre o Nepal e a Índia, seguindo uma pista de pedras gastas pelos tropéis de cavaleiros e pelo deus-sol que era, imaginei, uma antiga trilha imperial Malla.[4]

---

[4] Malla foi uma dinastia nepalesa medieval que conquistou grande parte dos Himalaias indianos. Caminhei de Gangotri, atravessando Kedarnath e Joshimath, até Jumla, no Nepal, seguindo essas trilhas.

De repente houve uma explosão, a terra tremeu sob nossos pés e uma nuvem de fumaça negra e acre surgiu no campo a nossa esquerda. Eu não imaginava que uma mina fizesse tanto barulho. Os outros não viraram as cabeças. Eu não estava habituado a essas coisas.

Estávamos em um deserto de cascalho que se estendia até as colinas de ambos os lados. Não havia árvores que proporcionassem variedade de altura e cor. O cascalho e a areia não se modificavam com as estações do ano. No deserto iraniano haveria marcas no solo produzidas pelos arados, linhas verticais formadas pelos postes, águias cinzentas pousadas nas linhas de alta tensão e pedaços de bolsas plásticas. Mas no Afeganistão, devido à seca e à pobreza, até mesmo esses leves sinais de ocupação humana estavam ausentes.

Mas a estrada era plana, o dia estava fresco, sentia meus pés confortáveis e a mochila não pesava muito. O compasso de minhas pernas começou a transformar o ritmo de minha respiração e meus pensamentos, embora eu ainda me sentisse anormalmente nervoso. Eu me perguntava se minha sorte estaria acabando, após quinze meses de caminhadas pela Ásia. Tinha prometido a minha mãe que essa seria minha última viagem e, se chegasse a Cabul em segurança, voltaria para casa.

Comecei a dar passos mais largos e rápidos, quase correndo na pista de terra. Minha ansiedade foi diminuindo e senti prazer no movimento de meus músculos, lembrando que em quarenta dias a caminhada talvez estivesse terminada. As entrevistas e repartições oficiais em Herat tinham ficado para trás, e mais uma vez eu me via caminhando em direção ao leste. Observei as pedrinhas deslocadas por meus passos e pensei que, a cada vez em que punha o calcanhar no chão, eu deixava uma marca no Afeganistão. Queria tocar o máximo possível do país com meus pés. Lembrei-me de que certa vez tinha projetado dar a volta ao mundo a pé.

Duas horas depois, chegamos a um bazar chamado Herat Sha'ede, uma fileira de lojas de paredes de barro dos dois lados da estrada de terra, a oito quilômetros de Herat.

— Vamos parar aqui para passar a noite — disse Qasim.

— Mas ainda temos mais três horas de luz do sol. Podemos caminhar mais uns quinze quilômetros.

— Adiante só há deserto. Temos de passar a noite aqui. Amanhã atravessaremos o deserto.

Naquele ritmo, eu levaria seis meses para chegar a Cabul. Mas como não tinha comigo um mapa para poder argumentar e não queria iniciar uma discussão no primeiro dia, concordei com relutância. Qasim entregou o saco de dormir a Abdul Haq, ajustou uma prega de sua jaqueta camuflada e dirigiu-se a uma das casas de barro. Fui atrás dele. Tiramos as botas na soleira da porta e nos curvamos sob a arcada para entrar numa sala escura. Só consegui divisar vinte homens vestidos com uniformes camuflados, sentados no tapete. Todos se levantaram para cumprimentar Qasim. Pouco à vontade, passei pelo grupo carregando minha mochila, coloquei-a em um canto e passei a fazer as saudações formais: *Salaam aleikum. Chetor hastid? Be khair hastid? Bakheir hastid...* Depois sentei-me e tomei chá com eles. O dia fora intoleravelmente curto e eu desejava livrar-me em breve de meus companheiros.

Quando os homens começaram a conversar entre si, puxei Qasim para um lado e coloquei duas notas de cem dólares em sua mão, pedindo que os usasse para comprar nossa comida. Para alguns afegãos aquilo representava seis meses de salário, mas eu queria manter Qasim como aliado. Disse-lhe que daria mais, assim que ele me deixasse seguir sozinho. Ele não respondeu, mas dobrou as notas e colocou-as no bolso. Pouco depois, um homem de olhos apertados, rosto escuro e barba rala entrou no aposento. Era ainda menor do que Qasim e foi-me apresentado como seu cunhado Aziz. Qasim informou-me que Aziz queria caminhar conosco. Agora, ao que parecia, nós seríamos um grupo de quatro.

Aquelas Botas

MEIA HORA DEPOIS, Qasim sugeriu que eu fosse com ele conhecer o bazar. Queria comprar botas. Segui-o pela rua até uma pequena cabana. Sobre tábuas pregadas na parede decrépita de barro havia um par de botas brancas de camurça, com bocal de pele. Qasim pediu ao homem da loja que as trouxesse e sentou-se no chão, lutando para enfiar os pés nelas. Achava que combinavam com suas calças de camuflagem, mas as botas eram pequenas demais, mesmo para seus pés diminutos. Junto com o vendedor, ele procurou entre comprimidos de remédio, arroz, cigarros e baterias até encontrar outro par, de couro sintético vermelho. Eram muito grandes. Qasim deu em troca suas botas de combate já bastante usadas. O vendedor parecia ter feito um mau negócio. Havia botas de combate por toda parte, fornecidas de graça pela CIA. Imaginei, no entanto, que o homem poderia contar com Qasim e seus contatos no futuro. Minha preocupação maior era com Qasim. As novas botas certamente estraçalhariam seus pés.

Qasim ficou satisfeitíssimo. De mãos dadas com o vendedor, passou por cima de uma bandeja de cebolas e chegou à rua iluminada pelo sol, bradando *Salaam aleikum* (a paz esteja contigo) a um grupo de homens que passavam. Estes gritaram: "Contigo também." Abraçaram-se, beijaram-se e, ainda de mãos dadas, Qasim e o vendedor começaram uma longa série de saudações formais. Aparentemente esqueceram-se de mim. Fiquei sozinho diante da loja, olhando a rua.

A paisagem lembrava uma gravura vitoriana do Oriente. Ao norte, além das casas de barro meio arruinadas, rebanhos de carneiros se moviam no deserto de cascalho que misturava tons de cinza e verde sob um céu de profundo azul. Para o leste, meu destino, eu via os picos nevados e distantes do Paropamisus, um tanto indistintos à luz pálida. Homens de turbantes negros e espessas barbas brancas caminhavam muito devagar pela rua do bazar, segurando nas mãos os rosários de contas, com as abas das túnicas que iam até os tornozelos erguidas ocasionalmente por um redemoinho de poeira clara. O sol já baixo faiscava nos pequenos espelhos dos barretes de oração de dois rapazinhos que brincavam de lutar à margem da estrada e no pacote de biscoitos iranianos ao lado deles. Uma picape branca passou a toda pela estrada irregular, com um grande cartaz colado no pára-brisa que informava: TRANSPORTADO PARA O SR. SHAFIQ, CABUL, PARA OS UAE,[5] ISENTO DE TAXAS. Na caçamba da picape ia um homem de turbante negro que segurava uma peça de artilharia antiaérea russa.

Saí da sombra para a rua. Um grupo de pessoas assistia a uma discussão entre um policial e um motorista de ônibus, que gritava que com o novo governo os policiais tinham de pagar a passagem. A questão foi resolvida sem dinheiro; de repente os dois apertaram-se as mãos e se afastaram, rindo. Talvez porque o bazar estivesse cheio de pessoas estranhas, ninguém parecia prestar atenção em mim, vestido com roupas afegãs. Caminhei devagar com o sol batendo em meu rosto ao calor do fim de tarde.

O ar era límpido e o solo do deserto, intocado. Observei as linhas suaves das fachadas das lojas. O barro das paredes absorvia e aquecia a luz tênue. Sentia prazer por estar naquele lugar. O que via, no entanto, eram também sinais de pobreza. Há trinta anos, antes da guerra, deveria haver mais cimento e plástico naquele bazar. Até mesmo o deserto era novo — tinha surgido nos campos por causa da seca recente. Vaguei a esmo pela rua onde não se viam mulheres, ouvindo as vozes fortes dos mulás desempregados

---

[5] Sigla em inglês dos Emirados Árabes Unidos. (*N. do T.*)

e pistoleiros analfabetos que falavam sobre casamento entre primos. Ninguém comprava nada: tudo parecia ser trocado ou dado de presente. Todos se conheciam. Dois jovens conversavam a meu respeito, sobre onde ficava a Inglaterra e sobre o que os estrangeiros comiam e carregavam consigo, e do que gostavam. Era uma especulação bem-humorada e interminável que não exigia minha participação.

— Pode ser que ele seja mais durão do que parece — disse um deles quando passei —, mas acho que não sabe bem o que está fazendo.

Sorriram para mim, e eu sorri de volta.

Meia hora depois, Qasim e Abdul Haq reapareceram com outro soldado e sugeriram que fôssemos visitar o jardim do lado de fora do bazar. Eu os segui. O clima em Herat tinha permanecido frio e nublado, mas aqui o dia era morno. A cerca de um quilômetro dali seguimos na direção de um cemitério por uma alameda de ciprestes que nos ocultava da aldeia. Todos os homens levavam os seus rifles, e o novo companheiro de Qasim trazia uma baioneta calada por algum motivo. Eu ainda tentava entender o Afeganistão, como tinha feito em outros países, em termos de panorama, história e arquitetura. Mas era um país em guerra, e eu não controlava os soldados que me acompanhavam. Ainda não conseguia acreditar que o Serviço de Segurança estivesse interessado em proteger-me gratuitamente. Tampouco achava que me deixariam caminhar pela província se pensassem que eu era um espião. Era possível que Qasim e Abdul Haq simplesmente tivessem sido instruídos a levar-me para fora da cidade e matar-me. Em meio a uma guerra, ninguém notaria. Achei que seria ridículo se me matassem somente oito quilômetros depois de iniciar a caminhada e, não pela primeira vez, pensei que se fosse morto eu seria considerado um temerário.

Mas os soldados não tinham a intenção de me matar. Queriam apenas mostrar-me sepulturas de outras pessoas. Deixaram-me sozinho e subiram ao teto de um prédio abandonado a fim de fumar maconha.

— Este é o santuário e mausoléu do Santo Ulya — gritou Qasim lá de cima. — Foi um homem muito importante; tinha "Três Metros de Altura".

O túmulo era realmente grande. Voltei a contemplar a paisagem. Diante de mim havia um muro de terra de sessenta metros de comprimento, com um portão. Entrei e segui por um túnel escuro de cerca de nove metros até chegar a um pátio à minha esquerda. Do chão rebaixado viam-se superfícies de barro de até seis metros de altura, formando degraus e tetos, paredes e pátios. Contemplei o jogo de sombras e reflexos do sol nas fortificações em curva, suportes de madeira, pedras fundamentais de granito e cúpulas em forma de colméias. Em uma das pequenas janelas surgiu um par de olhos jovens acima de um véu e logo desapareceu. O chão estava cheio de cascas de cereais da colheita de outono e os portais tinham manchas de fuligem. Subi por uma série de degraus até um teto e encontrei uma cabana tosca feita de galhos de árvore que servia de cozinha, onde havia dois tapetes desbotados feitos à máquina, um lampião a óleo e uma toalha para o chá com a figura de uma mesquita.

— Isso é tudo o que a família possui — gritou Qasim, aparecendo com os demais. — Neste prédio vivem cem pessoas.

Eu não conseguia compreender aquele cortiço medieval, uma aldeia inteira em um único prédio, com escadas em caracol, mezaninos e túneis sem saída.

— São muito pobres — disse eu.

— *Jang-e bist-o-se saal bud ab nist. Mardom-e-karia gharib...* — explicou ele. Não foi preciso que completasse a frase porque eu já a tinha ouvido, palavra por palavra, de outros homens em Herat e Cabul. "Temos tido guerra durante 23 anos. Não há água. O povo das aldeias é pobre e analfabeto, está furioso e é perigoso. O Afeganistão está destruído." Nessa análise padronizada não figuravam o Islã e as etnias, e a violência era considerada produto de gente do campo, louca e analfabeta. Sugeri que um pouco de instrução, recursos financeiros e orientação poderiam restaurar uma era dourada que existira antes que o Afeganistão fosse "destruído". Mas não tinha certeza de como as palavras exatas do bordão tinham se tornado tão fixas e qual teria sido o papel dos meios de comunicação. Tais expressões nada me revelavam sobre aquela comunidade.

Voltamos ao jardim. Além da alameda havia um canteiro formal já fenecido e rosas desbotadas, com um tanque seco de concreto no centro. Apesar dos 24 anos de guerra e quatro de seca, a grama estava verde e aparada. Eu ainda imaginava que o Afeganistão teria o aspecto de um deserto apocalíptico, com campos sem cultivo e uma sociedade despedaçada, refém dos elementos perigosos e traumatizados. Não havia previsto o calor sorridente do bazar nem a paz da beleza daquele jardim sofisticado na fronteira das areias e do cascalho.

Quando Babur lá esteve, Herat tinha muitos jardins.

> *Em Herat vi o jardim de Ali Sher Beg, os bosques de passeio público em Gazergah, o Jardim dos Corvos, o novo Jardim, o jardim de Zobeideh, o jardim Branco e o jardim da Cidade.*

Ele se interessava especialmente pela criação de paraísos irrigados no solo árido de seu reino em Cabul. Esta anotação em seu diário foi feita em 1504:

> *Nas montanhas [a oeste de Cabul] o solo tem uma rica diversidade com vários tipos de tulipas.Certa vez mandei que fossem contadas e trouxeram 32 ou 33 diferentes espécies de tulipas. Há uma espécie cujo aroma se assemelha ao de uma rosa... Na parte externa do jardim existem belos plátanos de galhos amplos, sob cuja sombra há lugares agradáveis para abrigo. A cada lado da fonte, há numerosos carvalhos. Diante desta fonte, há diversos pontos cobertos com árvores Arhwan [árvore-de-judas]... Determinei que esta fonte fosse construída em formato circular, de pedra... Na época em que as flores Arhwan começam a desabrochar, não conheço nenhum lugar no mundo que possa comparar-se a este.*

As sombras esbeltas dos espinheiros caíam sobre o muro de barro como as letras angulosas da escrita cúfica (Kufi). Longe das nossas vistas, além do muro, o deserto no qual iríamos caminhar se estendia sem interrupção. Levantamo-nos. Abdul Haq colheu uma flor cor-de-rosa e colocou-a em meu boné. A leste erguia-se uma grande lua cheia, e o ar estava suficientemente límpido para tornar visível a neve pura nas encostas mais elevadas, enquanto um sol laranja se punha a oeste, nublado pela poeira. Com a flor rosa espetada em meu boné, caminhei pela alameda de ciprestes junto aos três homens armados em direção ao pôr-do-sol.

Uma rara revoada de pombos, talvez do tipo que o pai de Babur criara, desapareceu por trás das árvores frutíferas. Abdul Haq tirou do ombro o Kalashnikov e entregou-o a mim. Era pesado.

— Vá em frente — disse ele, ajeitando o bigode caído com a mão direita.

— O quê?

— Mate o pássaro. — Apontou para o último pombo, que ia descendo, com as asas dobradas, em direção ao tanque vazio.

— Não, obrigado.

— Vamos, não se preocupe. A munição não é minha, é do governo.

Segunda Parte

Heraut... fica em uma planície fértil, irrigada por um rio [o Hari Rud], salpicada por aldeias e coberta por campos de milho. Os habitantes do território em torno de Heraut são principalmente tadjiques... um povo tranqüilo, sóbrio e diligente.

Mountstuart Elphinstone,
The Kingdom of Kabul and its Dependencies, 1815

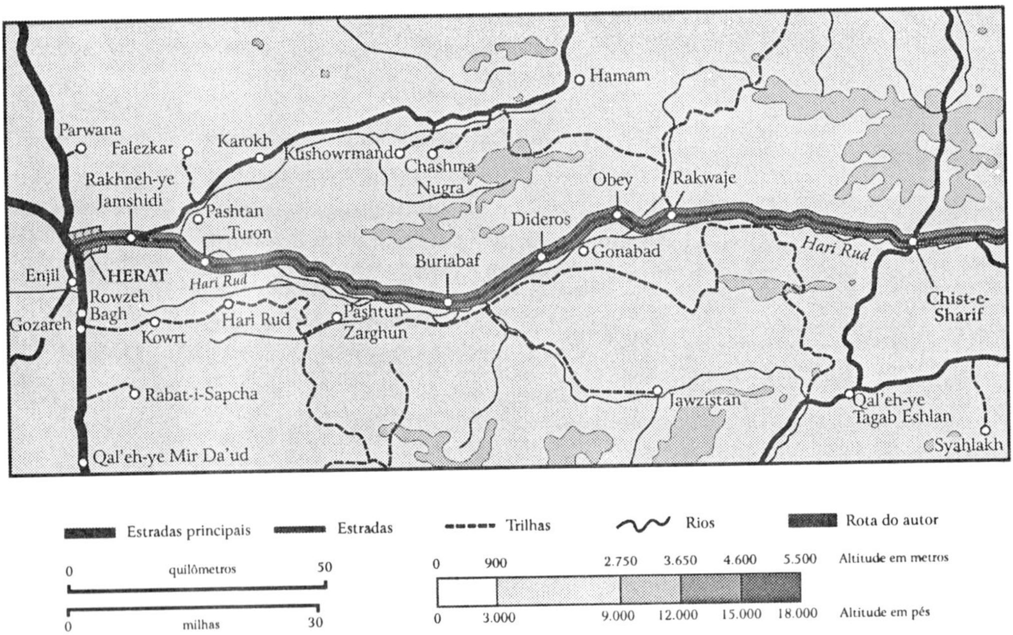

Primeiro dia – Herat-Sha'ede
Segundo dia – Turon
Terceiro dia – Buriabaf
Quarto dia – Dideros
Quinto dia – Rakwaje
Sexto dia – Chist-e-Sharif

QASIM

PASSAMOS AQUELA NOITE na casa do chefe da aldeia, Haji Mumtaz. Na manhã seguinte, após uma refeição matinal de pão seco *nan* e chá doce, recomeçamos a viagem.

Abdul Haq caminhava com seus passos longos e gingados, gritando em acompanhamento ao chiado da estática de um rádio que nada recebia. O sol nascera apenas duas horas antes e já fazia calor. O suor se espalhava a partir das alças de minha mochila e uma linha de transpiração se acumulava em minha testa por baixo do boné de lã de Chitral. Eu alternava o cajado da mão direita para a esquerda, torcendo para que passasse a dor em meu joelho esquerdo. Atrás de mim, Qasim gritava com Aziz. Ambos coxeavam levemente, talvez por terem bolhas nos pés, e Aziz tossia enquanto ajustava o xale preto e branco em volta do pescoço. Qasim olhou para mim e sorriu, voltando a gritar com Aziz. Não entendi o que dizia, mas notei que embora Aziz fosse o mais baixo e aparentemente o mais fraco dos três, os outros lhe haviam dado seus sacos de dormir e rifles para que ele os carregasse.

Eu ainda sabia pouquíssimo sobre os meus companheiros, mas tinha descoberto algo sobre o status de Qasim na noite anterior, quando Haji Mumtaz nos recebeu no portão do pátio de sua casa e nos convidou para o pernoite. Aceitamos. Pediu que entrássemos à sua frente. Recusamos; ele suplicou; tentamos empurrá-lo; ele resistiu, sorrindo. Finalmente, foi Qasim quem entrou primeiro, seguido por Haji Mumtaz, Abdul Haq, Aziz e por mim, nesta ordem. Fomos levados à porta de uma pequena casa de barro, onde novamente tivemos de lutar:

— Por favor, o senhor é meu anfitrião.

— Por favor, o senhor é meu hóspede.

Novamente, Qasim foi o primeiro a entrar. No chão havia tapetes iranianos vermelhos e alguns colchões empilhados num canto, mas nenhum móvel nem enfeites.

Três homens se levantaram para nos receber.

— Não, não, por favor, sentem-se... não se levantem para nós.

— Naturalmente temos de fazê-lo; tome meu lugar. Faço questão.

Acomodamo-nos no chão com Qasim mais longe da porta, e depois de uma breve pausa um dos desconhecidos voltou-se para ele, colocou a mão em seu peito e disse:

— *Salaam aleikun, Manda na Bashi* (A paz esteja boa. Espero que não estejas cansado. Desejo que tua família esteja bem. Desejo-te vida longa).

Qasim respondeu simultaneamente: "E também contigo... que tua saúde esteja bem... que estejas forte... espero que tua casa esteja bem."

Quando Qasim terminou, o homem dirigiu-se a Abdul Haq: "A paz esteja contigo...", disse. "*Manda na Bashi*", Abdul Haq respondeu da mesma forma. Depois de haver saudado cada um de nós dessa maneira, foi nossa vez de percorrer a sala dizendo as mesmas coisas a cada homem, um por um. Nosso anfitrião pegou a chaleira.

— Não, não — disse Abdul Haq. — Eu vou servir o chá.

— Faço questão: vocês são meus hóspedes.

Abdul Haq segurou a alça; Haji Mumtaz tomou-a de suas mãos.

Era um ritual que eu experimentara quase todas as noites quando fiz a caminhada através do Irã. Aquela aldeia tinha sido parte de um império persa durante a maior parte dos dois milênios anteriores. Tanto no Irã quanto no Afeganistão, a ordem de entrada, de assento, de saudação, de beber, lavar-se e comer entre homens definia seu status, sua educação e a maneira pela qual consideravam seus companheiros. Se estivesse entre nós um comandante de guerra, seria normal que entrasse primeiro, que ocupasse o lugar mais distante da porta, que outros lavassem suas mãos e que fosse servido, comesse e bebesse antes dos outros.[6] Os demais se levantariam para saudá-lo e ele normalmente não faria o mesmo para receber outras pessoas. Mas nós não éramos comandantes e a melhor conduta ditava que recusássemos homenagens, antes de mais nada porque nenhum dos presentes tinha uma posição clara. O status dependia não somente de idade, ancestrais, riqueza e profissão, mas também do fato de ser ou não hóspede, de haver ou não outra pessoa presente e do grau de intimidade do hóspede com os demais.

Qasim não protestava muito para assumir a posição mais elevada em nenhuma ocasião. Provavelmente achava que a merecia por ser descendente do Profeta, o hóspede mais idoso e o servidor público de maior hierarquia entre os presentes. Poderia, no entanto, ter sido mais insistente nas recusas. Nosso anfitrião, Haji Mumtaz, mostrou sua educação ao aceitar ostensivamente o status de Qasim. Quanto mais se desculpava, mais nos era recordado que ele havia feito a peregrinação a Meca, que era o chefe da aldeia, tinha vinte anos mais e era muito mais rico do que Qasim, o hóspede inconveniente.

Abdul Haq sentou-se em posição hierarquicamente inferior, dobrando as longas pernas sob si com um sorriso tranqüilo e natural. A pobreza de Aziz era evidente devido ao corpo delgado, barba mal-

---

[6] Na verdade, Ismail Khan fazia questão de recusar deferências formais. Não permitia que se curvassem diante de si. No século XVI o ritual era mais complexo, quando outra medida de status era o ponto até o qual um homem chegava ao entrar em uma sala. Babur descreveu da seguinte forma sua apresentação na corte em Herat:

Logo que entrei no Salão de Estado, curvei-me e, em seguida, sem me deter, adiantei-me para ir ao encontro do governante, que se levantou um tanto lentamente para vir em minha direção. Qasim Beg, que prestava muita atenção nas homenagens feitas a mim e considerava qualquer coisa que me acontecesse como sua, segurou meu cinturão e puxou-o. Compreendi imediatamente e, avançando mais devagar, abracei o governante no ponto que tinha sido combinado.

tratada e roupas que lhe caíam mal. Estava caminhando conosco simplesmente porque se casara com a irmã de Qasim. Colocou-se na parte inferior da sala com expressão defensiva. Somente eu fiquei em posição inferior a Aziz, mas sem dúvida minha situação na escala hierárquica era bastante baixa: visivelmente jovem, malvestido, viajando a pé e não-muçulmano, embora talvez eles não o soubessem. Porém, provavelmente por ser estrangeiro e trazer cartas do Emir, acabei sendo promovido após longo debate e convidado a sentar-me ao lado de Mumtaz. Outros próceres da aldeia entraram, e todos nos levantamos para homenageá-los. Mas quando os serviçais trouxeram a comida fui o único a erguer os olhos. Os empregados, assim como mulheres e crianças, eram socialmente invisíveis.

Qasim encostou-se à parede, com o braço dobrado sobre o joelho, e puxou para trás o barrete *paku* grande demais para a cabeça. Olhou para mim com seus olhos azuis e úmidos, e achei que seu sorriso denotava a existência de simpatia entre nós e de reconhecimento da grande diferença entre nossas vidas, de nossa dificuldade de comunicação e do compartilhamento das experiências da viagem. Ele tinha idade para ser meu pai e parecia haver algo de paternal em seu rosto marcado pelo tempo.

— Sua Excelência Rory — disse Qasim, pronunciando o nome devagar, pensativamente. — De onde vem?

— Escócia — disse eu. Houve uma pausa.

— Qual é sua ocupação, Haji Mumtaz? — perguntei.

De sua resposta somente entendi "em três metros de neve na estrada de Chaghcharan".

Por haver caminhado pelo Irã, eu sabia um pouco do idioma persa e eles falavam *dari*, um dialeto persa usado no norte do Afeganistão. Mas eu vinha falando urdu e nepalês havia um ano e tive dificuldade em retomar o meu persa. Imaginei que os caminhões de Mumtaz ficaram imobilizados pela neve.

— Três metros é bastante coisa — disse eu, vagamente.

— Haji Mumtaz tem muito respeito por mim — interrompeu Qasim. — Isso porque ele é muito religioso e sabe que sou um Seyyed; Seyyed Qasim.

— É verdade — disse Mumtaz.

— Claro, Qasim, o senhor é um Seyyed — disse eu —, um descendente de Maomé.

— Do Profeta, que a paz esteja com ele.

— DoProfetaqueapazestejacomele — emendei, rapidamente.

Houve outra pausa. Qasim colocou a mão sobre meu joelho como se tivesse intimidade comigo e suspirou.

— Sou um homem muito pobre, o Afeganistão é um país muito pobre. Não temos dinheiro. Haji Mumtaz não tem dinheiro. Eu não tenho dinheiro.

Não acreditei no que ele dizia; a casa denotava prosperidade.

Um empregado colocou uma toalha de pano diante de nós sobre o tapete colorido e desdobrou-a, revelando rodelas grossas de pão *nan*. A conversa cessou. Trouxeram pratos de sopa e de arroz, com pedaços tenros de carne de carneiro cozida e salgada ocultos nos montes de arroz. Ninguém falou durante o jantar. Comemos rapidamente, usando as mãos. Ninguém deixou cair comida, exceto eu, que derramei alguns grãos de arroz no tapete.

Quando os mais graduados acabaram de comer, passaram as sobras aos homens colocados na parte inferior da sala, todos mais jovens e mais magros do que Haji Mumtaz. Aziz, que já limpara o equivalente a três grandes pratos de arroz, continuou a comer até acabar com todos os grãos em dois pratos e arrotou, satisfeito. Apareceram bandejas com castanhas, maçãs e laranjas, surgiu mais chá e, após uma refeição completamente silenciosa, a conversa recomeçou.

Nas regiões curdas do Irã não havia legumes, carnes ou frutas no inverno, e eu em geral comia pão sem fermento de manhã e pão com queijo branco de cabra no almoço e no jantar. No Paquistão e nas aldeias do norte da Índia, nutria-me de pão e lentilhas com curry. No Nepal, o hábito era comer às dez ou onze horas da manhã, o que não estava de acordo com meus horários, e por isso eu trazia comigo biscoitos baratos e comia arroz com lentilhas, às vezes acrescentando à noite um pouco de pão preto. Aquele jantar no Afeganistão tinha sido um impressionante banquete em um país pobre e faminto.

— De onde vem nosso hóspede, Comandante Seyyed? — perguntou Mumtaz.

— Da Ucrânia — respondeu Qasim, com ar confiante.

— Então ele é comunista, Comandante Seyyed?

Qasim fez uma pausa.

— Não, não sou comunista — disse eu, em persa.

— Ele não é comunista — repetiu Qasim.

— É muçulmano?

— É — disse Qasim.

Isso não era verdade. Qasim simplesmente dizia a primeira coisa que lhe vinha à cabeça. Não queria confessar que sabia muito pouco a meu respeito e praticamente nada sobre minha terra. Por causa de seu status, queria mostrar que não estava apenas cuidando de um jovem estrangeiro com roupas maltratadas, mas que era responsável por um homem interessante e importante. Também suspeitei de que, como muita gente das aldeias do Irã, Qasim gostava de fazer com que os demais acreditassem em histórias absurdas.

Num momento em que Mumtaz precisou sair, eu disse a Qasim:

— Não sou da Ucrânia, e sim da Escócia. A Ucrânia era parte da União Soviética. Ele vai pensar que sou russo.

— Não vai, não. Nem mesmo eu sei onde fica a Ucrânia.

Mumtaz voltou.

— Ele fala russo, Comandante Seyyed?

— Sim, e muito bem — disse Qasim. Eu não sabia russo.

— Que é que ele está fazendo?

— Estamos viajando juntos porque o Emir nos instruiu para escoltá-lo. Vamos caminhar até Chaghcharan.

— Com licença, Haji Mumtaz — interrompi —, quais são as aldeias adiante onde poderemos passar a noite?

— Eu conheço — disse Qasim. — Amanhã de manhã lhe direi.

— E o senhor, Haji Mumtaz — insisti —, que acha do caminho que vamos tomar?

— Bem, acho que por Sha'ede, Turon, Mawar Bazaar, Saray-e-Pul e Obey.

Presumivelmente tratava-se de aldeias sunitas de população tadjique, mas eu não tinha idéia do que poderia esperar.

— Veja isto — disse Qasim a Haji Mumtaz. Mostrou no calcanhar uma bolha violácea e enegrecida, cheia de pus. Tínhamos caminhado durante menos de três horas. Eu cheguei a ter esperança de que as botas novas seriam melhores do que as velhas.

— Tem certeza de que vai conseguir? — perguntou Mumtaz.

— Claro que sim. Somos *mujahidins*, mas ele... não sei...

— Acho que não terei problemas — atalhei eu. — Já fiz muitas caminhadas.

— No Iraque, na Índia, na Rússia e no Japão — disse Qasim, impaciente, inventando os países —, caminhando por toda parte.

— E qual é a ocupação dele?

Qasim fez uma pausa, e eu também.

— Sou historiador — disse eu.

— Ele trabalha para as Nações Unidas — disse Qasim.

— É médico?

— Sim.

— Não — disse eu.

— Bem — disse Mumtaz —, tenho uma dor no peito. Pode me dar alguma coisa?

— Vamos ver — respondi, abrindo a mochila.

Qasim gritou novamente a pergunta para mim, como se a estivesse traduzindo e não repetindo:

— Haji Mumtaz sente uma dor no peito; você pode dar alguma coisa a ele? — Tratava-me como se eu fosse um animal exótico a quem ele fora escolhido para treinar por conta do Emir; um macaco bárbaro para dançar na Rota da Seda. Gostava de falar sobre mim com voz alta e dominadora, e ficava contente quando eu fazia alguma coisa em benefício de seus amigos e dava dinheiro ou remédios. Mas não parecia apreciar minha propensão a falar por mim mesmo. Durante todo esse tempo, Abdul Haq permanecera em silêncio, sorrindo consigo mesmo e mudando de posição de vez em quando a fim de estender as longas pernas.

— Ele fala *dari*; o senhor fala inglês? — perguntou Mumtaz a Qasim.

— Falo — foi a resposta.

Depois que dei algumas pílulas antiespasmódicas, os filhos de Haji Mumtaz distribuíram os colchões e cobertores que estavam empilhados num canto da sala e todos nos deitamos para dormir. Haji Mumtaz e os dois filhos se deitaram conosco, a fim de nos homenagear enquanto hóspedes. Eu estava cansado, mas custei a dormir. Abdul Haq manteve o rádio transistor ligado a noite inteira. Só conseguia um som alto de estática, mas isso mostrava a todos que ele possuía um rádio.

Pronome Indefinido

DEIXANDO A CASA DE HAJI MUMTAZ no segundo dia em companhia dos soldados, apressei o passo após meia hora e rapidamente ultrapassei Abdul Haq, caminhando em direção ao sol nascente. Na névoa matinal via-se somente um contorno indistinto das montanhas. Eu não via nem ouvia meus companheiros. Curvava-me para a frente sob o peso da mochila, piscando os olhos para fazer escorrer o suor. Um deserto de cascalho se revelava de ambos os lados. A cada passo abria mais as pernas, espetando a ponta metálica do cajado no gelo à margem da estrada. Meus pés batiam um ritmo surdo e uniforme. Meus pensamentos se misturavam a cada passo e nunca se adiantavam a mim. Tinha nevado nas montanhas. Um riacho alimentado pelo degelo rompeu a carapaça dura, e a água azul-escura empurrava as lâminas geladas sobre o solo árido. Eu quase não acreditava que tinha conseguido permissão para a caminhada. Apesar de minhas preocupações com a rota e com os meus companheiros, sentia que tinha recebido uma grande dádiva. Durante duas horas fiquei inteiramente absorvido pela marcha, sentindo-me confiante, alegre e livre. Depois senti o cinto de minha mochila machucando-me os quadris e, talvez por não ter feito exercícios no mês anterior, fiquei um pouco cansado.

Reduzi a marcha a fim de que os outros pudessem me alcançar e caminhamos em fila de quatro por algum tempo. Abdul Haq apoiava no ombro a arma empoeirada, segurando-a pelo cano. Eu estava descobrindo que o rifle era a coisa mais importante que ele possuía, até mesmo preferida às granadas de mão. Eu já o vira utilizar a arma para fazer brincadeiras, como bengala e como fonte de fogos de artifício improvisados, quando se sentia enfadado. Não havia vento algum. O cascalho e a areia sob nossos pés eram firmes, e caminhávamos rapidamente, apertando ligeiramente os olhos devido ao brilho do sol. Não falávamos, mas caminhávamos quase em sincronia.

No horizonte surgiu uma pequena figura que foi aumentando aos poucos. Era um velho montado em um jumento. Quando nos alcançou, vimos que o animal era tão pequeno que as botas de borracha do velho, grandes demais para seus pés, arrastavam na areia. Sorri para ele. Aziz, em tom rude, perguntou para onde ele se dirigia. O velho respondeu tranqüilamente e prosseguiu seu caminho. Quando me voltei para vê-lo, já era um ponto minúsculo que desaparecia na vastidão da areia. Observei nossas próprias sombras que se moviam. Os passos curtos de Qasim estavam mais curtos do que nunca. Caminhava quase nas pontas dos pés com suas novas botas vermelhas. Achei que suas bolhas estavam piorando.

Durante algum tempo conseguíamos ver um pequeno povoado à frente, em meio à reverberação causada pelo calor. Chegamos a ele, passamos por uma barraca em uma parada de caminhões à beira da estrada e nos sentamos. Fazia quatro horas que estávamos caminhando e fiquei contente em tirar a mochila das costas. O dono da barraca nos serviu um guisado de carne e arroz e um pouco de chá, que saiu do samovar fumegante com algum resíduo calcário.

Os demais tinham encontrado um amigo e não demonstravam intenção alguma de continuar a caminhada. Encostado a um canto, com um bule de chá diante de mim, puxei meu caderno iraniano de exercícios que tinha na contracapa um horário escolar e na capa uma figura de gaivotas, e escrevi em meu diário que não conhecia nada melhor do que a caminhada matinal. Mas minha sensação de que me encontrava em uma aventura parecia mesquinha no contexto da guerra. Tinha dificuldade em escrever sobre o risco de morte. Usei o pronome indefinido "alguém", em vez de "eu", como se quisesse me afastar de mim mesmo. "É estranho, mas caminhar faz com que alguém sinta que tem uma vida mais completa..."

Enquanto eu redigia aquela frase um tanto distorcida, Abdul Haq e Qasim distribuíam entre si analgésicos para as bolhas nos pés. Fiquei satisfeito quando vi Qasim levantar-se, virar a cabeça de um lado para o outro a fim de distender o pescoço e dizer que devíamos partir. Queria caminhar mais antes de escrever outra vez.

Babur se arrependeu de ter usado a estrada da montanha e talvez por causa disso pôs a culpa em seu chanceler, Qasim:

> *Tínhamos procurado informações sobre qual seria a melhor rota para Cabul; eu e alguns outros propusemos tomar o caminho de Kandahar, porque já estávamos no inverno; embora fosse o caminho mais longo, era possível viajar sem riscos e sem problemas, enquanto o caminho da montanha era difícil e perigoso. Dizendo que essa última estrada era muito distante e que esta [a estrada central que passa por Chaghcharan] é mais direta, Qasim Beg comportou-se perversamente; finalmente resolvemos tentar a rota mais curta.*

Não admira que devido à estação do ano e às circunstâncias da partida de Babur muitos de seus cortesãos se recusassem a acompanhá-lo. Alguns regressaram mais tarde, usando trajetos alternativos; outros, no entanto, talvez atraídos pelas diversões oferecidas em Herat, jamais deixaram a cidade:

> *Diversos de meus acompanhantes permaneceram em Herat... inclusive Sidim, que passou ao serviço do governante. Sidim foi valoroso na guerra... era bem-educado e se comportava com finura; sua conversação e maneira de narrar uma história eram especialmente agradáveis. Era vivaz, espirituoso e engraçado. Seu grande defeito era o vício da pederastia... [Dois anos depois] Sidim foi morto e atirado no rio Helmand.*

O grupo de Babur estava mal-equipado. Ele não transportava suprimentos e preferia que as aldeias lhe fornecessem água, alimentos e forragem para os animais ao longo do percurso. Às vezes pagava pela alimentação dos animais, mas dependia principalmente das tradições de hospitalidade. Embora costumasse morar em tendas, nesta ocasião parece ter deixado as suas em Bamian. Mais tarde, durante o trajeto, seus homens foram obrigados a dormir montados nos cavalos — e ele próprio enfrentou desabrigado uma tempestade de neve — até que os batedores encontrassem uma caverna. Os horrores daquela noite fizeram com que ele passasse a dormir nas casas das aldeias pelo resto da viagem, como eu.

O território que Babur atravessou era governado na época pelo primeiro-ministro de Herat, que se chamava Zulnun Arghun. Havia centros administrativos em Obey e Chaghcharan, e povoados maiores em Yakawlang e Bamian, mas entre esses lugares praticamente nada existia. Nesse aspecto, pouco mudou ao longo de quinhentos anos. A região ainda é muito remota, e Obey, Chaghcharan, Yakawlang e Bamian ainda eram praticamente os únicos lugares do trajeto onde eu sabia poder encontrar algo que lembrasse um governo. O trecho entre Obey e Chaghcharan era habitado por povos semi-nômades dispersos de origem tadjique chamados *aimaq*, e entre Chaghcharan e Bamian os habitantes eram *hazara*. Naquela época, tal como hoje em dia, a região continha quatro grupos étnicos diferentes (tadjique, aimaq, hazara e pashtun), duas línguas principais (*dari* e *pashto*) e duas seitas diversas do Islã (xiitas e sunitas). Sua paisagem montanhosa preservou vestígios de culturas, religiões e dinastias esquecidas.[7]

---

7 Babur talvez tenha enfrentado problemas lingüísticos mais graves. Embora naquela época, como hoje em dia, todos falassem dialetos derivados do persa, as diferenças entre esses dialetos provavelmente eram mais profundas. Babur diz que em seu tempo havia sete línguas faladas em Cabul, algumas das quais desapareceram ou estão hoje restritas a comunidades muito reduzidas.

Uma Aldeia Tadjique

DUAS HORAS DEPOIS DE COMEÇARMOS a caminhada vespertina paramos para descansar em uma aldeia. Qasim, Aziz e eu nos sentamos ao lado de um homem idoso, encostados na parede da mesquita. Abdul Haq andava de lá para cá no deserto, tentando falar pelo rádio com o quartel-general. O sinal convencionado que usava e que gritava a toda hora era "Ansari", nome de um santo *sufi* do século XI sepultado em Herat. O velho a nosso lado se mantinha completamente imóvel, sentado de cócoras sobre os calcanhares e vestido com roupas folgadas, um cobertor e um turbante. As mãos, estáticas sobre os joelhos, eram queimadas de sol e inchadas devido ao trabalho no campo invernal. Somente seus olhos se moviam. Olhou para Abdul Haq, notando sua juventude e altura e examinando-lhe as roupas norte-americanas, o queixo sem barba e o boné chinês de beisebol. Todos os homens que ainda estavam na aldeia tinham barba e turbante.

Muitas casas estavam vazias. A maioria dos homens trabalhava no Irã, exceto os que tinham levado as famílias aos campos de refugiados. Não havia eletricidade que pudesse permitir o uso de uma TV, nem clínica e nem escolas para as crianças. Não se viam mulheres nas ruas. O único prédio público importante era a mesquita a nossas costas. Mas não era de um modelo iraniano moderno, com paredes de cimento, ladrilhos de banheiro e cúpula brilhante de alumínio. Em vez disso, era feita de tijolos de barro. Abdul Haq tinha sido criado numa aldeia desse tipo.

— Que está fazendo aqui? — perguntou rudemente Abdul Haq.

— Esperando a hora da prece vespertina — respondeu o velho.

— Meu nome é *Abdul Haq* e pertenço ao Serviço Secreto — continuou o soldado, acentuando as sílabas em árabe, de maneira exagerada. O nome Abdul Haq significa, literalmente, "Servidor da Verdade", assim como Qasim quer dizer "Divisor".[8] — Meus irmãos e eu temos sede. — Era curioso ver Abdul dando ordens, mas Qasim tinha fechado os olhos e parecia fatigado demais para importar-se. O velho se levantou e caminhou vagarosamente até sua casa, voltando pouco depois com uma bandeja. Desdobrou diante de nós o pano que a cobria. Havia algumas fatias grossas de pão *nan*. Em seguida ofereceu dois bules, um de chá verde e outro de chá preto, e cinco copos.

Silenciosamente e com solene polidez em suas roupas tradicionais, o velho serviu o chá e em seguida encostou-se novamente à parede da mesquita, fitando Abdul Haq. Aqueles soldados eram as únicas pessoas do novo governo que o velho havia visto. Que impressão lhe teria produzido o jovem, semimoderno e inquieto Abdul Haq, com seu equipamento estrangeiro e passado nebuloso?

Sentando-se junto a nós, Abdul Haq serviu-se de uma fatia do pão *nan*.

— Há gente má por aqui — sussurrou-me ele. Tomando minha mão, acrescentou, imitando meu sotaque persa: "*Man haraji hastam*" (Sou estrangeiro). Depois, erguendo-se, enfiou o cano do rifle na areia, fez um arremedo de salto com vara, saltou duas vezes sobre o pé esquerdo e sorriu. Por um momento o rosto do velho ficou sem expressão, e em seguida ele riu.

Os habitantes idosos das aldeias não pagavam impostos e nada recebiam do Estado. O governo era uma coisa que existia nos prédios grandiosos, perfurados de balas, de Herat e Cabul. Nestas cidades, três semanas depois da queda do Talibã, funcionários públicos

---

[8] O primeiro se refere a um atributo de Deus, o segundo é um dos nomes do Profeta.

como Yuzufi novamente executavam as cerimônias das taxas e formulários em triplicata diante de grupos desconfiados de correspondentes de guerra que precisavam de vistos. O Serviço Secreto mais uma vez seqüestrava pessoas em automóveis indistintos. Fora das cidades, só havia Abdul Haq, Qasim e Aziz, que a cada passo desengonçado levavam uma nova cultura ao Afeganistão rural, como se fossem modernas réplicas de Alexandre o Grande. Teoricamente, quem controlava tudo isso era o governador de Herat, Ismail Khan.

O Emir do Ocidente

Ismail Khan é um homem interessante... Ponderado, comedido e confiante... Eu poderia contar nossa conversa, mas não vou fazer isso.

— Donald Rumsfeld, ex-secretário de Defesa dos Estados Unidos, durante visita a Herat em 29 de abril de 2002

ISMAIL KHAN ERA O HOMEM MAIS PODEROSO do Afeganistão ocidental. Dois dias antes, na última tarde que passei em Herat, fui encontrá-lo, na esperança de que seu apoio pudesse proporcionar-me alguma proteção contra o Serviço Secreto. Ainda havia algumas lâmpadas acesas nos candelabros do salão de audiências com suas colunas douradas. Nos cantos em penumbra, dezenas de habitantes de aldeias do Afeganistão dormiam no chão, sob pilhas de cadeiras. Estavam esperando para fazer seus pedidos a Ismail Khan.

Juntei-me aos jornalistas estrangeiros numa sala lateral. Olharam-me quando entrei, mas não me cumprimentaram. Pareciam preocupados. Notei que a maioria tinha deixado crescer a barba a fim de parecer-se com os afegãos, ou talvez porque seus quartos de hotel não tivessem água quente. Isso não se aplicava à bela correspondente da TV France 2, mas até mesmo ela parecia fatigada. Durante meia hora, nada aconteceu. Todos davam a impressão de estarem gripados e esperando a entrevista por uma semana. Eram flanqueados por seus jovens intérpretes afegãos em suas jaquetas de couro.

Eram repórteres competentes e dedicados. A maior parte do que o público norte-americano e europeu sabia a respeito do Afeganistão vinha deles. A tarefa não era fácil e a tensão e o cansaço eram visíveis em suas expressões. Não falavam nenhuma língua afegã; receavam deixar seus veículos; a comida era estranha; dormiam mal; somente três meses e meio tinham passado desde o 11 de setembro de 2001; e os editores dos jornais pressionavam por artigos mais longos e perguntavam por que motivo não tinham coberto a "Caçada Secreta a Osama bin Laden". Um mês antes, quatro deles tinham sido arrastados para fora do jipe em uma estrada nos arredores de Jalalabad e executados. Ao passar pela estreita garganta de paredes pretas pouco depois que isso aconteceu, avistando o local solitário, compreendi por que os jornalistas não queriam mais viajar por aquela estrada. Doze correspondentes de guerra já tinham sido assassinados no Afeganistão nos dois meses anteriores.

Yuzufi entrou, abotoando o largo paletó do terno de risca de giz. Também ele parecia cansado. Um fotógrafo japonês perguntou se o governador iria aparecer.

— Em breve — respondeu ele.

Yuzufi então me viu, sorriu e pôs a mão em meu ombro.

— Fico contente em vê-lo — murmurou. — No final da conferência de imprensa apontarei para você; apresente-se rapidamente e fale de sua viagem.

Em seguida ele saiu e voltou logo depois em companhia de um homem corpulento de barba branca e espessa, turbante preto de seda bem dobrado e parca cinzenta e ampla. A sala era pequena, e os dois homens tiveram de passar bem junto de nós. Somente quando ele se sentou à cabeceira da mesa e nos desejou paz foi que percebi que se tratava do governador Ismail Khan. As câmeras espocavam, e a equipe da BBC praguejava porque não haviam ligado um certo aparelho. Quando os fotógrafos terminaram, Ismail Khan parou de sorrir e disse alguma coisa a Yuzufi. O governador estava sentado em uma cadeira baixa, encostado à parede dos fundos. Outros governadores teriam entrado por uma porta separada, acompanhados por muitos soldados armados, mas ele viera somente com Yuzufi. Não gostava da etiqueta protocolar. Nem sequer permitia que seus acompanhantes lhe beijassem as mãos.

Ismail Khan havia conquistado Herat contra o Talibã em 13 de novembro de 2001, seis semanas antes que eu o visse pela primeira vez. Tinha sido o iniciador da guerra do Afeganistão contra a Rússia, matando centenas de conselheiros russos e suas famílias, em 1979. Durante os 22 anos anteriores, estivera lutando contra os russos e o Talibã, com períodos de interrupção passados como governador de Herat, na prisão ou no exílio no Irã. Desta vez, fazia duas semanas que estava exercendo o cargo de governador.

Não era fácil avaliá-lo. Eu já tinha conhecido seu Serviço Secreto, que ainda torturava os adversários com choques elétricos. Dizia-se que ele recebia quase um milhão de dólares por dia em receitas de alfândega e nada repassava ao governo central. Mas o histórico de seu respeito aos direitos humanos era melhor que o de muitos ministros em Cabul, e em vez de ficar com o dinheiro para si parecia que o utilizava para projetos de desenvolvimento rural. Muitos habitantes de Herat gostavam de ter uma pessoa do local, homem modesto e religioso, cuidando dos assuntos da província. Cabul, no entanto, preocupava-se com a possibilidade de que ele estivesse tentando criar um reino independente, apoiado pelo Irã. Dizia-se que ele tinha adotado o título de "Emir do Ocidente".

Seria importante se eu pudesse dizer às pessoas que tinha estado com Ismail Khan. Todas as pessoas que encontrasse durante o mês de minha caminhada seriam definidas segundo seu relacionamento com ele. Ele nomeara os governadores de todas as províncias vizinhas, e todos os comandantes dos distritos num raio de duzentos quilômetros eram agora aliados seus, ainda que tivessem sido inimigos no passado. O Serviço Secreto era sua guarda de elite pessoal.

— Se seus próprios intérpretes quiserem traduzir, podem fazê-lo — disse Yuzufi, abrindo em inglês a conferência de imprensa. — Mas eu também traduzirei.

Ismail Khan assentiu com a cabeça. Ele próprio falava bem inglês, mas durante a conferência usaria somente o *dari*. Diante de si tinha câmeras da BBC, CBS e Television France, além de jornalistas da maioria da grande imprensa internacional. Provavelmente essa era a primeira vez que ele ou Yuzufi falava a tantos jornalistas estrangeiros a um só tempo. Pode ser que Ismail Khan desejasse uma segunda tradução a fim de ter tempo de preparar-se para as respostas.

— Nas perguntas, por favor — disse Yuzufi —, dirijam-se a Sua Excelência como "Excelência", nunca como "o senhor".

Em seis semanas, Ismail Khan deve ter aprendido uma forma de pensar e falar completamente nova. Durante vinte anos os religiosos iranianos e os funcionários norte-americanos do setor de inteligência o instruíram sobre o aspecto político do Islã e o anticomunismo, e o recompensaram por matar russos e gente do Talibã. Agora, porém, os mesmos funcionários norte-americanos o pressionavam com questões sobre "terrorismo internacional, drogas, crime organizado e proliferação de armas de destruição em massa". A estes juntavam-se diplomatas, as Nações Unidas, as agências de assistência e desenvolvimento, e organismos militares. Estas instituições forneciam-lhe dinheiro e grãos, segundo o "Processo de Avaliação de Necessidades" e "Projetos de Rápido Impacto para a Reconstrução do Afeganistão", insuflados pelo Banco Mundial. Ismail Khan parecia impressionar positivamente aqueles que o visitavam.

Yuzufi já não procurava encontrar equivalentes em língua persa para esse jargão novo. O inglês irrompia na superfície ornamentada de suas frases: "*U fekr mikonid ke* Internet broadband access *Khub bud.*"

— Por favor, sua pergunta — disse Yuzuf, apontando para um jornalista francês, que falou em inglês.

— Gostaria de saber se o senhor recebe ajuda militar do Irã...

Yuzufi interrompeu.

— Sua Excelência, e não senhor.

— Gostaria de dizer — começou Ismail Khan — que antes que chegássemos aqui não havia mobília; o Talibã era contra a mobília. Trouxemos todo o mobiliário durante as duas últimas semanas.

Ismail Khan discordava mais do Talibã quanto à mobília do que quanto ao Islã. Acreditava na *jihad* e detestava a interferência de estrangeiros ateus no Afeganistão. Estimulara as mulheres a voltarem às escolas, mas achava que deviam estar cobertas e não falar com homens que não fossem seus parentes. Estava prestes a ordenar às equipes de "vício e virtude" que patrulhassem os mercados que eu tinha visto e queimassem os DVDs. Implementara leis exigindo que as mulheres usassem lenços nas cabeças e proibindo o uso de gravata pelos homens. As mulheres que se encontrassem com homens que não fossem seus parentes podiam ser obrigadas a submeter-se a exames em hospitais a fim de verificar se tinham mantido relações sexuais recentemente.[9] Mas eu não sabia quantos entre os presentes na sala entendiam as idéias de Ismail Khan sobre um Estado islâmico. Sem dúvida, ele não iria compartilhar sua visão a respeito das mulheres com a repórter da TV France 2, que não tinha coberto os cabelos louros.

— Agora, Sr. Stewart — disse Yuzufi. Levantei os olhos de meu caderno de notas no qual tentava rabiscar o que pretendia dizer. Antes que eu pudesse falar, a mulher interveio.

— Se me permite interromper — disse ela sorrindo —, podemos fazer uma entrevista privada?

Ismail Khan fitou-a e respondeu:

— Claro, por que não? Venha amanhã.

Houve um murmúrio entre os demais jornalistas cujos pedidos de entrevista tinham sido recusados.

— Sr. Stewart...

Curvei-me à frente.

---

[9] Durante o governo de Ismail Khan em Herat, as pessoas que cometessem "crimes de vícios" como beber álcool eram punidas com raspagem dos cabelos ou eram denunciadas na TV. As mulheres não podiam caminhar ou estar em automóveis em companhia de um homem que não fosse parente próximo, nem mesmo um motorista de táxi. A cidade de Herat era patrulhada por uma força-tarefa policial que prendia homens e mulheres e meninas que estivessem juntos e fossem suspeitos de não ter relações de parentesco ou que não fossem casados. Os homens iam presos e as mulheres e meninas eram levadas a um hospital para submeter-se a exame médico obrigatório.

— *Agha Ismail Khan* — disse eu, fazendo em seguida uma pausa. Queria falar persa, mas não me sentia à vontade diante dos intérpretes e por isso continuei em inglês. — Sou um escritor britânico e estou estudando a história e a cultura do Afeganistão. — Yuzufi assentiu com a cabeça, estimulando-me. — Estou planejando viajar a pé até Cabul, passando por Bamian, sem usar veículos. Gostaria de poder agradecer a Vossa Excelência Yuzufi pelo apoio. — Olhei para Ismail Khan, que fitava uma inscrição do Corão na parede. Pulei algumas frases. — Pretendo seguir o roteiro do imperador Babur, que fez essa viagem no inverno de 1506. Espero poder mostrar a meu povo o lugar maravilhoso que é o Afeganistão.

Houve uma longa pausa. Eu tinha consciência do olhar dos jornalistas sobre mim. Ismail Khan voltou-se para Yuzufi, que murmurou alguma coisa. Em seguida o governador me encarou.

— Uma grande viagem, que eu gostaria de apoiar. Diga-me, por favor, o que posso fazer para ajudar. Porém — ele fez uma pausa, aparentemente confuso —, não é possível fazer essa viagem no inverno. Sei bem disso. Lutei na região durante essa estação.

Fiquei pensando se deveria pedir a ele que mandasse o Serviço Secreto deixar-me em paz, mas Yuzufi levantara a mão, como se sinalizando que eu devia parar por ali.

— Obrigado — disse eu. O governador deu um sorriso amplo e a audiência terminou.

Yuzufi insistiu em que eu usasse sua van para voltar ao hotel porque já tinha passado a hora do toque de recolher.

— Você teve muita sorte — disse ele. — O que o governador disse é mais importante do que você imagina. Vou redigir uma nota dizendo que você está sob a proteção dele. Você poderá ser mais enérgico com o Serviço Secreto.

Yuzufi parecia aliviado pela maneira com que a conferência de imprensa tinha se desenrolado. Eu disse que o trabalho dele devia ser difícil.

— Ah, Rory, você me entende bem — disse ele, rindo. — Hoje de manhã veio uma mulher de um jornal de Nova York...

— Minha amiga Carlotta, do *New York Times*?

— Talvez. Ela disse que era "o jornal mais importante do mundo" e que eu tinha de organizar uma entrevista particular com Sua Excelência. Quase acreditei nela, mas veio outra mulher. Da CNN. Aparentemente também é "a mais importante do mundo". Em quem devo acreditar? Então cancelei as duas e disse que viessem à conferência de imprensa junto com... — fez uma pausa — o *Newsday*, e o *Christian Science Monitor*. Fiz bem?

Antes que eu pudesse responder, três homens surgiram no centro da rua e apontaram suas automáticas para o pára-brisa da van. Eram da polícia do toque de recolher. Depois que Yuzufi saltou para explicar quem éramos, tivemos permissão para prosseguir.

— Deve ser bom ter tanta influência — disse eu.

— Para mim, não. Embora eu admire Sua Excelência, gostaria de ir para a Inglaterra a fim de obter um diploma de mestrado e servir como embaixador no exterior — respondeu Yuzufi. Olhou pela janela da van. A eletricidade tinha sido desligada e Herat estava às escuras. Outro grupo de policiais nos deteve. Yuzufi fez uma pausa antes de falar com eles. — Nada muda em Herat — disse ele.

Caravançarai, Cujos Portais...

DOIS DIAS DEPOIS. Já no deserto, Yuzufi, os jornalistas e Ismail Khan pareciam muito distantes. A caminhada ia ficando cada vez mais difícil para Qasim e Aziz. Não estavam habituados a caminhar por oito horas seguidas. Qasim repetia que devíamos viajar de ônibus.

Ao crepúsculo, vimos uma edificação fortificada na planície ao sul, e mais além uma aldeia. Como não tínhamos tendas, sugeri que procurássemos um lugar para dormir. Qasim respondeu que havia gente má na aldeia e que não nos receberiam. Eu disse que sempre tinha entrado em aldeias sem necessidade de apresentação. Abdul Haq deu de ombros e saiu da trilha, caminhando a passos largos pelo deserto em direção ao prédio. Por um instante, pensei em seguir as pegadas de Abdul Haq para evitar minas, mas depois me envergonhei por deixá-lo arriscar-se sozinho e caminhei a seu lado.

— Está entendendo o que eu digo? — gritou Qasim por trás de Abdul Haq. — Sou *mujahidin* há 22 anos. Quando se caminha, é preciso ficar nas estradas e não nos campos.

— Mas este é um atalho — replicou Abdul Haq.

— Por favor! Temos de ficar na estrada.

— Não fale assim — tornou Abdul Haq. — Nosso hóspede vai perder a confiança em nós.

— Não se preocupe, ele não entende o que dizemos.

Abdul Haq começou a marchar com passo militar pela areia, balançando o braço direito diante do peito e levantando poeira com os calcanhares. Em seguida, começou a cantar uma canção guerrilheira que dizia: "Bem-vindo, Ismail Khan, bem-vindo, Comandante". Durante os dez minutos seguintes, ele deu boas-vindas a todos os camaradas de que conseguiu lembrar. Já tinha chegado a "Bem-vindo, Qasim, bem-vindo, Comandante" quando chegamos a uma trilha e encontramos um homem que nos confirmou que poderíamos passar a noite no prédio.

— Alguém receberá vocês — disse ele. — No prédio há trinta famílias.

Ao chegarmos no edifício, que tinha muros altos de barro e uma única torre num dos ângulos, percebi que era um caravançarai medieval — uma pousada para mercadores na Rota da Seda. Os caravançarais eram construídos a uma distância de um dia de viagem entre si, e por isso eu os utilizara para hospedar-me quando fiz a caminhada pelo deserto iraniano entre Arak e Isfahan. Aquele era rodeado por um fosso raso. Uma larga ponte de madeira levava a um pórtico de três arcos, suficientemente amplo para um camelo com carga. Abdul Haq bateu no portão de madeira e, enquanto esperávamos, tirei uma foto dos três homens. Abdul Haq exibiu seu amplo sorriso. Uma faixa larga de sombra noturna subia rapidamente pelos tijolos cor de café. Estávamos cansados e aliviados por haver encontrado um abrigo.

Cinco anos antes, quando tive a idéia de caminhar pela Ásia, essas heranças da Rota da Seda me fascinavam. Talvez antigamente houvesse lápis-lazúli neste local, transportado para o Ocidente das minas do Afeganistão a fim de produzir o azul das pinturas sienenses medievais, e âmbar retirado de árvores fossilizadas no Báltico, levado ao Oriente para a fabricação de colares tibetanos. Objetos ainda mais misteriosos tinham passado por aquelas trilhas de mercadores: diamantes que poderiam entronizar reis, textos budistas em pergaminhos de bétula escritos em caracteres hoje impossíveis de decifrar, astrolábios chineses que intrigariam o Vaticano. Mas aquelas coisas pouco tinham a ver com o Afeganistão moderno, e duvidei que as pessoas que moravam naquele prédio tivessem uma idéia clara de seu passado.

Um menino de cerca de oito anos e feições delicadas surgiu no portão e disse que não havia ninguém em casa. Qasim disse que verificasse novamente. Poucos minutos depois, ele reapareceu. O sol se pôs e começávamos a sentir frio. O menino fitou-nos com seus olhos negros e firmes e disse:

— Não. Não há ninguém aqui.

Qasim retrucou:

— Não minta, menino. Alguém mandou você dizer isso. Sei que há gente aí dentro. Olhe novamente.

Apareceu outra criança. Era um pouco menor, de cabelos negros e eriçados, e vestia um *shalwar kemis* vermelho e desbotado.

— Diga que sou um *meman* (hóspede) *mosafer* (viajante) — prosseguiu Qasim. — Os muçulmanos não podem recusar hospitalidade. Somos do governo. Temos direito de entrar.

O primeiro menino olhou fixamente para Qasim e depois para mim, dizendo:

— Não. Não há ninguém aqui.

Houve uma pausa e de repente Abdul Haq agarrou o menino pela gola e começou a empurrá-lo pelo arco medieval em direção ao pátio.

Qasim gritou:

— Pare, não entre aí. Isto era um lugar da al-Qaeda. Vocês serão baleados.

Abdul Haq curvou-se, olhou o menino nos olhos e empurrou-o rudemente para longe de si. O menino cambaleou para trás mas não caiu.

— Diga a eles que nós vamos entrar — disse Abdul Haq.

— Não há ninguém aqui — repetiu o menino.

Abdul Haq olhou para os outros dois soldados e deu meia-volta, atravessando novamente a ponte sobre o fosso. Segui-os. Quando chegamos ao fim da ponte, ele fez um sinal para Aziz, voltou-se e caiu sobre um joelho levando o rifle ao ombro e apontando para os meninos. Aziz fez o mesmo.

O primeiro garoto deu um salto, refugiando-se atrás da porta. O outro ficou imóvel na arcada e começou a chorar, esperando o tiro.

Esperei por um instante e em seguida dei um passo na direção de Abdul Haq. Ele me olhou de esguelha e eu coloquei a mão sobre a mira do rifle, sorri e disse gentilmente:

— Não.

O primeiro menino surgiu correndo, pegou o outro e empurrou-o para trás da porta. Houve uma pausa. Retirei a mão. Abdul Haq riu e nós saímos caminhando para a aldeia. Atrasei um pouco o meu passo. Não queria caminhar lado a lado com aquela gente.

Na entrada da aldeia, eles encontraram um homem agachado atrás de um muro, talvez escondendo-se deles. O homem se levantou e fez um cumprimento com a cabeça, segurando as mãos de Abdul Haq e Qasim, ignorando-me. Qasim iniciou a complexa cadeia de cumprimentos e em seguida perguntou onde poderíamos passar a noite.

— Ali.

— Leve-nos — disse Qasim.

— Não — respondeu o homem, virando-se para se afastar. — Eu, na verdade...

Abdul Haq agarrou-lhe o pulso e Aziz apontou o rifle para seu peito. O homem disse:

— Claro, claro, irei com vocês.

Entramos na aldeia e vimos três homens idosos sentados com os netos na plataforma ao lado da mesquita. Um deles, de barbas brancas, adiantou-se com um sorriso largo. Qasim percebia que todos estavam nervosos. Seus cumprimentos foram especialmente delicados e longos, acrescentando:

— Não tenham medo. Somente queremos achar um lugar onde comer um pedaço de pão e dormir. Não queremos que matem um carneiro para nós.

— Ah, muito bem — disse o velho. — Lamento, é uma pena, mas simplesmente não temos nada. — Sorriu um sorriso ainda mais largo. — Nada, realmente.

— Só um pouquinho — disse Qasim, retribuindo o sorriso.

— Lamento muito — disse o velho. — Gostaria de poder ajudar.

— Está bem — exclamou Abdul Haq. — É isso mesmo. Dormiremos no deserto. Essa é a sua hospitalidade muçulmana... é assim que tratam os hóspedes... estou vendo agora. Se quiséssemos matá-los, já estariam mortos. Olhem, idiotas. Vejam, seus velhos burros, idiotas. Olhem. — Apontou o rifle para eles. Todos recuaram um passo e o velho parou de sorrir. — Rá-tá-tá — rosnou Abdul Haq, imitando o som da arma e o coice no ombro. — Rá-tá-tá... — e saiu caminhando.

— Não, por favor, voltem — exclamou o velho. — Fiquem conosco.

— Eu nunca tocaria seu pão.

— Por favor — gritou o primeiro dos homens. — Fiquem comigo.

— Nunca vou ficar nesta aldeia. Vocês são homens sem hospitalidade e sem honra...

— Foi por causa das armas — disse o velho. — Ficamos com medo. Compreende? Muita gente já foi morta aqui.

De repente Qasim interveio, segurando o braço do soldado mais jovem, falando calmamente, contendo-o, ponderando com ele. Outro dos aldeãos ofereceu a casa e nós nos aproximamos de sua porta. Na soleira, Abdul Haq apontou para mim e exclamou:

— Vejam este homem. É um estrangeiro. Vejam de que maneira vergonhosa vocês se comportaram com ele.

Do lado de dentro, sentamo-nos no chão junto aos outros, colocando as pernas sob a mesa *kursi* baixa. Havia um braseiro de carvão sob a *kursi* e sobre ela um cobertor espesso de feltro, com o qual cobrimos os joelhos para manter o calor. Abdul Haq tirou o boné de beisebol, passou a mão pelos cabelos e, talvez preocupado com alguma vingança das pessoas que havia maltratado, puxou as granadas de mão e colocou ostensivamente o pino de disparo. Qasim arrumou numa pilha os cartuchos de balas do Kalashnikov a seu lado e tirou duas balas que tinha escondido na gola. Aziz enroscou-se num canto e adormeceu. Nosso anfitrião se manteve em silêncio, com os olhos fitos nas armas. Eu estava acostumado a caminhar sozinho, observando as pequenas mudanças na paisagem e vestígios da história antiga. O povo das aldeias em geral me acolhia em suas casas com boa vontade. Eu não entendia bem aqueles acontecimentos repentinos e aquela gente

Na parede, um pôster colorido mostrava o primo e genro do Profeta Maomé, Ali, que morrera no século VII. Aquela parte do Afeganistão tinha sido conquistada pelos árabes ainda durante a vida de Ali, mas seriam necessários mais quatrocentos anos para que o Islã se estendesse a mais uma semana de marcha para o leste, até Gur. Na figura, Ali parecia um xeique de Hollywood, de olhos claros e brilhantes. Estávamos em uma região sunita e o pôster identificava nosso anfitrião como muçulmano xiita. Abdul Haq começou a zombar dele por ser xiita e Qasim o acompanhou, mas, como o homem não reagiu, eles desistiram.

Depois do jantar, Qasim contou que havia executado cinco homens do Talibã em Herat, mas a história parecia aborrecê-lo, talvez porque já a tivesse contado muitas vezes, e ele não a contava bem. Abdul Haq disse que estava junto de Ismail Khan quando este atacou a cidade.

— Bem, você é um grande homem — disse Qasim, e todos riram.

Depois Abdul Haq olhou para mim, sorriu e me abraçou.

— Você é meu irmão. Sem mim, você estaria morto. Você é um guerreiro, como eu — disse ele. — Outras pessoas não gostam de você porque não é muçulmano, mas eu não me importo. Posso ler em seus olhos. Nós dois somos homens honrados. Tivemos vidas iguais. Somos iguais.

Dirigi-me ao canto da sala a fim de preparar-me para dormir. Tinha coberto minha mochila com uma embalagem plástica de arroz para que se parecesse mais com algo que os habitantes da aldeia transportariam, e para dificultar o acesso aos bolsos. Tirei da mochila um saco plástico onde guardava uma pequena toalha amarela e minha escova de dentes. No compartimento principal havia roupas abrigadas, um saco de dormir e um pacote amarelo de ração MRE, marcado “Presente do povo dos Estados Unidos, não deve ser vendido”. Provavelmente tinha sido lançado de pára-quedas como auxílio alimentar de emergência. Meu amigo Peter Jouvenal o tinha comprado no bazar de Cabul e me dera de presente, para o caso de eu ficar preso na neve. Em outro bolso havia antibióticos contra disenteria e infecções, que eu obtivera em vários países asiáticos sem receita médica, e pílulas de morfina caso eu quebrasse uma perna. Estendi o saco de dormir num canto e abri meu turbante de algodão branco para servir de travesseiro.

Finalmente, tateei no compartimento à prova de umidade — um saco de arroz pequeno envolvido em fita de papel gomado —, onde guardava o passaporte, uma tradução do Corão e um trecho do diário de Babur. Retirei quatro fotografias para mostrar a nosso anfitrião. Numa delas aparecia um homem de cabelos brancos sentado num banco. Atrás dele, duas mulheres e uma menina com síndrome de Down, cujo sorriso era mais largo que o de todos. Eram meu pai e minhas três irmãs, embora os nepaleses achassem que uma das irmãs era minha mãe. Os iranianos tinham achado muita graça da segunda foto, meu pai vestido de *kilt*; os hindus admiraram seu cão da raça *lurcher* na terceira; e uma família turca de Shahsevan me assegurara que o camelo de duas corcovas, no qual minha mãe aparecia montada na quarta foto, tinha sido deles — diziam que o reconheceriam em qualquer lugar. O camelo tinha sido fotografado na Grande Muralha da China.

Meu anfitrião olhou rapidamente as fotos e apontou para a parede, onde estava pendurada uma fotografia de seu filho com uma guirlanda de flores de plástico em volta da moldura. Tinha sido morto por uma bala de canhão de um tanque, sete anos antes.

Aos Olhos de um Cego

Fiquei deitado, refletindo sobre o primeiro dia completo de caminhada — o cascalho sob os pés, as mentiras de Qasim, o filho morto de nosso anfitrião, o velho que tinha observado Abdul Haq, o menino aterrorizado. Os espisódios bruscos e as conversas vagamente entendidas já davam a perceber uma sociedade que era uma imprevisível mistura de etiqueta, humor e extrema brutalidade. Adormeci, pensando na sombra esbelta do Kalashnikov de Abdul Haq: uma arma projetada por russos, fabricada por iranianos e agora usada pelos afegãos aliados dos norte-americanos. Naquela sala, pensei, as armas eram a única peça visível de maquinaria que nos ligava à era moderna. À exceção do rádio, que me acordou com uma erupção de estática e traços de uma canção em língua hindi. Tinham-se passado duas horas, e Abdul Haq estava reclinado sobre um braço, fumando um cigarro no escuro. Aziz tossia. Eu estivera afastado das aldeias por duas semanas, e tinha esquecido que os habitantes dormiam pouco, acordavam cedo e faziam muito ruído. Fui para fora a fim de urinar. Apesar do dinheiro que nosso anfitrião tinha gasto com sua casa de barro bem-arrumada e as cercas vivas podadas, não tinha feito investimento em uma latrina. Em geral, eu era fechado em casa nas aldeias desde antes de escurecer. Esta era minha oportunidade de ver o céu noturno e afastar-me um pouco de meus companheiros. Havia algumas estrelas e uma lua crescente, e eu podia sentir o deserto, silencioso e invisível, por trás dos muros altos do pátio. Acocorei-me num canto.

Ao amanhecer, todos imediatamente enrolaram os sacos de dormir a fim de fazer as orações matinais, mas somente nosso hospedeiro rezou. Serviram-nos chá doce e pão. Enquanto comíamos, cinco dos dirigentes da aldeia vieram desculpar-se pela noite anterior e acompanhar-nos a Gawashik. Eram chefiados pelo comandante do distrito de Pashtun Zargon, homem de ombros largos e meia-idade, com espessa barba negra e nariz grande. Disse-me que tinha visitado o Paquistão durante a guerra a fim de comprar armas e repetiu algumas frases em urdu como prova. Qasim e Aziz caminhavam coxeando atrás dele, tossindo e enrolando os xales em tecido xadrez em volta das barbas ralas.[10] Eu já tinha me acostumado com os movimentos deles, mas, ao lado daquele homem barbudo e corpulento com seu fino turbante de seda, ambos pareciam especialmente frágeis. O comandante caminhava com os braços imóveis ao longo do corpo e as contas verdes de oração em sua mão esquerda balançavam como um pêndulo.

Seguimos uma trilha de pedestres que ia do caravançarai dos meninos em direção a Buriabaf. Presumivelmente tratava-se da estrada antiga. A nova estrada "para veículos" ficava dois quilômetros ao norte, mas não se via nenhum carro, talvez porque as partes mais altas estivessem bloqueadas pela neve. Duas horas depois, o comandante de barbas negras nos deixou. À nossa direita estava o rio Hari Rud e de ambos os lados uma fileira de colinas baixas e redondas de xisto betuminoso e calcário. O cascalho se estendia na planície a nossa frente por mais quatrocentos quilômetros até Chist, antiga base dos dervixes Chistiyah na fronteira da província de Gur. Ali, esperava eu, os soldados me deixariam e eu prosseguiria sozinho para subir os montes de Gur e chegar à nascente do Hari Rud, e depois além do curso d'água até o rio Cabul, em direção à planície desértica e à capital.

O trajeto me levaria por quatro províncias: Herat, Gur, Bamian e Wardak, que representavam quatro paisagens muito diferentes e quatro grupos étnicos diversos. Eu tinha perguntado a um intérprete em Herat quais eram as diferenças e ele respondeu sem hesitar:

---

[10] Somente os homens de Ismail Khan usavam esses xales, parecidos com os *keffixah* da Palestina.

> Primeiro, você estará entre os tadjiques de Herat, que são os antigos persas. As plantações deles ficam nas planícies do Hari Rud. Depois chegará aos aimaq, um povo tribal que vive em tendas nas colinas de Gur. Ali era o centro dos antigos guridas, que invadiram a Índia. A duzentos quilômetros para o leste estão as altas montanhas de Bamian, onde vivem os hazara, descendentes de Gêngis Khan. Eles se assemelham aos chineses, são muçulmanos xiitas e são perigosos. Finalmente, depois de passar várias semanas entre os hazara, você descerá novamente aos vales e ao deserto, onde encontrará a tribo pashtun de Wardak. Todos os outros povos em seu caminho falam dari [o dialeto afegão do persa], mas os wardak não falam persa, e sim pashto. Eles apóiam o Talibã.[11]

Em geral os viajantes não costumavam usar essa rota central. Se esse fosse o caso, Herat não existiria. Mas as caravanas preferiam evitar a região central e por isso usavam Herat como entroncamento, dali partindo para o norte em direção à Rota da Seda e a China ou para o sul, pela Rota das Especiarias e a Índia. Na região central os passos ficavam a mais de 4.200 metros de altitude e os antigos viajantes acreditavam que seus camelos sangrariam pelo nariz por causa da altura.[12] No inverno, as temperaturas podem chegar a quarenta graus negativos, as tempestades de neve são freqüentes e a orientação é difícil, com a neve acumulada até quase três metros.

---

[11] Essa descrição, que se provaria bastante enganosa, parecia a de Mountstuart Elphinstone, em 1815. As ousadas generalizações provavelmente refletem o fato de que, assim como Elphinstone, meu informante nunca tinha estado pessoalmente no interior.

[12] O principal passo na rota de Chaghcharan se chama Shotor Khun — sangue de camelo — por esse motivo. Todas as culturas antigas parecem concordar em que a fronteira do grande maciço montanhoso asiático além de Herat era uma divisória importante. Os gregos deram a essas montanhas o nome de Paropamisus, derivado da palavra persa *uparisena* — picos acima dos quais as águias não conseguem voar. Aristóteles achava que dessas montanhas seria possível avistar os confins orientais da Terra. Talvez por isso Alexandre o Grande tenha desistido de perseguir o sátrapa Satibarzanes pelas montanhas, decidindo tomar o que hoje é a trilha principal para Kandahar.

Em 1976, o impressionante guia compilado por Nancy Dupree "reluta em recomendar esse roteiro sem sérias reservas", e os ônibus que levavam os *hippies* continuaram a preferir a estrada mais amena e mais plana para Kandahar.

Por isso, a região central permaneceu quase desconhecida. Os antigos persas a excluíam das províncias de seu império. Os geógrafos árabes medievais consideravam-na atrasada, a última região pagã do mundo de língua persa. Até mesmo no século XX, aqueles que a utilizavam viajavam no auge do verão, preparavam-se cuidadosamente e raramente se desviavam das trilhas. Em conseqüência, pouco viam do interior. O primeiro estrangeiro que se sabe haver seguido o rio Hari Rud por 150 quilômetros para o leste partindo de Herat até a aldeia de Jam foi um francês, André Mariq, que fez a viagem em 1957. Foi recompensado ao descobrir nas margens do rio um magnífico minarete, de sessenta metros de altura, anteriormente desconhecido no Ocidente. Os arqueólogos que foram explorá-lo mais tarde não conseguiram compreender muita coisa.

— Qasim, qual é sua ocupação? — perguntei. Abdul Haq e Aziz tinham ficado para trás; Abdul porque o rádio não estava funcionando e Aziz porque não conseguia caminhar depressa. Qasim parecia ter recuperado as energias.

— Sou comandante no Serviço Secreto de Ismail Khan.

— Mas o que é que você faz?

— *Amniat* (Segurança).

— E por que está caminhando comigo?

— *Amniat.*

— Talvez devamos nos separar em Darai-e-Takht. Você não precisa ir até Chaghcharan. Darai-e-Takht é muito mais perto.

— Recebemos instruções para levar você a Chaghcharan.

— Talvez possamos negociar.

Ele ficou em silêncio. Caminhamos um pouco mais.

— Eu não disse a esses que caminharam conosco que você é escritor — disse Qasim.

— O que disse a eles?

— A alguns disse que você era das Nações Unidas. A outros, que era soldado norte-americano.

— Isso não é uma boa idéia.

— É uma ótima idéia. Eles agora estão com medo. Eu disse que seu cajado *dang* é um transmissor que chama os helicópteros.

Abdul Haq apareceu a nosso lado, rindo, e levantando o rifle ao ombro disparou uma rajada perto de meu ouvido. Resolvi parar para bebermos.

— Não temos tempo — disse Qasim.

Não lhe dei atenção e me sentei. Depois, lembrando minha educação persa, ofereci o cantil aos outros primeiro. Aziz bebeu com gratidão e quando terminou teve um acesso compulsivo de tosse que acabou num grosso escarro esverdeado pelo tabaco. Resolvi não beber, apesar da sede. Pouco depois, Abdul Haq parou junto a um canal de irrigação para beber de uma poça de água salobra. Qasim não quis beber e eu perguntei por quê.

— Porque este foi o lugar em que eu fui surpreendido numa emboscada na época do Talibã.

— Foi o Talibã?

— Não, não, dois homens de Gawashik, que queriam dinheiro — disse Qasim. — Eu estava num jipe; eles apareceram por detrás daquele rochedo. Atirei nos dois através do pára-brisa e arrastei os corpos para trás do rochedo outra vez. Lá encontrei a motocicleta deles, que ainda está comigo.

— Mas eu achava que as estradas eram mais seguras no tempo do Talibã.

— É verdade — respondeu ele. — A segurança nas estradas era muito boa no tempo do Talibã. Eles eram gente muito boa; os estrangeiros da al-Qaeda eram maus, mas o pessoal do Talibã era gente boa.

Quinhentos metros adiante encontramos uma grande extensão de cascalho negro. Dos dois lados do caminho havia rochas pintadas de vermelho.

— É um campo minado — disse Qasim.

Não havia prédios à vista. Tinham-me avisado de que podia haver minas em regiões estratégicas, próximo a postos militares e cidades.

Não podia imaginar um motivo para que houvesse um campo minado ali e não teria ficado na trilha se Qasim não tivesse me advertido. Ele disse que as minas tinham sido postas pelos russos para impedir que os *mujahidin* chegassem à estrada, vindos das montanhas. Notei que não havia excrementos de carneiros naquele ponto, embora em outras partes da planície tivesse visto excrementos espalhados por todo lado. Parecia uma boa pista sobre os locais das minas.

Naquela tarde, paramos para descansar junto a um carro blindado russo de transporte de tropas e outro caravançarai. Tínhamos viajado um *farsang*, o equivalente a um dia de viagem de uma caravana, a partir do lugar onde passáramos a noite anterior. Um velho nos observava do portão do caravançarai.

— Aquele homem é do Talibã — disse Abdul Haq. — Vou acabar sendo morto por sua causa. — Depois, riu. Abdul Haq não se preocupava muito. Até mesmo parecia desfrutar da viagem. Cada um de nós achava que iria morrer por causa do outro, e ele achava isso engraçado. Eu também achava. Mas eu não conseguia compreender a visão dele, como afegão, sobre a história daquela paisagem descaracterizada.

— É um APC[13] russo, não? — disse eu, levantando-me.

Abdul Haq resmungou.

— Um P-66.

— E aquele prédio?

— Não é nada — respondeu Abdul Haq.

— É um caravançarai, não é?

— Não.

Aproximei-me para ver. Abdul Haq não estava interessado. Em vez disso, apontou para um monte baixo de terra e disse:

— Aqui é o túmulo de gente do Talibã. Nosso grupo os emboscou aqui seis meses atrás e matou cinco.

— Qasim, você participou dessa emboscada?

— Não. Fiz parte de outra, dois quilômetros adiante.

— Eu perdi essa — disse Abdul Haq.

---

[13] *Armored Personnel Carrier* (Carro blindado de transporte de tropas). (*N. do T.*)

Para Abdul Haq, o panorama era feito de acontecimentos violentos do passado recente. Apesar de suas maneiras lacônicas, palhaçadas constantes e ameaças imprevisíveis, ele era inteligente e instruído. Sabia que aquele tinha sido o trajeto de Babur e que adiante havia regiões montanhosas remotas onde antigamente havia duas civilizações: a cultura budista de Bamian e a capital islâmica da Montanha Turquesa, hoje desaparecida. Mas não se importava com isso. Eram coisas de que os políticos falavam em seus discursos sobre a grandeza histórica do país.

Ele considerava o Afeganistão um país pobre e supersticioso, com governantes corruptos, e que nada tinha a ganhar examinando o passado. Gostava de bonés de beisebol e não de caravançarais. Não creio que negasse por ignorância que o prédio fosse um caravançarai. O que queria dizer era que, fosse qual fosse seu passado, o edifício perdera a importância. Aliás, duvidava que um dia tivesse sido grande coisa. Provavelmente tinha razão. Estávamos nos afastando da Rota da Seda principal e chegando perto de passos intransponíveis. O prédio talvez jamais tivesse atraído muitos mercadores e provavelmente nunca estivera cheio de gemas preciosas e nem mesmo das mercadorias quotidianas que Babur conta terem sido comerciadas no Afeganistão: "escravos, roupas brancas, torrões de açúcar, açúcar refinado e comum, drogas e especiarias".[14]

Quando partimos novamente, Qasim coxeava. De repente ele parecia muito franzino e velho. Pouco antes do crepúsculo, vimos uma aldeia à nossa direita.

— Onde pretende parar? — perguntei a Qasim.

— Em Dideros.

— A que distância fica?

— Está perto.

— Quantas horas de caminhada?

— Talvez três.

---

[14] Pode ter sido construído como símbolo de status por algum governante local que desejasse atrair comércio, ou simplesmente para dar a entender que seu reino fazia parte da civilização persa clássica, mais do que o fizera na realidade.

— Se esta estrada é perigosa como você diz, não podemos seguir no escuro. Precisamos dormir aqui — disse eu.

— Você está fraco demais para caminhar? — perguntou Qasim. A voz estava mais aguda e seu tom mais petulante do que o normal. — Estamos no deserto.

— Há uma aldeia ali.

— Não conhecemos ninguém naquela aldeia. Seria perigoso entrar lá.

Era mais perigoso viajar à noite. Foi o que eu disse, e saí da trilha. Os demais me seguiram.

Genealogias

Como a maioria das aldeias do vale, aquela aldeia, chamada Buriabaf, ficava talvez a um quilômetro da trilha, ao contrário do subcontinente indiano, onde as aldeias ficam à margem das estradas. Talvez fosse para desestimular visitantes. Um camponês com um rifle ao ombro nos orientou à casa do chefe. Caminhamos em fila indiana ao longo de um canal por onde corria água limpa, ladeado por uma fileira dupla de álamos sem folhas. A água refletia a pálida intensidade do céu poente, e as imagens das árvores cor de prata tremiam no líquido. Não havia ninguém na rua.

Atravessamos uma ponte, viramos numa alameda estreita e encontramos uma porta de madeira escura. Batemos. O chefe da aldeia apareceu. Era jovem, de barba ainda incompleta. Qasim bateu os calcanhares, curvou-se para a frente num arremedo de saudação e depois de longos cumprimentos disse:

— Nosso carro quebrou.

— Onde?

— No deserto — disse Qasim. — Somos oficiais do Serviço de Segurança.

Tirou do bolso da jaqueta um maço de documentos. O chefe chamou outro jovem e ambos olharam as cartas.

— Sua Excelência Rory — prosseguiu Qasim — fornece ajuda financeira internacional às aldeias do Afeganistão.

O chefe olhou cético para minha manta desbotada de lã, cajado e mochila, mas convidou-nos a entrar.

Adentramos um conjunto de prédios dispostos sobre um pátio rebaixado, de uns três metros de profundidade. A um canto havia uma torre circular arruinada com fortificações. Junto a ela, dez homens, a maioria armados, observavam-nos, de pé. Qasim nem sequer os fitou. O chefe se colocou polidamente diante da porta do quarto de hóspedes e Qasim entrou com um sorriso condescendente. Os demais retiramos os calçados diante da porta e o seguimos. Abdul Haq, sem meias, queixou-se em voz alta de dores nos pés. Era um quarto pequeno, sem mobília, feito de barro. Sentamo-nos na terra batida.

— De onde vieram caminhando? — perguntou o chefe.

— De Herat — disse Abdul Haq. — Estamos destruídos.

— Mas pensei que tivessem dito que o carro...

— Pode conseguir alguém para fazer massagens em meus homens? — perguntou Qasim, mudando de assunto. Estava deitado de costas, com os pés erguidos e apoiados na parede.

— Claro — disse o chefe, chamando um dos rapazes que nos olhava da porta, e que começou imediatamente a trabalhar nos músculos das pernas de Aziz.

— Esta aldeia é muito pobre — disse-me Qasim, em voz alta. — O chefe é um homem muito pobre. — Em seguida piscou para o chefe, que parecia perplexo.

Tirei da mochila um romance de Steinbeck, esperando poder ler. Era o único livro em inglês que eu tinha encontrado à venda em Herat. Qasim tomou-o de minhas mãos e começou a murmurar como se estivesse lendo.

— Eu sei ler em inglês — disse ele ao chefe, apontando uma frase. — Esta aqui diz *Ox-kew-lee*. — Virou-se para mim e perguntou: — Ox-kew-lee, *chi ast?* (Que é Ox-kew-lee?)

Olhei para a frase.

— Significa "*khosh amadid*", mas nós normalmente a pronunciamos "*you're welcome*" [de nada].

Abdul Haq, talvez invejando aquela conversa intelectual, tirou o boné chinês de beisebol e ligou o rádio militar, que emitiu a costumeira estática, e bradou "*Ansari, ansari*" ao microfone.

Em quinze meses dormindo em casas de aldeias, eu já vira inúmeros interiores, mas era difícil decifrar muita coisa da uniformidade de tapetes baratos, caixas coreanas e fotos de família. Raramente tive oportunidade de observar uma aldeia como deveria. Declarei que ia dar uma volta.

— Não, não vai — disse Qasim.

O chefe e os demais olharam para mim a fim de ver se eu obedeceria à ordem.

— Por que não?

— É perigoso para você, sair sozinho.

— Não há problema — disse eu, sorrindo e erguendo-me.

— Aziz terá de ir com você.

— Aziz está muito doente — respondi.

— Ele não pode fazer outra coisa, se você fizer questão de dar uma volta — disse Qasim.

Aziz levantou-se com dificuldade e saímos juntos. Levava um rifle e usava na testa uma faixa preta de pano, além do lenço xadrez árabe. Parecia um terrorista palestino. Raramente sorria e era sempre o primeiro a apontar a arma aos transeuntes. Quando os outros dois estavam por perto eu não conseguia fazê-lo falar.

— Como está? — perguntei.

— Estou muito doente — respondeu ele —, não sei se poderei continuar por mais tempo. — Embora as pernas e o peito lhe viessem piorando nos últimos três dias, mesmo assim era obrigado a carregar os sacos de dormir de Qasim e Abdul Haq, além do rifle do primeiro.

Ao entrar na aldeia, eu tinha visto pouca coisa interessante. Como na maioria das aldeias, tudo ficava oculto por trás dos muros altos dos pátios. Não havia praças, jardins ou restaurantes. O único lugar público era a mesquita, e nas regiões sunitas os habitantes das aldeias não me deixavam entrar nos templos. Agora, caminhando ao crepúsculo, notei que a cor do barro das paredes variava do grosseiro cinza escuro dos tijolos a um rosado do reboco de aspecto encerado, também visível na trilha e nas margens do canal. As silhuetas das cúpulas e torres se destacavam contra um céu escuro e enevoado. Uma das espessas muralhas de uma velha fortaleza desabara para dentro, revelando um jardim de rosas descuidado em um pátio rebaixado, a mais de seis metros abaixo do nível da rua, alimentado por uma delgada cascata. Por um portão entreaberto, consegui ver uma amoreira. No grosso caixilho de uma janela alta havia reflexos de uma fogueira. Os pátios rebaixados e os antigos arcos e janelas que se erguiam a trinta centímetros da rua tinham sido parte de casas importantes construídas há muito tempo, agora enterradas entre os alicerces da aldeia.

— Você concorda com Qasim, que disse que esta aldeia é muito pobre? — perguntei a Aziz.

— Não — disse ele. — É uma boa aldeia, com boa água. Uma aldeia rica. As pessoas vivem bem aqui; avenidas, jardins, uma mesquita grande.

— Mas Qasim disse...

Ele riu.

— Esta aldeia não é pobre. Eu é que sou pobre. — E encostou o ombro ao meu.

Caminhamos em silêncio de volta à casa do chefe. Um jovem esperava para nos deixar entrar no conjunto de prédios. O portão se fechou atrás de nós e isso foi tudo o que consegui saber ou ver naquela aldeia. Talvez os habitantes soubessem quem tinha sido o primeiro a escavar o canal e quem tinha construído a torre do canto. Poderiam ter-me dito quem havia resistido ou colaborado com os russos e o Talibã. Mas eu estava cansado e duvidava que poderia descobrir muita coisa numa única noite.

Quando a gente das aldeias falava de história, em geral eu me sentia confuso. Ao entrar no quarto de hóspedes, lembrei-me do que um turco muçulmano que me hospedara no Curdistão iraniano me dissera sobre sua aldeia, um ano antes.

— Goz Hasle é uma aldeia muito antiga, Deus seja louvado — dissera o turco. — Meu pai nasceu aqui e meu avô também. Sempre estivemos aqui.

— Que significa Goz Hasle? — perguntei.

— Significa "moça que usa uma cruz".

— Então é uma aldeia cristã?

— Não.

— Mas então por que tem esse nome?

— Meus avós não moravam junto a cristãos armênios. Os armênios foram embora há muito, muito tempo.

— Quando?

— Quando meu pai era criança.

Diante dessas contradições, presumi, talvez injustamente, que a família dele tivesse ajudado os otomanos a expulsar os armênios.

— Onde ficava a igreja armênia?

— Não sei.

Deixei a conversa morrer ali. Somente meses depois, recordando-a, lembrei que o estábulo onde ficava o cavalo de meu hospedeiro era um prédio comprido com porta alta, base de alvenaria bem-acabada e teto de madeira de mais de dez metros de altura; na parede sul havia vestígios de uma janela em arco.

Todas as noites, em mais de quinhentas aldeias, eu conversava com as pessoas sobre suas posses, comunidades e história, e escrevia durante duas horas em meu diário. Tornou-se um hábito fixo, e eu não controlava essas conversas. Muitas vezes estava cansado e, ao entrevistar outros, também me defendia de perguntas desconfiadas e procurava ser gentil com meu anfitrião.

Meus cadernos de notas estavam cheios de fatos sobre lugares que eu dificilmente conseguia encontrar novamente nos mapas. Fiz esboços de mesquitas medievais, relatos de visitantes anteriores, listas de posses de pessoas e seus rendimentos, cópias de genealogias feudais e diagramas sobre fabricação de flechas ou tecelagem. Registrara histórias de assassinatos recentes, descrições de possíveis túmulos neolíticos e biografias resumidas. Especulara sobre religiões pré-hinduístas ou pré-islâmicas sugeridas por práticas fúnebres ou por um entalhe em alguma coluna de pedra.

Registrei a significação de mercadorias importadas produzidas em massa, missionários estrangeiros e agências de desenvolvimento em comunidades remotas e de viagens de pessoas em peregrinações ou em busca de trabalho nas cidades. Observei como as religiões, os idiomas e as práticas sociais tornavam-se homogeneizadas, e o pouco interesse pela história antiga demonstrado pelas pessoas. Notei tudo isso, mas me pergunto se registrar por escrito não era apenas um pretexto para justificar a viagem a mim mesmo.

"Lest he Returning Chide"[15]
("Para que castigo a mim não torne")

No quarto de hóspedes, um homem idoso fazia uma longa preleção aos aldeãos. Cinco meninos ouviam em silêncio, de olhos arregalados, talvez pequenos demais para entender o sentido mas cheios de admiração pelas modulações da voz, sussurros, risos e gestos. Os olhos se mantinham fixos. As crianças afegãs nunca interrompem os mais velhos no quarto de hóspedes.

— Finalmente ele voltou — disse Qasim ao chefe, quando me viu entrar. — Esta é sua oportunidade de dizer a *Agha*[16] *Rory* o que deseja. Eu já disse a ele que esta aldeia é muito pobre. Precisa de alguma coisa, chefe?

— Uma estrada asfaltada.

— Bem, isso não deve ser muito difícil, não é, Rory? — perguntou Qasim.

Antes que eu pudesse responder, o chefe, entusiasmado, exclamou:

— Se me permite, também dinheiro para uma mesquita nova.

Outro aldeão entrou na conversa.

— E dinheiro para as colheitas, por favor.

---

[15] Trecho de um soneto de John Milton (1608-1674) sobre sua própria cegueira. A citação se refere a uma reprimenda vinda de Deus. (*N. do T.*)

[16] "Agha": palavra presente em diversas línguas de origem persa que significa "chefe" ou "senhor". Em português, diz-se "agá". (*N. da E.*)

Sorrindo abertamente, Qasim assentiu com a cabeça e disse:

— Continuem. Rory tem milhares de dólares para gastar.

— Por favor, bombas d'água manuais... mais bombas manuais...

— E um poço revestido, se não se importa.

Silêncio.

— Bem — disse eu, representando meu papel para Qasim —, vou apresentar um relatório sobre seus pedidos em Cabul.

— Por que, Agha Qasim, está acompanhando Agha Rory? Está aqui para protegê-lo de lobos e bandidos? — perguntou o chefe.

— Não, não — respondeu Qasim. — Estamos com ele porque somos muito amigos. Vamos caminhar com ele até Chaghcharan.

Eu sorri e concordei, torcendo para que nosso destino comum fosse também mentira, pois do contrário estaria com eles durante as quatro semanas seguintes.

Qasim pegou as fotografias de meu diário e mostrou-as a todos, dizendo que minha irmã era minha mãe e eu era meu (inexistente) irmão. Admirei um retrato dos filhos de nosso hospedeiro, feito num estúdio em Herat. Estavam vestidos com camisas vermelhas e chapéus brancos de *cowboy*.

Na manhã seguinte, partimos pelo mesmo deserto plano. Estávamos a cerca de cem quilômetros de Herat. O cenário não mudaria até que chegássemos aos montes. Continuávamos a seguir o rio Hari Rud. Se tivesse havido nevascas ou chuvas, o rio estaria caudaloso. Há milênios aldeias eram construídas na planície aluvial. Agora o Hari Rud era apenas um riacho manso, correndo do leste para o oeste num leito de cascalho. A terra era seca e nua e somente se viam os contornos dos campos retangulares.

Senti-me ligeiramente desligado da paisagem. Eu me perguntava como poderia relacionar a caminhada no Afeganistão com as que fizera no Irã e no Paquistão. Pensava em frases que lembravam os nomes de ralis motorizados: "Isfahan-Herat". "Cabul-Multan". "Istambul-Hanói". Tracei uma viagem em volta do mundo que terminaria na Turquia, onde havia começado.

Recordei os historiadores da escola evolucionista, que argumentavam que caminhar era elemento central do que significava ser humano. Nosso movimento sobre duas pernas foi o que primeiro nos diferenciou dos macacos. Libertou nossas mãos para usar ferramentas e nos transportou nas longas marchas para fora da África. Enquanto espécie, colonizamos o mundo a pé. A maior parte da história humana foi criada por meio de contatos levados em ritmo de caminhada, mesmo quando alguns humanos cavalgavam. Pensei nas peregrinações a Santiago de Compostela na Espanha; a Meca; à nascente do Ganges; e nos dervixes, *sadus* e frades andarilhos, que buscavam Deus a pé. Buda meditava caminhando e Wordsworth compôs sonetos andando nas margens dos lagos.

Tudo isso fez Bruce Chatwin (que se interessava muito por estas coisas) concluir que pensaríamos e viveríamos melhor, e estaríamos mais próximos de nossos objetivos como seres humanos, se nos movimentássemos constantemente a pé pela superfície da Terra. Eu não tinha certeza de que estivesse vivendo ou pensando melhor do que antes.

Antes de iniciar minhas caminhadas, imaginara que seria capaz de preencher meus dias compondo um poema épico na memória, ou escrevendo um romance a respeito de uma aldeia da Escócia que ficaria mais enraizada num único lugar à medida que eu prosseguia. No Irã, com muita dedicação tentei raciocinar sobre debates filosóficos, aprender vocabulário persa e decorar poesia. Talvez por isso nunca tenha me sentido inteiramente à vontade ao caminhar pelo Irã.

No Paquistão, depois de deixar o deserto e penetrar na luxuriante Doab do Punjab, parei de tentar pensar e em vez disso observei os pavões nas árvores e o movimento das águas do canal. Na Índia, caminhando de um lugar de peregrinação a outro na região do Himalaia, levava o Bhagavad Gita aberto na mão esquerda e lia uma linha de cada vez. No centro do Nepal, comecei a contar minha respiração e meus passos e recitar frases para mim mesmo, expulsando da mente os pensamentos. É assim que certas pessoas meditam. Somente conseguia sentir esta calma no máximo uma hora por dia, mas era uma serenidade que nunca tinha experimentado antes. Isso era o que eu mais prezava de minhas caminhadas.

O dia estava fresco e encoberto. Quando iniciamos a terceira hora, estávamos caminhando em fila no mesmo ritmo da música hindi do rádio de Abdul Haq.

Aziz me olhou, sorriu timidamente e disse:

— Somos irmãos.

— Sim, quatro irmãos — respondi e retribuí o sorriso.

Todos nos ajustávamos ao ritmo uns dos outros, e nos movíamos agora num grupo único. A competitividade entre Qasim e Abdul Haq parecia ter desaparecido. Os outros já não me faziam perguntas sobre minha vida. Era como se eu tivesse sido aceito.

Vimos um menino tirando água de um poço num declive abaixo de nós, e Abdul Haq ameaçou matá-lo. O menino chorou. Depois, Abdul riu e disse:

— Há três anos passei por esta estrada em um jipe. Caímos dentro daquele fosso onde o menino está choramingando. As outras seis pessoas que estavam no veículo morreram, mas eu fui atirado por cima de um muro e sobrevivi, porque Deus me ama.

Cerca de quatro horas depois, tivemos de atravessar o Hari Rud. Tirei as botas e as calças, amarrei-as no pescoço e entrei na água fria. O rio, que num ano de chuvas normais seria intransponível a não ser de barco, agora tinha menos de sessenta centímetros de profundidade. Sem nada dizer, Abdul Haq parou na margem e agachou-se. Qasim subiu em suas costas. Abdul Haq entrou na água, grunhindo como um sapo, satisfeito com sua própria força e com o choque da água fria. Depois de depositar Qasim na outra margem, ele voltou e foi a vez de Aziz. No meio da correnteza, Aziz deixou cair os sacos de dormir. Abdul Haq o fez descer na água e correu atrás dos sacos que flutuavam. Quando os alcançou, girou e dançou na margem como um boneco de papel tocado pelo vento, gritando: *Man Ghaater Hastam* (Sou uma mula). Na planície adiante, um camelo passou saltitando agilmente no chão de cascalho.

Abri um pacote de biscoitos iranianos com recheio de laranja e ofereci-os a Qasim. Ele pegou um, suspirou profundamente e colocou-o na boca, dizendo:

— *Allah-u-Akbar* (Deus é Grande).

Abdul Haq olhou para mim e piscou um olho. Qasim, o mais velho e menos extrovertido de meus três companheiros, parecia também ser o mais religioso. Abdul Haq se considerava um *mujahid*, um guerrilheiro santo, e, em sua opinião, seu líder Ismail Khan tinha feito uma cruzada islâmica a fim de expulsar os russos ateus e instaurar a lei Sharia em Herat. Mas não era muito religioso. No Irã, jovens urbanos me falaram sobre Nietzsche e declararam-se ateus. Nunca encontrei um afegão que se considerasse ateu, e Abdul Haq nunca tinha ouvido falar em Nietzsche. Mas, durante o tempo em que estivemos juntos, ele nunca rezou, nunca jejuou, nunca pagou um dízimo e não tinha a menor intenção de fazer a peregrinação a Meca. Em geral, eu só o ouvia referir-se a Deus quando dava tiros com seu Kalashnikov. Depois de atirar, cantava *Allah-u-Akbar* como se fosse um muezim chamando a plenos pulmões para a prece matinal.

Abdul Haq tirou de minhas mãos o pacote de biscoitos, derramou-os sobre um pedaço de pano a fim de estimular-nos a comer mais, e jogou fora a embalagem por cima do ombro. Era o único lixo na planície deserta e o papel prateado brilhava ferozmente em meio às cores suaves do solo.

Chegamos à aldeia de Dideros no início da tarde. O povoado ficava na margem sul do rio, rodeado por pomares murados e separado por canais bem conservados e passeios de álamos ainda jovens. Alojamo-nos com Moalem Jalil (professor Jalil) numa casa em meio a um grande vinhedo. Nosso anfitrião tinha acabado de ouvir pela nova estação de rádio de Herat que um inglês chamado Agha Rory estava fazendo uma caminhada solitária até Chaghcharan, e que receberia dois milhões de dólares ao terminar a jornada. Jalil estava preocupado, porque isso poderia estimular bandidos a atacarem seus amigos.

— Não se preocupe — disse Qasim —, só vamos levá-lo até o fim da planície, e dali em diante ele prosseguirá sozinho. Estou fazendo isso para aprender inglês. Os tradutores podem ganhar até cem dólares por dia.

Quando caminhávamos, Abdul Haq falava tanto quanto Qasim, mas dentro das casas era este quem dominava a conversa. Aziz raramente dizia alguma coisa em qualquer ambiente.

Qasim cochichou alguma coisa ao professor, passou a língua rapidamente sobre os lábios secos e disse:

— Rory, já gastei todo o dinheiro que você me deu. Você precisa me dar mais duzentos dólares.

Os outros dois olharam para mim.

— Como você conseguiu gastar duzentos dólares em quatro dias? — perguntei.

— Comida.

— Quanto custou a comida?

— Dois dólares cada refeição para cada um.

— Quase só temos comido pão.

— O pão custa dois dólares.

— Em Cabul custa cinco centavos.

— Não estamos em Cabul; aqui custa mais caro.

— Se o salário médio é de menos de um dólar por dia, como é que vocês conseguem comer?

— Já disse que não conseguimos; somos muito pobres.

Um jovem de rosto suave e lábios vermelhos e grossos que esteve me observando por algum tempo interveio.

— Acredite em nós. Custa dois dólares por pessoa, quando se viaja.

Os cinco ocupantes do quarto assentiram gravemente. Eu não acreditei em nenhum deles.

— Qualquer que seja o preço — disse eu —, não vou dar mais dinheiro para comida. Se me deixarem em Darai-e-Takht poderei acrescentar um presente extra.

Qasim saiu do quarto sem dizer nada. Sorri para o rapaz de lábios vermelhos mas ele continuou a olhar-me fixamente. Tirei da mochila o caderno de notas e fiz um desenho de Abdul Haq, que dormia deitado de costas com o rifle atravessado sobre as coxas, o amplo peito subindo e baixando. Ele tinha um rosto franco e transparente. Era difícil para mim reconciliar a estima que sentia por ele com o que já conhecia de seu entusiasmo em matar pessoas e fazer crianças chorarem.

Em seguida todos se levantaram, acordaram Abdul Haq e saíram, levando-o consigo e deixando-me a sós no quarto. Como não voltaram depois de uma hora, saí também.

O dia encoberto fora substituído por um pôr-do-sol amarelo-limão. À distância, em direção norte, além do topo dos montes arredondados de xisto, vi uma série de picos onde a neve brilhava. O professor Jalil reapareceu a meu lado. Parecia contente em me ver. Pedi que me mostrasse sua terra e saímos da aldeia.

O serviço de arado tinha terminado. Um dos tios de Jalil estava de pé sobre um tronco de árvore que era puxado por bois para aplainar a terra. Saltou do tronco porque se sentia cansado, perguntei se podia tomar seu lugar. Afastou-se e eu subi ao tronco, segurando a cauda do boi da esquerda e espicaçando o da direita com uma vara. O boi da esquerda se movia mais rapidamente do que o outro e, enquanto eu me esforçava por manter o equilíbrio, nós giramos num círculo. Levei algum tempo para aprender a guiar os animais em linha reta, usando a voz. Depois que terminei de abrir um sulco, Jalil me chamou. Estava de pé diante de um muro de tijolos que circundava um grande túmulo. Duas árvores sem folhas foram plantadas ao pé e à cabeceira da sepultura.

— Meu pai está enterrado aqui — disse ele.

Esses túmulos são freqüentes nos limites dos povoados e a maioria é reverenciada como santuários. O mais famoso em Herat é o de Ansari, místico *sufi* do século XI cujo nome Abdul Haq usava como senha de comunicação. Ainda se acredita que seu jazigo possui poderes mágicos. O pátio em volta do santuário está cheio de curiosas lápides de mármore colocadas por homens que pretendiam reverenciar algum aspecto da santidade de Ansari. Nas alcovas, homens idosos recitam o Corão do início ao fim. Babur fez uma visita ao lugar, e seus primos adornaram as paredes com raros motivos chineses. O túmulo de Ansari é um entre muitos. Os governantes de Gur construíram um santuário para o filho de um dos acompanhantes de Ansari em Chist, e presidentes paquistaneses de tempos recentes ergueram portões dourados e pátios de mármore em torno do túmulo de Datta Ganj Baksh,[17] contemporâneo de Ansari, em Lahore. Diz-se que os túmulos possuem poderes mágicos. Ainda se acredita que um santo medieval que entrou em Multan montado num leão e chicoteando-o com cobras vivas estende a mão de dentro do túmulo para saudar peregrinos religiosos.

Em torno destes grandes santuários havia locais menores, ainda reverenciados mesmo quando o nome e os feitos dos ocupantes já haviam desaparecido. As formas mais ortodoxas do Islã desconfiam dos santuários e das superstições ligadas a eles.[18] O movimento Wahabi na Arábia Saudita, talvez a influência teológica mais poderosa sobre a al-Qaeda, ficou famoso por destruí-los. Babur também era cético em relação aos santuários. Em 1504, ao visitar as ruínas deixadas pelos governantes guridas depois do saque de Ghazni, ele escreveu:

> *Disseram-me que em uma das aldeias de Ghazni havia um mausoléu cujo túmulo se movia cada vez que a bênção do Profeta era pronunciada sobre ele. Fui observar e sem dúvida parecia haver um movimento no túmulo. Finalmente, no entanto, descobri que se tratava de uma impostura praticada por funcionários do mausoléu. Tinham erguido uma espécie de andaime por cima do túmulo, elaborado de tal maneira que podia ser movimentado quando um deles subia no andaime, para que os observadores imaginassem que a lápide se havia movido; assim como, a uma pessoa posicionada num barco, parece que a margem é que se move. Mandei retirar o andaime e ordenei severamente aos funcionários do mausoléu que não ousassem repetir essa impostura.*

Os habitantes das aldeias eram menos incrédulos e freqüentemente acreditavam que cada mausoléu continha um santo ou um

---

[17] Hazrat Ali Hajweri.

[18] Mas o Talibã, que nunca esteve teologicamente próximo da al-Qaeda como se tem dito, deixou em paz o túmulo de Ansari.

descendente do Profeta. Era muito possível que dentro de três gerações o túmulo do pai de Jalil, que não era professor de religião e nem descendente do Profeta, viria a receber peregrinos a orar sobre o jazigo. Formava uma composição pouco harmoniosa com a tumba do avô dele, que ficava ao lado e não passava de um monte de terra sem qualquer identificação.

— Desta fileira de árvores até aquela, a terra pertencia a meu pai e agora é minha — disse Jalil. A propriedade teria pouco mais de quarenta hectares de solo fértil.

— Você é um grande proprietário — disse eu.

— Na aldeia há dois que têm mais terras do que eu. Acabei de perfurar este poço com uma sonda mecânica. Custou quinhentos dólares.

Mostrou-me um poço de trinta metros de profundidade, revestido de concreto. Ao lado havia uma bomba importada da Índia. Inicialmente estranhei que ele tivesse feito aquela despesa tendo o Hari Rud tão próximo e com a aldeia e os campos cheios de canais de irrigação. Sem dúvida, havia água suficiente para o cultivo de trigo. As papoulas de ópio, no entanto, morrem depois de cinco dias sem água.

— Você cultiva papoulas? — perguntei.

— No tempo do Talibã, sim, mas agora não, porque Ismail Khan proibiu o plantio.

Talvez não estivesse mentindo, mas supus que estava. Ismail Khan não era mais severo do que o Talibã quanto à produção de ópio e heroína. Durante os últimos dois anos o Talibã tinha feito cessar a produção no vale[19] e o fim do regime foi o que permitiu que o plantio recomeçasse. Na altura da primavera de 2002, enquanto as agências estrangeiras de combate às drogas se concentravam na bacia do Helmand, o vale do Hari Rud, com ou sem a contribuição de Jalil, era um dos principais produtores de papoulas do Afeganistão.

---

[19] O motivo pode ter sido tanto o desejo de elevar os preços quanto considerações religiosas.

* * *

Voltei ao quarto de hóspedes de Moalem Jalil. Os habitantes da aldeia tinham acabado de regressar das preces vespertinas e estavam corados pelo frio durante o trajeto vindo da mesquita. Três meninos atiçavam o fogão de ferro com gravetos. Era um cômodo grande, coberto com tapetes finos, e nas paredes havia relógios e tapetes de oração pendurados. Novamente, conjeturei o rendimento dos campos de papoulas de Jalil. Havia cerca de trinta homens sentados contra as paredes, aproveitando o calor, fumando e jogando cartas. Pelo ritmo tranqüilo do jogo parecia que muitos deles iam para lá todas as noites — parentes, clientes e aliados, todos jantando à custa de Jalil. Nos fundos do aposento, na posição hierárquica mais elevada, havia um homem gordo e idoso usando um turbante e um terno de riscas esmaecidos. Fumava um cachimbo de água, cantarolando a música de um gravador de cassete a seu lado. Eu tinha um amigo em Cabul que pertencia à tribo nômade ahmadzai, da etnia pashtun, e achei que reconhecia a melodia como sendo dessa tribo. Jalil confirmou que era o caso.

Olhei em volta, fitando os olhos dos homens que me observavam, seguindo as marcas nas paredes de barro, as orlas dos tapetes coloridos e a fumaça que escapava do fogão. Sentia os músculos das panturrilhas, e dei graças por poder sentar-me. Estendi o pé descalço sobre o tapete e enterrei os dedos na lã espessa.

— De onde são estes tapetes? — perguntei, em parte por força do hábito.

— Aquele veio do santuário de Abdullah, em Mazar-e-Sharif.

— E o pano de seda na parede, com a imagem de Medina?

— Veio da Arábia Saudita, quando meu pai visitou o santuário do Profeta em 1983.

— E o quilim?

— Das montanhas a leste de Chaghcharan.

— E este? — prossegui, apontando para o vívido tapete vermelho a meus pés, com estampa de minaretes e helicópteros soviéticos de ataque.

— De Farah, ao sul.

Os tapetes uzbeques e hazara e a música pashtun pareciam indicar um sentido de identidade nacional afegã que transcendia a província tadjique onde estávamos. Eu estava prestes a pedir a Jalil sua opinião sobre o Afeganistão quando o velho que fumava o cachimbo de água me olhou e exclamou:

— Ei, americano!

Cinco ou seis jogadores de cartas pararam o jogo, esperando por minha reação.

— Não sou americano — disse eu.

Diretamente diante de mim estava o rapaz de feições delicadas e lábios vermelhos, que agora eu identificava indubitavelmente como um mulá, com seu turbante branco e vestes religiosas. Ele se inclinou ligeiramente em minha direção.

— Você é americano — disse.

— Não, sou escocês.

— Os estrangeiros não deviam estar aqui — replicou ele.

Outras pessoas prestavam atenção, inclusive Qasim, cujo rosto não denotava expressão alguma.

— Compreendo. Que acha dos americanos? — perguntei a um velho que estava junto à porta.

— Aceitaremos dinheiro dos Estados Unidos para o desenvolvimento, mas não soldados.

— Com licença, preciso fazer uma declaração — disse o mulá. Falava em frases vagarosas e pomposas, como se estivesse em um púlpito. — A menos que eu esteja enganado, você é um espião britânico.

— Não, não sou — disse eu, voltando-me para o restante dos presentes, desviando meus olhos do rosto do mulá.— Sou historiador, e sigo as pegadas de Babur, primeiro imperador mongol...

O mulá recostou-se à parede, murmurando:

— Sabemos quem foi Babur Shah.

Não lhe dei atenção.

— Ele percorreu este trajeto há quinhentos anos. Estou viajando a pé a Cabul a fim de escrever um livro. Já viajei pelo Irã e pelo Paquistão, onde fui muito bem-tratado porque os muçulmanos sabem tratar bem os seus hóspedes.

Vários deles murmuraram entre si:

— Claro que tratamos bem os hóspedes... Porque somos muçulmanos... Homenageamos os viajantes.

— Há 25 anos — disse Jalil — conheci em Nimruz um inglês que estava fazendo uma viagem como a sua. Estava atravessando o Afeganistão num camelo. Acho que um de meus livros de história fala dele.

— Eu tenho um livro de história — disse Qasim. Ninguém lhe deu atenção.

— Que acha de seu novo líder, Karzai? — perguntei ao mulá.

— Bom. — Ele fez uma pausa. Depois sorriu. — Até agora.

— Até agora?

Ele deu de ombros.

— A al-Qaeda no princípio era boa. — Ergueu as mãos para o céu. — A al-Qaeda era muito boa no princípio.

Chegou o jarro e eu servi a água a meu vizinho. Enquanto ele lavava as mãos, murmurava: *Al Allah Il Allah. Muhammad rasull Allah* (Alá é o único Deus e Maomé é seu profeta). Alguns acreditam que basta repetir essa frase para ser muçulmano.

— O inglês que viajava em seu camelo sabia dizer essa frase, mas não era muçulmano — disse Jalil.

— Ele vai acabar no inferno — disse o mulá.

Fiquei aliviado quando a comida chegou, cessando a conversa.

Jóias da Coroa

No JANTAR FORAM SERVIDOS três pequenos pratos de carne: um ensopado de carne de cordeiro com batatas, uma lingüiça apimentada feita com miúdos e um pouco de gordura de carneiro. Com tantos comensais, a carne fora cuidadosamente dividida a fim de que cada punhado de arroz adquirisse um pouco de gosto.

— É verdade que a rainha Elizabeth viaja de carruagem? — quis saber Jalil, quando terminou de comer.

— Sim, é verdade.

— Por que ela não tem carro?

— A Inglaterra é um deserto — disse o mulá.

— Não, na Inglaterra chove muito — repliquei eu.

— Talvez eu esteja pensando na Austrália.

— É verdade, a Austrália é um deserto.

— Qual é sua moeda? O euro ou o dólar? — perguntou o homem gordo do cachimbo.

— No Japão um dólar vale cem ienes — disse o velho que estava perto da porta.

— A libra.

— Sr. Libra — gritou o mulá —, há lamparinas de querosene, arroz e chá verde na Inglaterra? Vocês cultivam arroz? É verde como Mazandaran no Irã?

Todos falavam ao mesmo tempo. Eu tinha aprendido persa por meio de inúmeras conversas repetidas nas aldeias. Aquele debate testava meu vocabulário. Mas o que já tinha ouvido mostrava que aquele lugar remoto conhecia melhor a geografia, os monarcas e as moedas estrangeiras do que eu imaginava.

— Onde está — perguntou o velho — o diamante Koh-i-Noor que os ingleses roubaram do Afeganistão? Quando vocês vão devolvê-lo?

— Quando estive no Punjab, as pessoas me diziam que eu devia devolvê-lo a elas — disse eu.

— Mas vocês o tiraram de nós...

O diário de Babur fornece o primeiro relato confiável sobre o Koh-i-Noor. Quase certamente era esse o diamante que ele arrebatou durante o cerco de Agra, e ele o descreve como "valendo a metade dos gastos de um dia no mundo inteiro". Segundo Babur, quem primeiro o adquiriu foi o sultão de Déli em Marwa, em 1304.

Não se sabe com certeza onde estava o diamante antes de Marwa. Há poucos indícios em apoio à tese do *Indian Sunday Tribune* de que o Koh-i-Noor foi capturado por Alexandre o Grande na batalha de Jhelum no Punjab, em 326 a.C., e depois passou à propriedade do grande governante budista Asoka.

Babur presenteou o diamante a seu filho favorito, Humayun, que provavelmente o levou para a Pérsia durante seu exílio e o deu ao xá do Irã, que por sua vez o mandou a um rei seu vassalo no Deccan. Em 8 de julho de 1656, o diamante foi entregue ao tataraneto de Babur, Shah Jahan de Agra, onde o imperador havia inicialmente se apoderado dele.

Em 1739 Nadir Shah, governante do Irã, adquiriu o diamante de um herdeiro de Shah Jahan e o levou de volta ao Irã, atravessando o Afeganistão. Deu-lhe o nome de Koh-i-Noor, "montanha de luz". Na época a pedra tinha 186 quilates e acreditava-se que seu possuidor governaria o mundo, desde que fosse usado por uma mulher. Posteriormente, o filho de Nadir o deu a Ahmed Shah Durrani, chefe afegão de sua cavalaria e fundador do Afeganistão moderno.

Ahmed Shah conservou o Koh-i-Noor em sua capital em Kandahar como principal símbolo da independência do Afeganistão em relação à Pérsia. Mais tarde, seu neto o levou de volta à Índia ao ser exilado, e lá foi convencido a dá-lo ao marajá Ranjit Singh, governante sique do Punjab. Em 1849, o herdeiro de Ranjit o entregou à Companhia das Índias Orientais em uma caixa de estanho, a título de reparação pelas guerras com os siques. Sir John Lawrence perdeu o diamante em uma cabana de jardim e ao encontrá-lo deu-o de presente à rainha Vitória, enfatizando que quem o usasse governaria o mundo, e que a gema só deveria ser usada por uma mulher.

A rainha o exibiu na Grande Exposição de 1851. O público não se impressionou, devido à falta de brilho. Uma comissão de notáveis resolveu lapidá-lo e uma máquina a vapor patenteada foi importada de Amsterdã. O duque de Wellington deu partida no motor e o príncipe Albert colocou o diamante no esmeril. Após um mês de trabalho da equipe holandesa, a pedra foi reduzida a uma forma "brilhante" de 106 quilates, e sua forma histórica ficou arruinada.

Eu estava na Índia durante a visita da rainha em 1997, ocasião em que houve protestos de parte dos siques pedindo o retorno do diamante ao Punjab, com base na época em que Ranjit Singh esteve de posse do Koh-i-Noor. Três anos depois, 25 parlamentares indianos exigiram que fosse devolvido a Nova Déli, por ter sido propriedade de Babur. Quando estive no Irã, o Talibã reclamava o retorno ao Afeganistão, baseado na posse por parte de Ahmed Shah. Em abril de 2002 um dos dirigentes do jornal *Guardian* — sem referir-se às reivindicações do Paquistão, Afeganistão e Irã — apoiou a Índia. Na última vez em que a vi, a pedra estava colocada sobre o ataúde da rainha-mãe em Westminster.

Chegada a meia-noite resolvi dormir e me deitei em um canto, enquanto os homens continuavam a fumar e jogar cartas. As lamparinas de óleo foram apagadas uma hora depois. Foi uma noite difícil. Abdul Haq tinha cólicas por ter-se intoxicado com a água que tinha bebido no canal de irrigação. A tosse dolorosa de Aziz agora soava como tuberculose. Levantei-me de madrugada e fui urinar no vinhedo. Ao dobrar uma esquina, encontrei Moalem Jalil de cócoras no chão, limpando as nádegas nuas com areia e cascalho. Ficara surpreso ao ser orientado a usar os matagais do Afeganistão, pois nunca me haviam dado um jarro com água para me limpar. Agora compreendia a técnica afegã e por que motivo Qasim e Abdul Haq mostravam orgulhosamente seu papel higiênico.

Na refeição matinal, composta novamente de chá preto muito doce e pão seco, o velho gordo que dominara os acontecimentos da noite anterior comportou-se como se estivesse bêbado, talvez devido ao conteúdo de seu cachimbo de água. Em geral os afegãos ficam sentados e imóveis, pouco revelando com as expressões do rosto ou os movimentos do corpo. Mas aquele homem, que era o chefe de uma aldeia próxima, entregava-se a longas perorações heróicas, com sussurros melodramáticos, *crescendos* e gestos histriônicos, que eu tinha dificuldade em seguir. A intervalos de poucos minutos virava a cabeça para um lado, como um papagaio, e me fitava sem piscar durante cinco segundos, endireitando em seguida a cabeça e recomeçando seu discurso. Durante toda a conversa, seu corpo volumoso oscilava para a frente e para trás, as mãos se agitavam no ar e ele empurrava continuamente o turbante, formando um ângulo oblíquo com a cabeça.

Falava de vários grupos que supostamente pretendiam nos matar no caminho para Obey. Qasim, que no dia anterior parecia despreocupado, assustou-se. Quando o chefe terminou, Qasim me disse que caminhar os dez quilômetros seguintes seria suicídio.

— Mustafá, o jovem comandante de Obey, está planejando nos matar. Temos de ir pelo menos a Saray-Pul com um veículo. Não podemos fazê-lo a pé.

Recusei-me. Estava decidido a fazer toda a viagem a pé. No Nepal eu não tinha tido problemas, embora fosse advertido de perigos semelhantes. Finalmente, Qasim insistiu em que Moalem Jalil nos acompanhasse a Obey. Novamente atravessamos o rio gelado num dia encoberto, e Abdul Haq transportou nas costas Qasim e depois Aziz.

Esse foi o nosso quinto dia de caminhada em grupo. Tínhamos percorrido somente 140 quilômetros para o leste de Herat, acompanhando a planície de cascalho ao longo do Hari Rud. A grama baixa e os rochedos sob o céu escuro me recordaram o campo de batalha de Culloden, na Escócia. Na margem oposta do rio havia duas tendas de lã preta do povo nômade kuchi, da etnia pashtun. Tradicionalmente, os kuchi se deslocavam para o sul com seus rebanhos nesta época do ano. Desta vez, porém, por causa da política ou do clima, tinham permanecido no vale do Hari Rud.

Caminhando novamente adiante dos demais, tive a conhecida sensação de liberdade ao escapar dos homens no claustrofóbico quarto de hóspedes e encontrar-me em campo aberto, caminhando a pé ao ar livre.

Estávamos chegando a Obey, que na época de Babur era governado por Zulnun Arghun:

> *Zulnun Arghun... era louco pelo jogo de xadrez; quando alguém jogava com uma só mão, ele jogava com as duas... jogava sem arte, tal como achava adequado no momento. Era um homem valente. Era mais eficiente do que todos os jovens guerrilheiros no uso da cimitarra... Sua coragem era incensurável mas ele era sem dúvida deficiente no entendimento. O Sultão o encarregou do governo de Gur... Com apenas um punhado de homens ele galhardamente venceu e submeteu várias comunidades de Hazara... essas tribos nunca foram eficazmente governadas e mantidas em tranqüilidade por qualquer outra pessoa. Zulnun foi alçado a cargos elevados e lhe foram dadas as terras do Damenkoh (faldas da montanha) de Herat, como Obey e Chaghcharan.*

Pouco depois da viagem de Babur, no entanto, Zulnun convenceu-se de que os guerrilheiros apoiados por Alá eram invencíveis. Como muitos outros depois dele, estava enganado:

> *Embora corajoso, ele era ignorante e um pouco aloucado. Se não fosse a loucura e a ignorância, não teria sido enganado pelas tacanhas lisonjas e não teria sido objeto de desprezo em conseqüência... Quando era primeiro-ministro, vários xeiques e mulás foram a sua presença dizer que tinham recebido revelações divinas, que o título de Leão de Deus*

lhe tinha sido conferido; que estava predestinado a derrotar os uzbeques e fazê-los prisioneiros. Implicitamente acreditando nessas homenagens, amarrou um lenço ao pescoço e agradeceu a Deus... Não colocou o forte em posição defensiva; não preparou munições e armas de guerra; não mandou batedores ou piquetes para verificar o avanço do inimigo e nem mesmo treinou seu exército para acostumá-lo à disciplina e à ordem de batalha, a fim de estar preparado para lutar quando o inimigo chegasse... Quando o líder uzbeque atacou... Zulnun... confiando na predição... resistiu contra cinqüenta mil uzbeques com cem ou 150 homens. Um grande número de inimigos atacou-o e derrotou-o em um instante. Foi decapitado logo que o capturaram.

Pão e Água

ABDUL HAQ CAMINHAVA A MEU LADO em direção a Obey, falando de sua vida. Talvez por ser mais forte e mais jovem do que Qasim ou Aziz, não parecia cansado com a caminhada. Os outros tinham ficado uns quinhentos metros para trás. Disse-me que se tornara guerrilheiro santo, *mujahidin*, dez anos antes, aos treze de idade. Eu gostava de conversar com ele. Ao contrário de Qasim, ele não parecia moldar suas histórias a fim de extorquir-me alguma coisa.

— Eu era cozinheiro no acampamento de Ismail Khan antes que me deixassem lutar contra Najibullah, aliado dos russos. Quando o Talibã chegou a Herat em 1995, eu não fui para as montanhas com Ismail Khan. Em vez disso, fugi para o Irã deixando minha mulher e duas filhas.

Durante três anos ele trabalhara vendendo peças em paradas de caminhões em Shiraz e Teerã, onde é possível que tenha se acostumado a raspar a barba e usar o boné de beisebol. Ao voltar a Herat em 1998, foi preso pelo Talibã. Passou seis meses numa cela tão superlotada que os prisioneiros dormiam em pé. A ração diária era uma fatia de pão *nan* e um copo d'água.

— Um dos guardas ofereceu-se para me ajudar a escapar se eu conseguisse pagar 1.350 dólares. Mandei minha mulher vender nossas roupas no bazar. Minhas filhas deixaram de comer carne. Enviei recados a meus amigos e pedi cem dólares emprestados a um, duzentos a outro. Finalmente consegui juntar o dinheiro e ele me deixou sair. Fui para as montanhas lutar com Ismail Khan contra o Talibã. Foi um tempo bom. Recebíamos muito dinheiro do Irã e outros países. Dormíamos em tendas. Todas as noites comprávamos carneiros dos nômades kuchi e fazíamos banquetes. Há quatro meses eu desci para Herat. Lá, um homem... um homem, não, um *shaitan*, um demônio... me denunciou ao Talibã e eu fui preso e seria executado. Mas dez dias depois Ismail Khan conquistou Herat e fui libertado.

— Você tem dinheiro?

— Sim. Sou um homem rico. Trabalho como motorista para o Serviço de Segurança. Recebo oitenta dólares por mês, porém ganho mais, muito mais, fazendo pequenos serviços nas aldeias.

— Que tipo de serviço?

— Ninguém pode revistar meu caminhão porque sou do Serviço de Segurança, e por isso as pessoas pagam altas somas para usar meu caminhão. Posso transportar qualquer coisa.

— E Aziz?

— Aziz é muito pobre. Não tem nada. Há muito tempo o batalhão dele não recebe o soldo. Terá sorte se conseguir quarenta dólares este mês. Nós o trouxemos conosco para ajudá-lo.

— E Qasim? É tão pobre quanto afirma?

— Qasim, não. Qasim é muito rico. Mas o pai e o avô dele não eram nada. Menos do que nada.

— Mas ele é um Seyyed.

— Descendente do Profeta? Isso é o que ele afirma — disse Abdul Haq rindo —, mas ninguém jamais ouviu falar de sua família. Agora ele é dono de duas aldeias perto de Herat. Tem seis mil dólares em dinheiro em casa.

— Por que...

— Porque está ligado a Ismail Khan. Pode se servir do dinheiro que vem do estrangeiro.

— Vocês todos são oficiais do Serviço Secreto?

— Eu e Qasim. Somos *mujahidin*. A maioria de nossos colegas trabalhava no KHAD (a unidade estabelecida pela KGB russa).

— Mas eu pensava que você tinha lutado contra os russos...

— Que podemos fazer? Qasim e eu não podemos comandar um Serviço de Segurança. Mal sabemos ler e escrever. Temos de utilizar os peritos. Como o homem que interrogou você. Aquele do cavanhaque...

Abdul Haq encheu as bochechas de ar e traçou o desenho no queixo.

— Verdade? — Ele não me disse que conhecia o homem que me interrogara. — O nome dele é Gul Agha. Usa um revólver escondido aqui. — Abdul Haq bateu com a mão no flanco. — É um homem muito importante. Não foi *mujahidin*. Estava no Irã trabalhando para o Serviço de Segurança enquanto nós lutávamos nas montanhas.

— E Qasim? Qual é o trabalho dele? É comandante?

— Qasim? Não. Ele não trabalha num escritório com papéis. O trabalho dele é tratar dos homens maus... interrogá-los e lidar com eles para gente como Gul Agha.

Abdul Haq não aprofundou este comentário e por isso não sei exatamente de que maneira Qasim lidava com outras pessoas por ordem do homem que me interrogara. A seguir, no entanto, está o relato de uma testemunha ocular de um interrogatório que ocorreu no prédio do quartel-general de Qasim seis meses depois, em setembro de 2002, registrado pela organização Human Rights Watch:

> Amarraram os pés dele e o penduraram [de cabeça para baixo] no teto de maneira que as mãos tocavam o chão. Depois de chicoteá-lo, trouxeram dois fios elétricos, atando as extremidades de metal nos dedões dos pés. Depois deram choques. Os dedões ficaram queimados, com um anel escuro em cada um. A pele estava enegrecida e sangrando. Entrou outro homem. Olhou em volta e disse aos que torturavam Arbab: "Que estão fazendo? Não estão fazendo como devem." Mandou tirar os fios dos dedões dos pés e atá-los aos polegares. As mãos foram amarradas juntas mas continuavam arrastando no chão e eles pisaram nelas com as botas enquanto as atavam. Depois o novo homem disse: "Agora vou fazê-lo dançar a dança da morte." Deram mais choques. O prisioneiro se debatia todo, chocalhando desde os pés. Depois desmaiou, perdendo a consciência.

Quando chegamos a um cemitério nos arredores de Obey após três horas de marcha, começou a chover. As lápides maiores eram monólitos de granito negro de mais de três metros de altura, emoldurados pelos restos obrigatórios de carros blindados russos depredados e um caravançarai em ruínas.

Caminhando pela rua principal, onde ficava o bazar, fomos barrados por um grupo de homens armados.

— É este o americano?

— Ele é inglês. Somos gente do Emir Ismail Khan — disse Qasim.

— Isso é impossível. Vocês estariam de carro.

Os lenços *keffiyah* de xadrez preto e branco e os rádios militares de Aziz e Qasim claramente os identificavam como homens de Ismail Khan, mas tínhamos chegado a uma região onde a autoridade do governo era reduzida. Mustafá, o governante local, era um comandante novo, de lealdade incerta. O grupo que nos interceptara em Obey não desejava a vinda de unidades de outras áreas, mas provavelmente fingiram não reconhecer Qasim como homem de Ismail Khan por não estarem dispostos a desafiar diretamente o líder.

Qasim, Aziz e Moalem Jalil ficaram detidos. Abdul Haq e eu recebemos ordem de ficar em uma parada de caminhões. Entramos no pátio. Era uma versão moderna do caravançarai em ruínas pelo qual tínhamos passado na entrada da aldeia. O pátio estava cheio de lama revolvida por caminhões e do odor de excrementos humanos. Fileiras de jumentos esperavam pacientemente na chuva. As narinas dos animais tinham sido cortadas para aumentá-las a fim de permitir a entrada de mais ar, sinal de que seriam levados a altitudes elevadas. Eu caminhara certa vez no Irã com uma mula, mas abandonei-a porque a polícia achou que eu era um afegão usando o animal para contrabandear ópio ou outras mercadorias nas trilhas das montanhas. Homens barbudos, com os olhos injetados de sangue, carregavam os jumentos com fardos de material amarelo impermeável. Os homens usavam casacos com capuzes de grifes falsificadas e tinham relógios cravejados de pedrarias, folgados nos pulsos magros. Pelas roupas que usavam, imaginei que morassem em Teerã.

Eu e Abdul Haq estávamos sentados no chão do restaurante, comendo uma grande refeição de cordeiro, quando Qasim voltou dizendo que não poderíamos prosseguir por causa da chuva. Não disse nada mais, exceto que era perigoso e que se não tivéssemos conosco um homem do local como Moalem Jalil não teríamos chegado até ali. Fiquei pensando que talvez os homens de Obey não quisessem que os víssemos carregando os jumentos com ópio, mas duvidava disso. Não pareciam preocupados quando caminhamos no pátio. O problema era provavelmente a rivalidade entre Ismail Khan e a milícia de Obey.

Eu disse a Qasim que partiria dentro de uma hora de qualquer maneira, e ele voltou para conversar com a milícia. Finalmente regressou e repetiu que a estrada adiante era demasiado perigosa, porque havia bloqueios feitos por bandidos. Fiquei imaginando que *bandidos* poderia ser um eufemismo para designar a milícia de Obey. Seríamos roubados e mortos. Era preciso ir de carro a Saray-e-Pul.

— A que distância?

— Vinte e cinco quilômetros.

Isso representava cinco horas de marcha e faltavam cerca de quatro para que escurecesse.

— Eu vou caminhando — disse eu.

Houve uma pausa e Abdul Haq falou:

— E eu vou com ele.

Qasim hesitou.

— Bem, Aziz e eu vamos arranjar um jipe e encontraremos vocês lá.

O Guerrilheiro Invencível

Chovia forte quando saímos para a rua.

— Cinco horas... não há problema — gritou Abdul Haq na direção de Qasim que já ia partindo. — Posso dar conta. Qasim, não. Eu. Olhe para mim... uma arma, dois cartuchos, três granadas de mão, kung fu... posso cuidar deles. Deviam ter me visto ontem... Eu tinha três cartuchos e cinco granadas.

Saí de Obey acompanhando os passos largos de Abdul Haq e pensando se a milícia iria atirar em nós. Caminhamos em silêncio os três quilômetros seguintes. Estávamos em território de camelos; havia três abrigados atrás de um muro, com suas cargas, outro caminhava ao lado de um velho e um grupo pastava no deserto. Quando chegamos à aldeia seguinte, Abdul Haq começou novamente a gritar quantos homens do Talibã ele já tinha matado. Nunca usara protetores de ouvido ao atirar com sua automática e, embora tivesse apenas 23 anos, era meio surdo.

— Dezesseis deles? — perguntei.

— Dezesseis? Não, dezoito. Matei dezoito numa só tarde, numa emboscada, com meu Kalashnikov. — Ergueu o rifle para fazer a demonstração, gritando: — Rá-tá-tá-tá. Peguei cinco prisioneiros vivos e levei-os comigo para a montanha... caminhei dois dias e duas noites, alimentando-me de neve. Um dos homens morreu na neve. Dezenove mortos por minha causa. — Puxou o boné de beisebol para trás.

Mais adiante, num pequeno bosque, encontramos um menino de nove anos montado num burro. Abdul Haq deu um cigarro ao menino e equilibrou o rifle sobre o animal que caminhava. Depois tentou montar. O burro saiu trotando, com Abdul agarrado a ele, um joelho passado pelo dorso ossudo e a outra perna batendo no chão. Depois o menino afastou-se. Próximo ao crepúsculo as colinas ficaram mais perto de nós e a chuva parou, mas não víamos aldeias. Olhamos o terreno mais elevado e sem vegetação.

— Se houver alguém ali... — disse Abdul Haq.

— Teríamos problemas — completei. Estávamos em uma trilha estreita entre uma colina íngreme à esquerda e o Hari Rud que corria rapidamente mais abaixo à direita. Na margem oposta havia uma praia de cascalho plana e aberta. Não tínhamos proteção.

— Eu estou aqui — rosnou Abdul Haq em direção ao desconhecido. — Não há problema. Sou um homem. Posso pegá-los. — Voltou-se para mim. — Qasim é uma mulherzinha, não? Não sabe caminhar. Na verdade, é veado. — Virado para mim, ilustrou com gestos o que Qasim fazia com outros homens. — Aliás — prosseguiu —, quando voltarmos eu vou comê-lo. Ahhh — rosnou —, é uma mulherzinha.

Silêncio. Durante algum tempo nenhum de nós falou. Notei que caminhávamos e respirávamos mais rapidamente do que o normal. Uma pedra solta caiu e nos voltamos de chofre.

— Você não está com medo, está? — perguntei.

— Não. E você?

— Não.

Embora estivesse nervoso, eu admirava a beleza das colinas e do pálido crepúsculo. Tudo estava muito calmo e silencioso. A longa fileira de penhascos prosseguia acima de nós e não víamos ninguém na trilha. Abdul Haq parou, olhou para cima e de repente atirou na direção da colina. Houve uma centelha no cano do rifle e a explosão ecoou no vale.

— Isso os assustará... todos eles; bandidos, gente da aldeia, lobos.

* * *

Continuamos, mal conseguindo ver a trilha. Começou a chover novamente. Um país sem eletricidade fica escuro e silencioso numa noite encoberta. De repente ouvimos latidos e alguns cães raivosos e invisíveis correram para nós. Abdul Haq destravou o Kalashnikov; eu gritei e atirei pedras. Os cachorros nos seguiram, enfurecidos, até o que devia ser o limite de um pequeno povoado. A chuva aumentou, encharcando nossas botas e roupas. Evidentemente, a seca de quatro anos chegara ao fim. Passaram-se uns 45 minutos. Abdul Haq virou-se de repente e agarrou alguma coisa na escuridão. Era um homem que estava de pé atrás de uma árvore. Fiquei impressionado com os reflexos de Abdul Haq. Eu não tinha notado o homem.

O soldado armou o Kalashnikov, encostou-o na cabeça do outro e quis saber o que estava fazendo. Sem se mover, ele respondeu muito lentamente que estava urinando. Abdul Haq revistou-o minuciosamente e deixou-o seguir, advertindo-o.

Um nevoeiro se fechou à nossa volta e a chuva continuava; nada podíamos ver. Cinco minutos depois, dei um passo em falso. Ao cair, consegui agarrar-me a um espinheiro, que afinal arranquei mas que suavizou minha queda pelo barranco. Acabei estatelado na margem do rio, a cerca de quatro metros abaixo da trilha. Abdul Haq gritou para baixo e eu respondi. *Man khub hastam... man khub hastam* (estou bem, estou bem), enquanto ele ria. Encontrei uma vala no barranco e subi com dificuldade para juntar-me a ele.

Já estávamos caminhando havia mais de cinco horas depois de ter deixado Obey, com duas horas de escuridão, ambos tremendo de frio. A chuva transformara-se em neve. Nosso destino ficava do outro lado do rio Hari Rud, que tinha ficado mais caudaloso com o aguaceiro e corria com grande rapidez. Seria difícil atravessá-lo sem cordas. Ouvimos um caminhão atrás de nós, o primeiro desde a manhã. Abdul Haq sugeriu que pedíssemos para que ele nos passasse pelo vau. Hesitei, porque não queria usar veículos em nenhum trecho dessa viagem, mas sabia que Aziz já devia estar esperando na neve por duas horas, e não parecia valer a pena o esforço.

O caminhão apareceu na curva. Abdul Haq entrou na estrada e ficou de pé à luz dos faróis, apontando o rifle para o pára-brisa. O motorista parou e nos transportou ao outro lado do rio. Aziz esperava com uma tocha. Cambaleei ao lado dele na neve, caindo algumas vezes em buracos. Na porta de uma casa, tirei as botas ensopadas e limpei a neve dos cabelos e casaco. Depois entramos. Nosso hospedeiro estava sentado junto à lareira e eu aproximei meus pés brancos e descascados tanto quanto possível das chamas. Aceitei agradecido um copo de chá. Eram dez horas da noite. Daquela vez eu estava cansado demais para anotar no diário, e por isso joguei uma partida de xadrez com nosso anfitrião.

Abdul Haq entrou gritando com Qasim.

— Você é uma mulherzinha. Teve medo de caminhar. Mas nós conseguimos. Ninguém sequer tentou nos matar. E agora eu prometi a Rory que vou enrabar você. Não foi, Rory? Você é uma mulher.

Qasim não respondeu.

Abdul Haq continuou:

— Rory hesitou muito para entrar no caminhão... e agora temos de voltar amanhã para caminhar desde aquele ponto... bem, vou dormir... Aziz, você vai conseguir... O melhor foi que logo antes de chegar o caminhão nós estávamos tateando no escuro e na neve, e ouvi de repente um barulho de alguma coisa se rasgando e pedras caindo no rio. Depois um ruído surdo e lá do fundo, como de um poço, uma vozinha que dizia com sotaque inglês: "estou bem, estou bem".

O Homem que não Valia Nada

QUANDO, NA MANHÃ SEGUINTE, fui com Aziz refazer nossos passos desde a margem direita, ele me disse que ia partir de volta naquele dia; Qasim faria o mesmo no dia seguinte e Abdul Haq, no terceiro. Eu caminharia sozinho pelos seiscentos quilômetros seguintes. Foi um alívio, mas não uma surpresa. A bolha de Qasim tinha inchado, estourado e inchado novamente dentro das botas vermelhas. Ele estava exausto e humilhado pela caminhada, e estava satisfeito em me deixar sozinho a partir de Darai-e-Takht, na fronteira de Gur, como eu havia sugerido anteriormente. Qasim já não iria até Chaghcharan.

A neve continuara a cair durante a noite, cobrindo a trilha de meus passos incertos até a casa. O ar estava frio e seco; o céu era azul-escuro e a crosta da neve brilhava. Placas de gelo deslizavam pela correnteza que crescera.

— Sou pobre — disse Aziz.

— Sei disso — disse eu.

— Preciso de algum dinheiro.

— Eu ia mesmo dar-lhe um pouco; eis aqui cem dólares. Obrigado pela ajuda.

Aziz pegou o dinheiro, sorriu rapidamente e guardou-o no bolso.

— Estou muito doente — disse. — Vou ficar de cama durante um mês depois desta viagem.

— Obrigado por ter vindo comigo. Espero que se recupere logo.

— Minha volta a Herat não vai ser fácil.

— Boa sorte — disse eu.

Aziz não respondeu.

Entramos para comer algumas castanhas com pão e chá doce. Depois da refeição, Abdul Haq e Qasim despediram-se de Aziz e nós saímos caminhando por entre as colinas da margem sul do rio Hari Rud. Meia hora depois, ouvi um grito que vinha de um vale oculto à nossa esquerda. Aumentava rapidamente de volume, numa ululação ascendente, "lalalalalala...". Era mais de uma voz. O som cessou e retornou dez minutos depois, pontuado por uivos e assobios. Em seguida, uma matilha de cães passou por nós, ladrando na crista da colina, seguida por uma centena de camponeses tropeçando na neve.

— Uma caçada de lobos — disse Qasim. — Gritam o "Aaaabag" para atiçar os cães contra os lobos.

Surgiram mais pessoas na linha das colinas, do outro lado do rio. Um dos homens gritou e a matilha virou para o leste, desaparecendo de vista.

Qasim disse que já tínhamos deixado para trás o trecho próximo a Obey, que mais o preocupava.

— Deus ama você, Rory. Por isso é que conseguiu chegar vivo até aqui.

— Obrigado por ter me trazido em segurança.

— Não. Agradeça a Deus, não a mim. Daqui a Chist você estará bem; são boa gente.

— E os homens além de Chist?

— Homens? Depois de Chist só há jumentos.

Paramos para almoçar em uma aldeia a dez quilômetros de Chist. Havia uma goteira no teto de barro do quarto de nosso hospedeiro, e a água caía dentro de um balde colocado sobre o tapete escuro no centro do cômodo para hóspedes. Um pôster mostrava um carro conversível amarelo parado diante de um chalé na Suíça, com varandas floridas. Abaixo, em letras maiúsculas em inglês, um letreiro dizia: QUEM JÁ TEVE DE LUTAR COM A POBREZA SABE COMO É EXTREMAMEN-

TE EMOCIONANTE SER POBRE. Nosso anfitrião tinha comprado o pôster em Herat e me pediu que o traduzisse. Respondi que não entendia a inscrição.

Qasim avisou que ia partir. Pedi que ele levasse dez dias para voltar a Herat e dissesse ao Serviço de Segurança que tinha me acompanhado até Chaghcharan.

— Está bem — disse Qasim. — Vou voltar devagar, passando muito tempo com todos os nosso amigos e comendo bem no caminho da volta. Eles nunca vão saber. Por favor, dê-me algum dinheiro agora. Nós somos muito pobres.

— Claro — respondi. — Obrigado por tudo.

— Você não precisa me pagar se não quiser; você é meu irmão — disse Qasim. — Mesmo que não nos dê nada, ficaremos satisfeitos.

Dei 150 dólares a cada um.

Qasim pareceu especialmente desapontado. Houve uma pausa.

— Por favor, pode dar um pouco de dinheiro para Aziz também? Ele é muito pobre e está doente.

— Já dei algum dinheiro a ele.

— Quanto?

— Cem dólares.

Abdul Haq interrompeu. Eu nunca o tinha visto tão zangado.

— Isso está completamente errado. Ele não é nada. Um homem que não vale nada. Há dois dias, ele voltou. Só veio conosco porque nós o chamamos. Se deu cem dólares a ele, deve nos dar trezentos — prosseguiu, com raiva. — Por que deu a ele esse dinheiro?

— Porque ele é muito pobre e muito doente.

— Ele me disse que você não tinha dado nada — disse Abdul Haq.

— Dei a ele cem dólares.

— Nesse caso, vou matá-lo — disse Abdul Haq.

Fiquei calado.

— Você não acredita em mim, não é? — Retirou o cartucho e jogou cinco pentes de bala no tapete. — Estas são para Aziz. Ele me disse que você não lhe tinha dado nada. Eu daria a ele um pouco do meu dinheiro. Ele tentou me roubar. De um amigo. Vai morrer quando eu o encontrar.

— Por favor, não faça isso — disse eu.

— É tarde demais; você não devia ter me dito nada.

— Não faça isso. Eu dei o dinheiro a ele e depois contei a você. Serei responsável por essa morte.

— Não há nada que você possa fazer. Ele mentiu. Traiu um irmão. Está morto.

Continuamos a debater o assunto a noite inteira, mas Abdul Haq não mudou de idéia. Qasim, que era cunhado de Aziz, nada disse.

Na manhã seguinte Qasim me abraçou e em seu rosto apareceu o sorriso caloroso e paternal que eu nunca soubera interpretar. Desejei-lhe sorte. Ele assentiu, mas, tal como Aziz, não retribuiu os votos. No Paquistão e no Nepal, homens que estiveram comigo durante dez minutos pediam para acrescentar meu endereço em pedaços de papel nos quais casais que vinham de cidades industriais próximo a Estocolmo tinham deixado mensagens de carinho. Qasim, no entanto, não pediu meu endereço. Despediu-se e entrou para tomar chá.

Terceira Parte

O território dos Eimauks é considerado menos montanhoso do que o dos Hazaurehs; porém mesmo ali as montanhas encaram Herat com rosto abrupto e elevado. Sua tendas são quase todas do tipo chamado Kirgah... todos os Eimauks criam muitos carneiros...

Mountstuart Elphinstone,
The Kingdom of Kaubul and its Dependencies, 1815

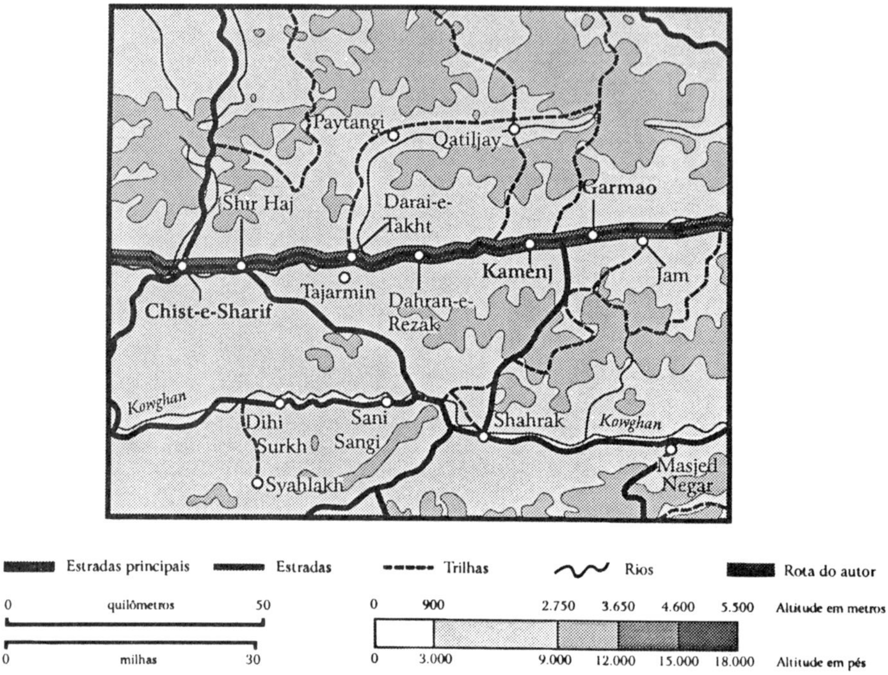

Sétimo dia – Chist-e-Sharif a Shir Haj
Oitavo dia – Dahan-e-Rezak
Nono dia – Kamenj
Décimo dia – Garmao
Décimo primeiro dia – Jam

Edificações nas Terras Altas

Depois de seis *farsangs* e meio [dias de caminhada] chega-se de Herat à fronteira do território montanhoso de Gur, num lugar chamado Chist.

— Ibn Haukal da Arábia, *Geografia*, 976 d.C.

Ao pôr-do-sol do sétimo dia, subi com Abdul Haq a primeira colina em nosso caminho. Até chegarmos aqui, sempre que olhávamos para trás víamos o cascalho estendendo-se direto ao horizonte. Agora alcançávamos as montanhas. Capturados pelo vento norte, flocos de neve dançavam e cintilavam como vaga-lumes ao sol poente. Do topo do monte víamos claramente um planalto situado entre fileiras simétricas de picos brancos. Não havia eletricidade na aldeia abaixo, apenas diminutas luzes de velas e fogueiras. O bloqueio das estradas pela neve já durava dois dias e não havia veículos. O único som era o de nossas botas na lama fina e o ranger de minha mochila. Surgiram duas cúpulas arruinadas acima da linha do planalto, emolduradas pelo crepúsculo. Era Chist, na fronteira da província de Gur, antiga sede de uma ordem de dervixes e de um império que havia conquistado a Índia.

Adiante estavam as montanhas do maior maciço montanhoso do mundo — cobrindo, em forma de um pássaro lendário, mais de

4.500 quilômetros da Ásia. Chist era a cabeça do pássaro; o Kush hindu era o pescoço, o corpo era o planalto tibetano e sua cauda se espalhava pelo litoral da China. Gur era uma das províncias mais obscuras e mais pobres do Afeganistão. Não era caminho para lugar algum. Não havia minas de lápis-lazúli nem grandes cidades. Era um dos poucos lugares do mundo clássico que não era citado pelos persas nem pelos gregos. Aristóteles acreditava que das montanhas que acabávamos de atingir, o Paropamisus, era possível ver os confins orientais da Terra.[20]

Na manhã seguinte, galguei a encosta, a fim de ver as cúpulas no planalto de Chist-e-Sharif. Uma neve arenosa cobria o chão, metia-se em fendas dos prédios arruinados e nas silhuetas externas dos suportes das escadas. Mas as fachadas verticais de tijolos de um amarelo pálido pareciam cálidas ao sol da manhã.

A idade deteriorara a cúpula ocidental mas ela parecia em grande parte intocada pela guerra. A oriental fora atingida por uma bala vinda de um tanque depois de ser mencionada por um arqueólogo

---

20 Em outras partes da Ásia, os antigos governantes conseguiam deslocar-se com velocidades espantosas. Alexandre mandou seus assassinos a 1.200 quilômetros de Herat para matar seu amigo em Hamadan, e eles cobriram a distância em onze dias. Em sete dias, os persas inimigos de Alexandre eram capazes de cobrir 2.200 quilômetros na Estrada Real de Sárdis a Susa e os "mensageiros-flechas" de Gêngis Khan percorriam 450 quilômetros por dia. A velocidade era essencial para conquistar ou governar um grande império do mundo antigo.

Tudo mudava em Chist. Nas montanhas, viajantes eram limitados à velocidade de homens a pé. Aqui, o antigo sentido da palavra "jornada" (*journey* em inglês; *journée* em francês), "um dia de viagem", significava o mesmo que a palavra "*farsang*" do persa antigo, ou seja, "a distância que um homem é capaz de cobrir a pé em um dia", e o território era de fato ingovernável. Enquanto eu ou Babur precisaríamos de um mês para viajar de Herat a Cabul através destas montanhas, Alexandre teria levado o mesmo tempo para ir de Herat a Atenas. Ele podia sair daqui e chegar a Jerusalém mais rápido do que chegaria a Yakawlang; alcançaria o Cairo antes de Bamian. Um mensageiro-flecha mongol atingiria Bagdá no mesmo espaço de tempo que eu e Abdul Haq levamos para caminhar de Herat até aqui. Não surpreende que, com uma única exceção, o mundo antigo tenha deixado Gur em paz.

no passado. A parede dos fundos desaparecera e boa parte da fachada tinha caído. Restava apenas um arco isolado, como um portal triunfal para as montanhas além, e um fragmento do teto por onde se viam partes do céu azul.

O povo local as chamava *madrassas*, ou prédios de escolas, mas a forma sugeria que eram túmulos. Assemelhava-se às tumbas cujo protótipo está em Bucara, na Ásia central, e cuja culminação é o imenso mausoléu do neto de Gêngis Khan, no Iraque. Eu não via vestígios de túmulos sob as cúpulas, mas abaixo do manto de neve o planalto era pontilhado de tumbas.

Durante os dois dias seguintes conheci pessoas que afirmavam ter vínculos familiares com os prédios. Um era um homem gordo, de meia-idade, com ampla barba tingida de vermelho com hena, com um cachorrinho. Ao chegarmos a sua casa em Shir Haj, a um dia de viagem depois de Chist, o cãozinho tentou morder Abdul Haq. Este saiu correndo em volta da casa perseguido pelo filhote, enquanto nosso hospedeiro, que tinha sido ferido durante as guerras, corria atrás, coxeando pesadamente e suplicando ao animal que parasse.

— É um cachorro muito bom — disse ele, depois de fechar a porta da casa atrás de nós. — Sempre me avisa quando alguém se aproxima.

Em seguida, sem nunca ter-nos visto e sem nenhuma apresentação, sentou-se a nosso lado junto ao fogão e nos serviu oito ovos cozidos.

Chamava-se Agha Ghori (Sua Excelência o homem de Gur). Todos entre Chist e Chaghcharan o tratavam de "Excelência" e por isso o título se tornou parte de seu nome. Mas isso não significava que tivesse poder ou riqueza. Morava numa pequena cabana de barro ao lado do rio Hari Rud e já não trabalhava.

Agha Ghori tinha perdido os dois filhos. Um morrera lutando contra os russos e o outro contra Najibullah. Sempre que alguém lhe falava dessas mortes, um sorriso largo surgia por trás da barba tingida com hena.

Durante a guerra, ele comandara as forças na parte oriental de Chist. Antes disso, fora gerente de um projeto hidrelétrico no rio Hari Rud. As pessoas ainda se referiam a isso com admiração.

— A construção custou um bilhão de dólares — disse-me Abdul Haq.

— Teria trazido dinheiro e eletricidade a todos em Herat — dissera Qasim.

Mas a guerra começou antes que a construção terminasse. Antes, naquele dia, tínhamos passado pelo que restara dela. Os seiscentos metros de um túnel de nove metros de altura escavado na rocha tinham sido inundados com água, e as traves de suporte foram atiradas no desfiladeiro. Vinte e cinco escavadeiras amarelas e enferrujadas estavam enfileiradas junto a um conjunto de prédios de concreto em ruínas. As histórias que se contavam sobre aqueles destroços eram como as das capitais de civilizações perdidas. Os habitantes das aldeias falavam da fabulosa riqueza dos engenheiros japoneses, de uma força de trabalho de três mil homens e de máquinas que atravessaram paredes de rocha. Diziam que a planície por onde acabávamos de caminhar teria se transformado em um lago de dez quilômetros de comprimento, por trás das comportas da represa.

Agha Ghori não se considerava tadjique nem aimaq. Afirmava ser gurida, descendente dos governantes da província de Gur que haviam construído as cúpulas de Chist no século XII em honra a uma seita local de dervixes. Tinha sido criado junto à grande fortaleza de Taiwara. Dizia, porém, que pouco sabia de seus antepassados.

Aqueles governantes guridas eram a única exceção na obscura história de Gur. Tinham começado como chefetes no inóspito território do Afeganistão central, rodeados de todos os lados por dinastias de cavaleiros nômades. Como os cavalos eram a base do sucesso militar e Gur era demasiadamente montanhosa para a criação de muitos cavalos ou para permitir-lhes avançar velozmente, era improvável que os guridas conseguissem derrotar seus vizinhos.[21]

---

[21] Assim como os setenta pequenos reinos do montanhoso Nepal.

Em 1141, no entanto, os turcos ghaznavidas, uma das dinastias nômades vizinhas, mataram um dos chefes guridas. Para vingar-se, o irmão do chefe atacou Ghazni. Segundo Babur, que visitou Ghazni quatrocentos anos mais tarde:

> *Alauddin, o gurida "Incendiário do Mundo" [irmão do chefe assassinado] queimou e destruiu os túmulos imperiais, incendiou a cidade de Ghazni deixando-a em ruínas, saqueando e matando os habitantes... não houve ato de desolação e destruição que ele não praticasse. Desde então, a terra de Ghazni permaneceu arruinada.*

O chefe gurida obrigou os habitantes de Ghazni a transportar todos os tijolos de barro de sua cidade para as montanhas de Gur. Ali os guridas executaram os prisioneiros e misturaram o sangue com o barro a fim de fabricar mais tijolos para sua capital nas terras altas, a Montanha Turquesa. A partir dali conquistaram grande parte da Ásia, de Bagdá ao oriente da Índia, e assumiram o controle da Rota da Seda para a China. Durante o meio século seguinte, esta obscura província montanhesa de Gur tornou-se local de uma das mais poderosas dinastias do mundo, e, exceto pelo último florescimento que Babur testemunhara em Herat, o Afeganistão jamais abrigaria uma civilização tão desenvolvida novamente. Como governante muçulmano da Índia, Babur via a si mesmo como sucessor dos guridas.[22]

As cúpulas de Chist eram o único legado do improvável sucesso dos guridas, assim como a Mesquita da Sexta-Feira em Herat e o miranete de Jam, localizado um pouco mais acima seguindo o Hari Rud. Sua capital, a Montanha Turquesa, foi descrita por Juzjani como constituída de uma enorme Mesquita da Sexta-Feira, repleta de riquezas da Índia e dominada por dois gigantescos pássaros dourados nas fortificações do palácio. Esta capital não ficava

[22] "Três reis estrangeiros subjugaram a Índia...", escreveu Babur. "Um desses foi o sultão Mahmud, de Ghazni... o segundo foi o Sultão Muizuddin, o gurida... e durante muitos anos seus escravos e descendentes pairaram sobre o espectro desses reinos. Eu sou o terceiro."

numa planície próxima às grandes conquistas guridas, nem numa rota comercial ou em extensões de terras férteis. Ficava no centro das montanhas, num lugar tão inacessível que nenhuma outra dinastia jamais tentou ocupá-lo, e numa localização tão improvável que arqueólogos desde então foram incapazes de encontrá-la. Os guridas continuaram a dominar esta cidade montanhesa, em desafio a todas as convenções econômicas e administrativas de sua época. Contudo, em 1216, Gêngis Khan a invadiu, e o já declinante Império Gurida foi destruído. A cidade se perdeu e, com ela, todos os detalhes desta estranha civilização das montanhas.

Em Chist naquela manhã, contemplando as cúpulas guridas, percebi que eram diferentes de qualquer mausoléu islâmico que eu já tinha visto. Os nômades turcos e mongóis freqüentemente construíam suas cúpulas como se fossem tendas do tipo *yurt*. Seus edifícios em Tabriz, Sultanijeh, Marageh e Samarcanda parecem ter sido espalhados a esmo na planície, como se o importante para uma construção fosse localizar-se num lugar plano e fresco, com pasto e água para os animais.

Mas o mausoléu de Chist aparentemente tinha sido erigido com mais cuidado. As cúpulas ficavam no centro de um planalto simétrico mais baixo do que a crista da cordilheira ocidental por onde se chegava a elas. Vistas de cima não mostravam seus contornos, e da parte mais baixa da encosta eram invisíveis. Somente por um momento, para quem descesse a encosta, elas surgiam acima da linha do horizonte. Tornavam-se novamente invisíveis até o topo da derradeira subida, quando o teto curvo reaparecia lentamente, emoldurado pela cadeia de montanhas mais além, com a forma dos arcos imitando a forma dos picos.

As cúpulas eram decoradas com tijolos de barro da cor clara da terra, cortados para imitar a forma de espinheiros, reproduzindo textos do Corão.[23] Os seljuques da época cobriam suas cúpulas com

---

[23] Essa escrita *kufi* era característica dos guridas. Eu já a tinha visto também numa alcova da mesquita de Herat, onde os homens da al-Qaeda costumavam conversar em urdu.

ladrilhos azuis, mas ali os guridas não usaram telhas coloridas.[24] A forma da cúpula, a cor pálida dos tijolos e a inscrição pareciam ter sido escolhidas para ecoar e realçar a paisagem.[25]

Talvez seu apego às montanhas e seu orgulho por ser o único povo natural dessas regiões a fundar um império pan-asiático[26] tenha levado os guridas a marcar com essas cúpulas a entrada para Gur, e colocá-las de maneira a realçar sua localização entre as montanhas. Mas por que as dedicaram aos dervixes de Chist?

---

[24] Ver a cúpula Kabud em Marageh.

[25] Os antigos povos das terras altas da Ásia eram muito sensíveis ao panorama. Durante os primeiros estágios de minha caminhada, na Turquia e no Irã, freqüentemente me impressionou a simetria e o isolamento de uma rocha no deserto, e quando me aproximava percebia que os frígios tinham entalhado um leão na superfície, ou que a doze metros de altura em um penhasco os medos tinham colocado a fachada de um santuário, ou ainda que junto a um cone de vulcão e além de paredes lívidas de cobre os persas tinham construído templos aquáticos.

Os guridas aparentemente compartilhavam essa atração pela forma e pela cor das rochas. Ao contrário dos seljuques e dos mongóis, não eram nômades das estepes, e sim, como os frígios, medos e persas, eram povos que viveram entre montanhas durante séculos.

[26] Orgulho que transparece no uso pelos guridas do título real de Malik-i-Jabal, ou Rei das Montanhas.

A Dança dos Missionários

VOLTANDO DA VISITA ÀS CÚPULAS, encontrei um homem idoso que vinha num cavalo branco enfeitado com um belo manto bordado sob a sela, tingido com corantes vegetais de cores suaves. O cavalo era magro e manco, e o homem cavalgava com cuidado. O que tinha na cabeça não parecia ser um turbante e sim uma bacia de barbeiro.

— Sou Khalife Seyyed Agha — disse ele —, filho de Haji Khalife Seyyed Ahmed, herdeiro direto e descendente de Hazrat Maulana Sultan Mududi, o santo de Chist que morreu em 1132. Meu antepassado está enterrado na base daquela cúpula. Sou o dono das terras que você está vendo.

— Então é o chefe dos dervixes de Chist?

— Sou, mas já não há dervixes aqui. Poderia fazer um desenho de meu cavalo?

— Vou tentar. — Fazia frio ali na neve e minhas mãos estavam enrijecidas, mas o desenho ficou parecido com um cavalo. Um homem mais jovem se aproximou e ficou observando em silêncio.

— Posso ficar com seu desenho? — perguntou o velho.

— OK. — Rasguei a folha de meu bloco e entreguei a ele.

— Gosto de seus óculos escuros. Posso experimentar?

Passei-lhe os óculos e ele os colocou sobre o nariz comprido.

— Excelente! Posso ficar com eles?

— Não, lamento muito. Preciso deles. Vou caminhar na neve até Bamian. Preciso dos óculos por causa do reflexo.

— Por favor.

— Lamento muito.

— Só os óculos...

— Desculpe, não.

— É uma pena, eu poderia oferecer-lhe hospitalidade.

O patriarca fez meia-volta e afastou-se. Os dervixes da seita de Chist outrora tinham sido famosos por recusar presentes.

O jovem riu.

— Ele hoje não é mais nada. Seus antepassados foram grandes mestres da seita de Chist, homens que tinham poderes místicos e grandes governantes. Já não há ninguém da seita hoje em dia. Ele teve medo de lutar contra os russos, teve medo de lutar contra a Aliança do Norte e teve medo de lutar contra o Talibã. Não fez nada nos últimos 24 anos; quase tinha me esquecido de que ele existia. Ele tem sorte por não termos tomado suas terras.

Restavam somente alguns indícios do poder de que aquela seita *sufi* (era chamada Chistiyah porque seus adeptos vinham de Chist) gozara no passado; tinha sido uma das quatro ordens de dervixes mais poderosas do mundo. Os relatos que chegaram até nós dão a impressão de que tinham muito em comum com outros místicos, inclusive não-muçulmanos. Recitavam frases sagradas e usavam rosários como os hindus, budistas e cristãos, que podem haver encontrado *sufis* durante as cruzadas. Os santos da seita afirmavam ser capazes de contemplar a unidade absoluta de Deus e misturavam detalhes de doutrina religiosa com um fervor transcendental, aparentemente intoxicados com um amor quase erótico pela divindade.

Mas eram também diferentes de outros místicos em aspectos bastante específicos. Não apenas porque um de seus santos, Baba Farid, orou pendurado pelos pés durante quarenta dias, ou pelo fato de que, com a ilustre exceção de Amir Khosrow, os Chistiyah quase não escreviam poemas. Tampouco se tratava de suas opiniões teológicas sobre o *walaya* (a autoridade espiritual do Profeta) e o *welaya* (amor divino), e nem porque levavam uma escova de dentes presa ao turbante e usavam chapéus cônicos de quatro bicos. O que os tornou mais famosos foi a música. Enquanto alguns dervixes atingiam a união mística orando, e outros caminhando ou rodopiando, os Chistiya o conseguiam tocando instrumentos musicais e dançando.

Ao invadirem a Índia, os guridas levaram consigo sua seita, conferindo certa legitimidade a uma ação militar apresentada como uma guerra santa (*jihad*). Talvez tenham erigido suas cúpulas em homenagem a essa ligação. Mas Juzjani, que registrou em suas crônicas a dinastia gurida, sugere que os dervixes não eram aceitáveis a todos os muçulmanos. Em sua qualidade de juiz, teve de julgar uma queixa acerca de uma cerimônia denominada Sama, na qual os Chistiyah induziam o êxtase religioso dançando e tocando música. Juzjani decidiu em favor do santo Chistiyah[27] que morreu em êxtase durante uma dessas cerimônias, pouco depois. Um santo Chistiyah[28] nascido no século XIII registra que essas sessões de Sama duravam a noite inteira. Eram lideradas por homens cantores que recitavam poesia persa e eram acompanhados por tambores, címbalos e pandeiros, mas não por instrumentos de madeira ou de corda porque "bloqueavam o gosto e a dor do místico". Os hindus podiam freqüentar as sessões e todos eram estimulados a dançar e cantar. Descrições posteriores revelam que essas práticas eram perturbadoras para os ortodoxos.

O discípulo desse santo[29] afirmava que a visitação por uma entidade invisível durante a cerimônia dançante do Sama deveria ser considerada uma forma de fazer amor. O Sama deveria ocorrer à noite, não numa mesquita e sim em um salão fechado, perfumado com sândalo. As roupas deveriam ser rasgadas ou retiradas durante o êxtase. A dança poderia tomar conta do indivíduo em forma de agitação incontrolável, transformar-se em uma sensação de total harmonia ou ser assimilada em conjunto com outros dançarinos:

> *Os sufis podem rodopiar em êxtase, saltar, bater no chão com os pés ou erguer as mãos sobre a cabeça, girando-as e rodando-as antes de trazê-las novamente para baixo.*

---

[27] Qutb-al-Din Baktiar Kaki.

[28] Nezam Al-Din Aulia.

[29] Gisuderaz.

As cúpulas enfeitadas deixam clara a afeição dos guridas por essa seita de dançarinos.[30] Era um relacionamento que eles faziam questão de propagandear colocando as cúpulas em locais visíveis na entrada de seu território e gravando nelas longos trechos do Corão. Seria isso uma resposta aos árabes e seljuques que haviam zombado da obscura província de Gur como um dos últimos enclaves pagãos no mundo persa? Mais uma vez eu contemplava indícios de uma sociedade e de um Islã muito diferentes do que dos existentes no mesmo lugar hoje em dia.

O chefe de polícia de Chist possuía um gerador, um videocassete e um televisor em branco e preto. Eu e mais vinte pessoas nos juntamos para ver filmes de danças. Ele me entregou a capa do cassete, que mostrava uma moça de minissaia vermelha com lantejoulas e botas até as coxas. Mas ao exibir o vídeo a estrela era uma mulher gorda e de meia-idade, de vestido de baile bufante, dançando em uma tenda em Peshawar. Para satisfação das fileiras de afegãos sentados no chão, ela soltou os cabelos e desnudou os braços. O espetáculo tinha sido filmado no escuro por um homem de mãos trêmulas, mas ele captara todas as caretas da mulher. Ela dançava saltando com o corpo ereto e mantendo as mãos nas cadeiras. Talvez desapontado com os passos pouco graciosos, o câmera passou

---

[30] No entanto, pouco se sabe sobre seu relacionamento. Na Índia tomei conhecimento de um mito segundo o qual um grande santo Chistiyah caminhou passando por Multan e Lahore no final do século XII, e, ao chegar a Ajmer, apareceu em sonho a um príncipe gurida dizendo: "Levanta-te, o território da Índia anseia por beijar teus pés e a coroa do trono te espera lá", estimulando os guridas a conquistar a Índia inteira. Muinuddin Chisti Snjari foi de Multan (que eles conquistaram em 1175) a Lahore (1186) e dali a Ajmer (onde ocorreu a batalha decisiva em 1193). A marcha do santo através da Índia parece ter passado pelas cidades conquistadas pelos guridas na ordem cronológica das conquistas. Isso dá a entender que pelo menos os conquistadores militares apoiavam o trabalho dos missionários e eram por sua vez estimulados por eles. A conquista foi uma *jihad*, uma guerra santa, e tanto os santos quanto os guerrilheiros eram necessários.

a focalizar os enormes seios, que balançavam de um lado para o outro, enchendo a tela durante um minuto.

— Havia danças aqui antes? — perguntei.

— Não em Chist, mas costumava haver em Herat e Cabul quando o rei estava no poder — respondeu o chefe de polícia. — Havia menos em Najib por causa da guerra. Os *mujahidin* acabaram completamente com as danças.

— O Talibã?

— Não. Ismail Khan e a Aliança do Norte também fizeram o mesmo. É proibido pelo Islã.

— Você gosta de dançar?

— Eu? — disse o chefe de polícia. — Gosto muito. — Todos riram.

Sentei-me e escrevi uma longa carta a meus pais, para o caso de ser morto. Nos dezesseis meses anteriores eu tinha subornado, adulado, espionado, achacado, suplicado e persuadido a fim de poder continuar minha caminhada. Eu era mais um vagabundo do que um místico, mas enquanto escrevia me senti em paz. Descrevi para meus pais os momentos que durante o trajeto pareciam ter uma relação profunda de união com meu passado. Fiquei pensando que caminhar podia ser uma forma de dança.

Senti-me feliz e dormi bem.

Óculos de Gato Espelhados

Durante as últimas horas em que esteve comigo, Abdul Haq se comportou mais ou menos da mesma maneira da semana anterior. Num lapso de três horas ele se perdeu, disse que estávamos quase chegando, mudou de idéia e acabou decidindo que ainda tínhamos mais uma noite pela frente; riu, disse que era um jumento e deu alguns tiros contra uma casa de barro. Depois virou-se para mim e perguntou:

— Quanto dinheiro é preciso para comprar uma esposa na Inglaterra?

— Mas você já é casado.

— Quero uma segunda esposa.

— Não custa nada. Na Inglaterra não é preciso pagar para isso.

— Então por que não vou para a Inglaterra e fico com uma mulher de graça, em vez de pagar cinco mil dólares aqui?

— Por que não? — repeti.

Abdul Haq me olhou com ar desconfiado.

Quem não consegue dar um jeito, arranjando um casamento de uma irmã com o irmão da própria esposa, tem de pagar mais por uma noiva do que a maioria dos homens ganha em dez anos de trabalho no Afeganistão. Em algumas aldeias, é preciso dar ao sogro dois cavalos e cinqüenta carneiros, além de uma soma em dinheiro. Todos acham que essas importâncias são ridículas de tão elevadas, mas ninguém parece conseguir livrar-se do costume. Abdul Haq disse que a maior parte de seus amigos teve de sair do Afeganistão e trabalhar no Irã durante três anos a fim de ganhar o suficiente para pagar o preço de uma noiva.

Alguém atrás de nós deu três tiros. Corremos um pouco e em seguida paramos. Houve novos tiros. Continuamos correndo. Abdul Haq não tinha idéia de quem estava atirando, mas achava que éramos o alvo. Os tiros cessaram.

Perto do meio-dia chegamos a Darai-e-Takht, uma aldeia grande aninhada numa garganta do rio Hari Rud. Ficava na fronteira norte da província de Gur e também do território formalmente governado por Ismail Khan. Dali em diante, sua autoridade era mais indireta, embora o governador de Gur tivesse sido nomeado por ele. Abdu Haq disse que sua viagem terminaria ali. Entramos em uma hospedaria. Eu já estava acostumado com o ritual de saudações que ocorrera em todas as casas. Ali, no entanto, ninguém nos deu atenção. Eu tinha plena consciência de que havia oito dias que não tomava banho, sentia o mau cheiro de minhas meias e botas e sabia que minha mochila estava coberta de poeira.

Entrou um jovem esbelto, de cerca de trinta anos, e de repente todos se levantaram. Usava óculos espelhados de aros dourados, em forma de olhos de gato, e um turbante prateado por cima de um boné dourado. Seguido por trinta homens armados, caminhou com passos precisos ao longo da fileira de homens, apertando várias mãos até a posição de maior hierarquia na sala. Não disse a ninguém que se sentasse e nem tentou trazer ninguém para posições mais elevadas. Teria sido difícil parar, porque atrás dele vinham homens, todos mais velhos que ele, com cinturões cheios de munição e metralhadoras que deviam ser muito pesadas para carregar, pois eram feitas para serem montadas em veículos. Um de seus acompanhantes tinha sob o turbante um boné russo de comandante de tanques com cobertura nas orelhas, e outro vestia uma jaqueta naval com botões dourados.

O recém-chegado era Mustafá, comandante de Obey, que aparentemente havia tentado matar-me no caminho para aquela aldeia e que, pelo que ficamos sabendo, tinha acabado de atirar em nós outra vez. Nunca descobri o motivo. Talvez estivesse afirmando suas credenciais antiamericanas. Depois de sentar-se, ele começou a falar com voz suave e aguda. Sua fala nada tinha da solene grandiloqüência comum na oratória persa.

— Finalmente, vejo que aqui está o estrangeiro andarilho. Seja bem-vindo. Para onde se dirige... deve estar com frio... Já se alimentou? — Falava rapidamente, sem me dar tempo de responder, e parecia divertir-se com alguma coisa; talvez por ter acabado de atirar contra nós.

Enquanto falava, um secretário de barba grisalha tomava nota de suas palavras. O comandante tirou o turbante e o boné e passou a mão pelos cabelos negros e brilhantes, que tinham acabado de ser lavados. Seus acompanhantes o olhavam fixamente.

— Você teve sorte em me encontrar — disse ele. — Vou dar-lhe uma guarda de honra de cinco homens.

Respondi com um sorriso.

— Por favor, peço licença por um momento — disse eu, levando Abdul Haq para fora da sala. Não queria ficar livre de um grupo de homens armados e logo ganhar outro. Pedi a ele que dissesse ao comandante que eu precisava viajar sozinho.

Ao voltarmos, Abdul Haq sentou-se para falar ao jovem comandante.

— Sua Excelência Rory está viajando sozinho para escrever seu livro. Deve permanecer sozinho.

Falou sobre o imperador Babur, sobre antropologia, sobre minha amizade íntima com Ismail Khan e minhas viagens em outros países. Eu havia imaginado que Abdul Haq pouco se interessava pelo que eu estava fazendo, mas aparentemente ele se lembrava de tudo o que eu tinha comentado durante nosso itinerário. Falava fluentemente e de modo convincente e todos ouviam com atenção.

Quando terminou, Mustafá riu alto para mim e para Abdul Haq.

— Então, inglês, você vai continuar sua viagem e eu vou lhe dar uma carta de apresentação, que meu secretário escreverá. E você — prosseguiu, dirigindo-se a Abdul Haq — poderá vir comigo para Herat. Lamento não ter mais tempo.

Levantou-se e percorreu a fileira de homens e apertou várias mãos até sair, seguido por seus homens. Abdul Haq me abraçou, beijou-me três vezes e saiu atrás deles. Fui para fora a fim de vê-lo partir. Era o único que tinha a cabeça descoberta e nenhuma barba. Todos os outros tinham barbas e turbantes. Ele calçou os sapatos como chinelos, e tropeçava na lama com o rifle ao ombro. Preparei-me para um aceno final de adeus mas ele não olhou para trás. Eu já tinha feito um quarto de minha viagem.

Casamento com Muçulmano

Um homem de nome Gul Agha Karimi tinha me dado cartas de apresentação para as pessoas em Gur. Gul Agha era um rico empresário, originário desta província, proprietário de uma pizzaria e de uma loja em Cabul. Fiquei muito grato pelas cartas, mas não sabia qual seria a opinião em Gur a respeito dele e nem qual seria a receptividade de suas apresentações.

Ele me dissera que em cada aldeia haveria gente que me acompanharia até a seguinte. Esse costume era outrora comum na Ásia. No Irã, na Índia e no Paquistão, pessoas das cidades muitas vezes me tinham dito:

— Não se preocupe... nas aldeias alguém sempre o acompanhará... ninguém deixará que um hóspede caminhe sozinho.

Mas essas tradições e estruturas sociais na verdade já haviam desaparecido e, durante os dezoito meses em que estivera caminhando, ninguém jamais se ofereceu para acompanhar-me a uma aldeia vizinha.

A primeira das cartas de Gul Agha era endereçada ao Dr. Habibullah Sherwal, proprietário da hospedaria em Darai-e-Takht onde eu acabara de conhecer o jovem comandante. Ao encontrar-me com o Dr. Habibullah, ele olhou rapidamente a carta e disse:

— Permita-me um momento para que eu troque meus sapatos.

Um minuto depois reapareceu, de óculos escuros e um Kalashnikov ao ombro. Trancou a porta e saímos. Ele não tinha sido avisado de minha chegada, e mesmo assim, sem hesitar ou fazer qualquer pergunta, partiu com um estranho para uma viagem de duas noites.

O Dr. Habibullah era um homem baixo e corpulento, de 36 anos. O rifle escorregava constantemente pelo ombro arredondado e ele caminhava com passos rápidos e curtos em seus mocassins marrons enfeitados com fitas de couro. Durante os primeiros vinte minutos de nossa caminhada, não disse uma palavra.

Eu gostava de Abdul Haq, mas preferia viajar sem ele, porque sua figura dominava minha visão da paisagem. Os perigos e a geografia do território e suas aldeias me chegavam filtrados pela mente de um homem que era *mujahid* de Ismail Khan, baseado em Herat. Habibullah era do local. Os campos pelos quais passávamos pertenciam a ele. As pessoas com quem cruzávamos o reconheciam. Fiquei contente por haver finalmente chegado às colinas e por estar me afastando dos veículos e penetrando mais profundamente em Gur. Os vales eram estreitos e o Hari Rud passava entre gargantas. Fazia dois dias que não caía neve, mas ainda havia depósitos brancos nas cavidades e nas encostas mais elevadas. Acima de nosso caminho viam-se colunas de areia e lá no alto do barranco havia cavernas usadas para abrigar os carneiros no inverno.

Passamos por uma fortaleza grande e redonda junto ao rio. Habibullah esperou pacientemente do lado de fora enquanto eu passeava pelos muros decrépitos e enterrados até a metade na neve; subi a uma torre redonda para observar o vale. O forte parecia dominar a trilha em todas as direções. Eu não tinha meios de determinar sua idade, pois os tijolos de barro não denotam a passagem do tempo. Em seguida, certificando-me de que não podia ser visto por quem estivesse na trilha, agachei-me na neve.

Desde o dia anterior eu vinha sofrendo de diarréia. Procurara evitá-la bebendo somente chá ou purificando minha água com tabletes de cloro. Os pães e sopas, a dieta básica, eram relativamente inofensivos, mas ninguém lavava as mãos e os pratos eram compartilhados por muitos. Fiquei surpreso por não ter tido os mesmos sintomas três dias antes, quando Aziz e Abdul Haq se queixaram de cólicas. Mas agora era minha vez e eu sabia que estava ficando desidratado e que isso me enfraqueceria para a viagem. Ainda me sentia bastante forte, mas se aquilo continuasse teria de experimentar antibióticos.

Quando reapareci, vi Habibullah de cócoras ao sol da tarde. Pedi desculpas por ter tomado tanto tempo, mas ele apenas deu de ombros. Começamos a caminhar novamente, enquanto eu procurava adaptar-me aos passos curtos dele depois de uma semana com o passo longo e rápido de Abdul Haq. Cruzamos o rio abaixo de Darai-e-Takht por uma ponte com a inscrição "ECHO — CONSTRUÍDA COM RECURSOS DA COMUNIDADE EUROPÉIA". Tinha sido feita cinco anos antes e já estava deteriorada, mas era uma contribuição importante porque aquela parte do rio era de travessia geralmente impossível.[31]

Ao chegarmos à extremidade oposta da ponte, o Dr. Habibullah apontou para um grande rochedo negro na parte mais alta da encosta à nossa retaguarda e disse:

— O comandante Mustafá, o jovem que conheceu e que atirou em você, alvejou dois homens do Talibã dali. Morreram neste terreno, que faz parte de meu campo de trigo. Antes disso ele não era ninguém, apenas um mulá de segunda classe, mas como foi o único desta aldeia a lutar contra o Talibã agora é comandante.

— E você?

— Eu não lutei contra o Talibã. Lutei contra os russos durante dez anos, desde os quatorze, com os Jamiat de Rabbani, mas quando o Talibã tomou o governo fui trabalhar no Irã e em Herat.

Caminhamos acompanhando o Hari Rud durante quatro horas, sem parar. Todas as pessoas que encontrávamos saudavam o Dr. Habibullah com respeito e sem sinal de apreensão. Meu companheiro abraçou alguns deles: outros se curvavam e beijavam-lhe a mão, mas ele parecia desinteressado e aborrecido.

— Qual é o preço de uma esposa na Escócia? — perguntou o Dr. Habibullah.

Eu lhe informei.

— Qual é sua religião?

---

[31] Ver o relato de Nancy Dupree sobre a rota central, 1976.

— *Jesewi:* cristã — respondi.
— Você crê em Deus?
— Creio.
— Um só Deus?
— Sim.
— Você se casaria com uma filha da irmã de sua mãe?
— Acho que não.
— E a filha do irmão de sua mãe?
— Não.
— Ou a filha do irmão de seu pai, ou a de sua irmã?
— Não, tampouco.
— Então, com quem se casaria?
— Provavelmente com alguém que não fosse parente minha.

Silêncio. As perguntas de Habibullah davam a impressão de que ele interrogava um homem da Idade da Pedra a respeito das estruturas familiares; mas não eram perguntas antropológicas, e sim religiosas. Muito mais do que o cristianismo, o Islã é uma religião política e social. Há regras claras sobre como e com quem uma pessoa pode se casar. Nessa região, a maioria das pessoas se casava com primos em primeiro grau.

Um homem alto e barbado veio correndo em nosso encalço. Ignorou completamente a minha saudação e perguntou ao Dr. Habibullah:

— Qual é a religião dele?
— É *Jahdui*; judeu — respondeu Habibullah.
— Não; sou *Esawi;* cristão.

O Dr. Habibullah voltou-se, olhou para mim e depois disse ao outro:

— Não consigo entender; qual é a diferença?

Muita gente que havia lutado na guerra santa contra os russos provavelmente sabia menos do que o Dr. Habibullah a respeito de outras religiões.

O homem o levou a um lado e sussurrou-lhe alguma coisa. Em seguida, retomamos nosso caminho.

— Aquele homem era um mulá — disse o Dr. Habibullah. — Disse que você pode se casar com nossas filhas, que você é uma espécie de muçulmano.

Essa idéia pareceu tranqüilizar o Dr. Habibullah. Eu não quis destacar que as mulheres muçulmanas em geral são desestimuladas a casar-se com homens cristãos.

Meu companheiro explicou que era chamado doutor porque havia completado um curso de veterinária em regime de meio expediente em Herat.

— Por que está levando uma arma? — perguntei.

— Por causa dos lobos.

— São perigosos?

— Há seis meses, naquela encosta, quando ia vacinar alguns carneiros da colina, encontrei as roupas e a perna de um amigo que tinha sido devorado por um lobo em pleno dia. Há dois anos, cinco lobos mataram meu vizinho às 11 horas da manhã. Seu cajado não seria suficiente para amedrontá-los.

Contou-me as longas caminhadas que tinha feito quando era jovem. Tinha chefiado cinqüenta homens na travessia dos montes até Queta para buscar armas. Levara dois meses para ir de Darai-e-Takht até lá e outros dois para voltar. Em geral dormiam em cavernas. Agora, no entanto, os mocassins com fitas lhe machucavam os pés, e no fim do dia ele estava mancando.

— Sei falar inglês — disse o Dr. Habibullah em farsi, e depois acrescentou, em inglês: — Meu pai nome Aziz. — Depois contou até vinte em inglês, pulando apenas o número oito.

— Muito bem — disse eu.

— Isso não é nada. Sei contar até mil.

— Talvez mais tarde... — respondi.

Naquela noite paramos em Dahan-e-Rezak, a aldeia onde morava a mãe do Dr. Habibullah. Foi minha primeira noite numa aldeia tribal aimaq das montanhas. O vale era estreito, sem espaço para cultivos maiores e as casas de barro eram construídas em terraços nas encostas. Dois grandes cães pastores dormiam nos tetos planos.

Os habitantes se consideravam tadjiques, o que parecia significar que falavam persa mas não eram uzbeques, nem hazara e nem pashtun.[32] Outros os chamavam aimaq de Gur. Embora fossem conhecidos por suas tendas multicores, somente as habitavam durante o verão, nos pastos elevados, e não vi sinais delas durante minha estadia. No inverno, viviam nas aldeias de casas de barro e tetos planos, sem as cúpulas muito comuns na planície de Herat. Recentemente, os aimaq, cuja população total era de mais de meio milhão, fixaram-se em quatro grupos tribais principais.[33] O Dr. Habibullah disse que essa tribo era conhecida como Firuzkuhi, que significa Aimaq da Montanha Turquesa. Habitavam o coração do antigo império gurida.

Na aldeia havia seis casas e setenta pessoas, embora conseguissem mais alimentos das agências internacionais de ajuda afirmando existirem trinta casas. Todos os habitantes de Rezak eram descendentes de um único avô. A riqueza da aldeia era tradicionalmente ligada a seus rebanhos de carneiros, mas muitos tinham morrido na guerra e os habitantes viviam agora dos cereais distribuídos pela ONU e da venda de alguns animais. Os homens suplementavam a alimentação trabalhando em construções no Irã. As mulheres teciam tapetes em estilos que podiam ser vendidos nos mercados iranianos e paquistaneses.[34] As agências de desenvolvimento se referiam a essa região como "o cinturão da fome" e previam que cem

---

[32] Às vezes referem-se a si mesmos por meio de designações tribais, como Taimani, Firuzkuhi, Jamshidi e Hazara-e-Qala-e Nau.

[33] Alguns dos aimaq têm feições mongóis. Também se acredita que utilizam muito mais palavras de origem turca em seu dialeto do que outros grupos de fala persa. Talvez porque meu conhecimento de persa não fosse suficiente ou porque evitassem falar comigo usando o dialeto, eu nunca percebi isso. Os próprios aimaq discordam sobre quais são as quatro tribos principais. Entre esses grupos, no entanto, há *firokuhi, taimani, taiwara, hazara, jamshidi* e *timuri.* Em 1815 Elphinstone acrescentou os *zooree* e considerou os *firuzkuhi* e os *jamshidi* como subtribos dos *hazara*.

[34] Os tapetes ali feitos eram muitas vezes vendidos como sendo *bucara* ou "Khoja Rushnai", regiões que ficam a centenas de quilômetros de distância. O principal custo de um tapete está na lã. As mulheres e meninas que os teciam recebiam freqüentemente menos de dez dólares pelo trabalho de um mês.

mil pessoas morreriam de inanição naquele inverno. Ninguém parecia estar faminto, e somente uma família se encontrava em tal estado de penúria alimentar que seus integrantes haviam partido para o grande campo de refugiados próximo a Herat. Mas a dieta da aldeia se limitava a pão *nan* e nada mais na refeição matinal e no almoço, e às vezes feijões no jantar. Contudo, como era o caso em muitas aldeias, a principal fonte de rendimento era o dinheiro pago pelo Ocidente, Irã e Paquistão para estimulá-los a lutar contra os russos e também contra outros grupos afegãos.

O chefe da aldeia de Rezak, Seyyed Agha, tinha sido comandante militar durante 24 anos. Primeiro lutara contra os russos com um grupo fundado pelo serviço paquistanês de inteligência. Depois, "como eles não estavam matando gente o bastante", passou a lutar com um grupo parcialmente sustentado pelos britânicos. Em seguida, os russos se retiraram e ele combateu o governo pró-russo de Najib e seus rivais, os grupos da Aliança do Norte. Cinco anos antes de minha passagem, o Talibã conquistou a província e ele resolveu, pelo que disse, "aposentar-me dos combates". Isso provavelmente significava que tinha sido o comandante do Talibã na região, mas negaria se eu perguntasse. Talvez para compensar esse deslize, o chefe deu seu cavalo particular de presente a Ismail Khan quando o Emir passou pela aldeia em sua cavalgada triunfal a Herat, dois meses antes.

O chefe perguntou se eu sabia onde estava o mulá Mohammed Omar. Respondi que imaginava que estaria no sul.

— Não, não está lá — respondeu o chefe. — Está sentado ali — e apontou para um homem que só tinha um olho. Todos riram a mais não poder, exceto o caolho, que parecia já ter ouvido essa brincadeira antes.

Quando fomos dormir, alguém ligou um rádio sintonizado com o serviço da BBC em idioma *dari*. Um discurso de Bill Gates sobre a política norte-americana a respeito dos monopólios de tecnologia estava sendo traduzido para o *dari*. Todos ouviam com muita atenção. Fiquei imaginando qual seria a opinião daqueles homens analfabetos e sem eletricidade sobre o pacote do Internet Explorer com o Windows.

Um Cão de Guerra

ACORDEI NO DIA SEGUINTE e vi o Dr. Habibullah tentando enrolar mais uma embalagem vazia de manteiga no cabo de seu Kalashnikov. O cano já estava coberto de papel de embalagens de biscoitos. Os fragmentos de fita adesiva que os sustentavam tinham inscrições em hindi, inglês e persa que anunciavam fábricas de alimentos em Tabriz e Bangalore. O sol da madrugada brilhava fracamente através da pequena janela e ele estava tendo dificuldade em encontrar a ponta da fita adesiva. Viu-me olhando para ele e disse:

— Você quer um cachorro?

— Que cachorro? — perguntei.

— Querem dar a você um cão que está lá fora... é um bom cachorro.

Eu não sabia como poderia cuidar de um cachorro. Mas realmente gosto de cães.

— Mostre o cachorro a ele, Sheikh — disse o Dr. Habibullah, dirigindo-se a um aprendiz de mulá de doze anos de idade.

Sheikh me levou para fora da mesquita. À luz mortiça, membros da família emergiam de suas casas de barro, pisando cuidadosamente por causa do gelo acumulado e envolvendo-se em cobertores. Três homens idosos já estavam agachados, com as calças arriadas. Tossiam ruidosamente e escarravam no ar úmido. Na base da colina, mulheres enchiam potes com a água fria do rio. O sol somente chegaria ao fundo do estreito vale dentro de uma hora.

Um cão grande dormia sobre um cobertor no teto de uma casa de barro, com a neve que caíra durante a noite agarrada ao pêlo. Enquanto eu olhava para ele, um grupo de crianças pequenas me fitava. A aldeia mais próxima ficava a duas horas de marcha, e por isso as crianças passavam a maior parte do tempo em companhia dos primos. Quando chegavam aos quinze anos, casavam-se com eles.

Um rapaz chamado Hussein surgiu de uma porta. Na cabeça tinha um turbante amarrado às pressas.

— O cachorro é esse — disse ele. — Quer ficar com ele?

Hussein aproximou-se do animal adormecido e cutucou-o com o pé. O cachorro abriu um olho e fitou o homem e a luz matinal. Depois fechou o olho, sacudiu a cabeça que parecia a de um urso e, ainda deitado de lado, estendeu as pernas dianteiras, arqueou a espinha e espreguiçou-se. Em seguida deu um suspiro, levantou-se laboriosamente sobre as patas da frente e finalmente ficou de pé. As crianças da aldeia se afastaram tão depressa que chegaram a cair umas sobre as outras. O animal era do tamanho de um pônei pequeno.

— Ele é muito forte e muito perigoso — disse Hussein. Sem dar atenção às crianças, o cachorro olhou em volta e deu alguns passos rígidos com três pernas, mantendo levantada a pata dianteira direita, e em seguida deitou-se novamente. O dorso se parecia com o do pastor alemão ou o de um lobo, mas o animal era bem mais alto e estava muito magro. O pêlo de um dourado profundo se eriçava ao ar frio, exceto onde havia listras mais escuras. Hussein pôs um pé no pescoço do cão, fazendo-o revirar-se no chão. — Bem, pode chegar perto.

O cachorro me olhou, virando o pescoço sob a bota do homem. Tinha os olhos injetados e faltavam-lhe as orelhas e a cauda.

— Quer ficar com ele? — perguntou Hussein.

— Não sei. Qual é o nome dele?

Hussein gritou por cima do ombro:

— Ele tem nome?

— Não — responderam os meninos.

— Qual é a raça desse cachorro?

— Sag-Iangi — respondeu Hussein. Isso queria dizer "cão de guerra", um cachorro combatente.

— Que é que ele faz aqui na aldeia?

— Está aqui para matar lobos.

— Por favor, tire o pé do pescoço dele — disse eu.

Hussein levantou o pé. Agachei-me e chamei o cachorro, que rolou o corpo, deitando-se sobre a barriga com as grandes patas diante de si. Assoviei e estalei os dedos. Ele continuou imóvel, como um dos leões de Trafalgar Square. Um dos meninos estalou a língua e o cão levantou-se pesadamente.

— Veja como ele é saudável e forte — disse Hussein.

O cão veio mancando até mim e me olhou. Tinha os olhos parados e amarelos, como os de um lobo. Estendi a mão para que ele a farejasse e depois toquei-lhe cuidadosamente a cabeça. Ouvi um velho murmurar:

— Esse infiel vai acabar levando uma mordida.

O velho não teria me chamado de infiel se soubesse que eu o entenderia, mas era assim que os habitantes das aldeias me consideravam. Aquela era uma comunidade religiosa muçulmana. Tinham construído uma mesquita para um aglomerado de cinco casas e todos oravam cinco vezes por dia e ouviam longas leituras do Corão nos fins de tarde.

Recuei até a beira do teto e chamei novamente o cachorro, desta vez estalando a língua. Depois de alguma hesitação e avaliação, ele se aproximou. A pata dianteira esquerda estava visivelmente sem movimentos. O cachorro esfregou a cabeça sem orelhas em minha perna.

— Que aconteceu com as orelhas dele?

— Nós as cortamos.

— Por quê?

— Para que ele lutasse melhor. É muito feroz.

O cachorro bocejou, mostrando mais gengivas que dentes.

— Que aconteceu com os dentes?

— Hussein os quebrou com uma pedra.

Hussein sorriu. Ele ainda tinha todos os dentes.

— Por quê?

— Porque ele me mordeu.

— E por que tem pêlos brancos no focinho?

— Aqui os cabelos brancos aparecem cedo.

— Que idade tem esse cão? — perguntei.

— Cinco anos — disse o Dr. Habibullah, que havia surgido no terraço e falava na qualidade de veterinário.

— Não tem, não. Ele é bem velho. Tem barba branca — respondi.

— Ele disse que o cachorro tem barba branca — repetiu o dr. Habibullah, e todos riram.

— E também não tem dentes — acrescentei.

— Isso não é por causa da idade, é porque Hussein os quebrou com uma pedra.

— Veja — disse eu —, é um belo cachorro, mas não creio que consiga caminhar comigo até Cabul. São setecentos quilômetros de distância, há muita neve e temos de cobrir 35 quilômetros por dia. Veja como ele tem dificuldade para andar.

— Bobagem — disse o Dr. Habibullah. — Conhecemos esses cachorros; ele não é velho, é só porque a manhã está muito fria. Ele vem de uma famosa linhagem de cães... todos criados aqui. É um dos maiores cachorros da província. Você tem muita sorte por eles o oferecerem. Já matou muitos lobos.

Não perguntei se isso tinha sido antes ou depois que ele ficou sem dentes. Habibullah prosseguiu:

— Esta aldeia é muito pobre. Eles somente podem dar ao cachorro um pedaço de pão por dia. Se você ficar com ele, pode alimentá-lo com carne. Ele ficaria muito mais forte. É um ótimo cachorro para você. De qualquer forma, se pretende atravessar as montanhas a pé sozinho, vai precisar dele para protegê-lo contra os lobos e os hazara.

Por ser aimaq, o Dr. Habibullah não confiava nos hazara e os achava violentos e que certamente quereriam me matar.

— Por que você pôs a mão no cachorro? — perguntou Sheikh, o aprendiz de mulá de doze anos de idade.

— Gosto de cães. Ninguém costuma tocá-lo?

— Claro que não. É um animal impuro. Nosso Profeta nos ensinou a não tocar em cães, principalmente quando estivermos rezando. Se tocarmos, temos de fazer abluções especiais.

— Onde é que isso aparece no Corão?

— Não me lembro exatamente — respondeu Sheikh —, mas está lá.

— Pensei que você fosse um *Hafiz*, que tinha decorado o Corão inteiro...

Sheikh viera de uma aldeia ainda mais remota a fim de estudar com o mulá. À noite ele recitava trechos do Corão para os aldeãos. Por isso tinha sido autorizado a participar do jantar comigo e outros convivas adultos.

— Eu decorei o Corão — disse Sheikh. — Sou capaz de recitá-lo em árabe do princípio ao fim; mais de cem mil palavras. Mas como não sei falar árabe não compreendo exatamente onde fica cada passagem.

Um pequeno grupo de crianças, sem ter o que fazer, gritava com o cachorro. Uma delas jogou uma pedra que acertou o flanco do animal, mas este não reagiu.

Fiquei pensando como seria viver aqui e nunca ter recebido um afago. Os movimentos do cão eram um tanto hesitantes; não parecia haver entusiasmo, vontade de brincar ou curiosidade. Eu não sabia se ele estava muito deprimido ou muito velho, ou as duas coisas. O cachorro olhou por cima do ombro e me viu. O toco de cauda se moveu ligeiramente e ele deu um passo em minha direção. Resolvi levá-lo comigo para a Escócia.

Ao despedir-se, o Dr. Habibullah acrescentou:

— Você sabe quem foi o Dr. Brydon? Era um inglês. Matamos vocês todos, mas o deixamos vivo para que pudesse cavalgar até Peshawar... Acho que os afegãos deveriam deixar você ir embora vivo, como o Dr. Brydon.[35]

---

[35] A retirada britânica de Cabul aconteceu em janeiro de 1842, quase exatamente 170 anos antes de minha conversa com o Dr. Habibullah. Os afegãos mataram pelo menos doze mil soldados britânicos e seus seguidores em seis dias, nos córregos repletos de neve no sul de Cabul. Apenas o Dr. Brydon, um médico, conseguiu cavalgar para o interior do forte de Jalalabad. Excetuando-se alguns prisioneiros libertados mais tarde, ele foi o único sobrevivente do exército do rio Indus. Uma pintura de autoria de Lady Butler mostra o Dr. Brydon quase morto sobre seu pônei diante dos portões, lembrando, com sua túnica de longa cauda, um cavaleiro pré-rafaelita ao fim de uma saga em busca do Graal. Voltou para a Escócia levando consigo o pônei, que ele adquirira numa aldeia afegã e que o transportara para a segurança.

Meia hora depois parti com o cachorro, deixando algum dinheiro com os habitantes da aldeia.

Dei-lhe o nome de Babur, que significa "tigre", devido ao seu dorso rajado e também porque estávamos refazendo o trajeto do imperador Babur. O cão me seguiu até o topo da encosta do primeiro monte, que tinha cor arroxeada e era belamente emoldurado pelas montanhas ao redor, como o platô de Chist. Era chamada "montanha hindu" e o chefe da aldeia me disse que antigamente havia uma aldeia hindu no alto. Não sabia dizer quando. Os historiadores não tinham certeza de qual teria sido a religião de Gur antes da conversão ao Islã. Aquele nome sugeria que talvez tivesse sido o hinduísmo.[36]

Depois de uma curva, a aldeia de Babur desapareceu de vista. Desde o nascimento, o cachorro não vira outra coisa a não ser aquelas seis casas de barro e as pastagens mais elevadas para onde os habitantes se mudavam com suas tendas no verão. Passava os dias em meio aos carneiros nas mesmas pastagens todos os anos, com as enormes patas diante de si, esperando os lobos. Nunca se afastara a mais de um dia de caminhada daquele lugar e nunca tinha visto um veículo motorizado, eletricidade ou uma aldeia de mais de seis casas, e muito menos uma escola ou uma clínica médica. O mesmo era verdade em relação às mulheres de Rezak, as quais, como fiquei sabendo por intermédio de seus orgulhosos maridos, jamais tinham ido sequer à aldeia que ficava a duas horas a pé. Apenas os homens haviam tido oportunidade de conhecer outros lugares. Babur nunca mais voltaria à aldeia natal. Depois de caminharmos dez minutos, o animal tomou conhecimento do vento frio do topo, deitou-se e não queria mais mover-se. Somente o pedaço de pão dormido que ganhei de Sheikh o convenceu a descer a encosta do lado oposto.

---

[36] Os historiadores árabes também se referem a Gur como uma região hinduísta, mas costumavam considerar hinduístas todos os reinos pagãos. Bosworth, a grande autoridade sobre os guridas, sugere que talvez possuíssem sua própria religião local, que simplesmente desapareceu com a invasão islâmica.

Depois de mais meia hora farejando e afastando-se mais da aldeia, ele se deitou novamente e fixou em mim seus olhos amarelos e apertados. Não se interessou mais pelo pão. Vendo que aquele estímulo não funcionava, peguei uma ponta da corda de náilon laranja que tinha sido amarrada ao pescoço dele e puxei, arrastando o peso de cerca de sessenta quilos pelo chão. Para meu alívio, após alguns passos ele se ergueu pesadamente e seguiu-me, não sem antes sacudir com força a cabeça, porém caminhando mais devagar agora. Mas, ao obrigá-lo a acompanhar-me, eu me convenci que ele viria comigo até a Escócia. Como se reconhecesse nosso novo relacionamento, ele perdeu o interesse nos odores à sua volta e caminhou sem parar durante uma hora, até que encontramos um homem montado num cavalo branco com um rebanho de cabras.

— Hei, menino — exclamou o homem a cavalo —, venha cá. — Ninguém antes havia falado comigo naquele tom. Aparentemente ele presumiu que eu fosse um camponês afegão de baixa categoria, por estar caminhando com um bicho impuro como são os cachorros. — Quando é a luta dos cachorros? Que é que esse cachorro faz? Para onde o está levando?

Respondi polidamente que não ia haver nenhuma luta, que Babur não fazia nada e que o estava levando a Cabul.

— Que é que você está dizendo?

O homem achava que minhas palavras não faziam sentido. Cães não são mascotes no Afeganistão. Servem para caçar, para proteger os carneiros contra os lobos ou para lutas entre si. O tamanho incomum de Babur o tornava um gladiador em potencial, e o homem do cavalo queria que lutasse contra seu próprio cão e fazer uma aposta.

Não que o homem não gostasse de animais. O cobertor quilim que colocara sob a sela de seu cavalo tinha trinta faixas coloridas, que deviam ter exigido seis semanas de tecelagem. Mas os cachorros eram considerados poluentes pela religião, eram impuros e perigosos. Mais tarde, diversos afegãos qualificaram Babur como grande, forte, feroz, inútil, cansado ou decrépito. Eu o considerava belo, prudente e amistoso. Tradicionalmente, os afegãos usavam esses adjetivos somente para homens, cavalos ou falcões.

O Comandante Haji (Moalem) Mohsin Khan, de Kamenj

Caminhando, atravessamos montes cujas cores brilhantes denotavam presença de minérios metálicos no solo: um rochedo com listras, como um doce, uma crista avermelhada suavizada pela neve, encostas de arenito verde e alaranjado e finalmente um penhasco rajado de um vermelho cor de sangue de touro. Quatro horas depois chegamos às instalações do comandante Haji Mohsin Khan, em Kamenj.

Nevou durante a tarde, e eu passei grande parte de meu tempo olhando Babur na varanda da casa de Haji Mohsin. Dei ao cachorro um pouco de pão *nan*, que ele segurou entre as grandes patas dianteiras, como um urso, enquanto arrancava pedaços com os dentes. Ao terminar, farejou cuidadosamente entre as colunas para ver se encontrava algumas migalhas e depois deixou-se cair pesadamente, com a cabeça entre as patas, fechando os olhos. Enquanto dormia, a testa enrugada dava a impressão de que estava muito preocupado. Voltei à sala dos hóspedes.

No meio da tarde entrou Wazir, empregado do comandante Haji Mohsi Khan. Limpou a neve das botas e colocou um novo cachimbo de água próximo ao fogão. Estava quente dentro da sala, e o comandante Haji Mohsin Khan recostou-se nas almofadas, deixando que o manto de pele de camelo se abrisse no peito e cofiando a barba grisalha, como se estivesse orgulhoso de seu comprimento e de seu formato recortado e pouco comum. Na sala havia um rapaz que tinha vindo de sua aldeia com o pai, caminhando durante um dia inteiro a fim de serem recebidos por Haji Mohsin, mas este quase não falara com eles. O jovem misturava a marijuana e o tabaco para o cachimbo de Haji Mohsin.

Quando o cachimbo foi colocado diante de si, o comandante se endireitou, passou a cauda do turbante de seda por cima do ombro, colocou o tubo do cachimbo entre os lábios e tragou. Após respirar ofegantemente algumas vezes, passou-o ao outro homem e perguntou-me se eu tinha comido bastante. Embora Haji Mohsin fosse um grande comandante, somente nos tinha dado pão seco. Agradeci-lhe.

— Chá preto ou verde?

— Preto, obrigado.

Wazir saiu na neve para ir buscar o chá e o comandante curvou-se para a frente a fim de pegar o meu rosário de contas, colocando no bolso o seu, que era de plástico. Durante alguns minutos passou as contas pelas mãos, observando o reflexo da luz no opaco âmbar tibetano.

Silêncio.

Por uma pequena janela eu podia ver a neve que caía no pomar de Haji Mohsin, na bomba de água e nos lavatórios marcados com a sigla de uma agência internacional de assistência. O grupo de casas ficava um pouco afastado da aldeia, na outra margem do rio Hari Rud, e portanto ninguém a não ser os membros da família podia usar aquela dádiva sanitária do povo da Escandinávia.

O rapaz passou de volta o cachimbo, murmurando "Comandantehajimohsinkhan", como se o nome fosse uma única palavra. *Comandante* indicava que ele era militar em posição de comando, *Haji* significava que tinha posses suficientes para ter feito a peregrinação obrigatória a Meca e *Khan* queria dizer que sua família era uma das maiores proprietárias de terras do distrito durante os últimos duzentos anos. Eu tinha lido um relato sobre a família, escrito pelos britânicos em 1885. Os antepassados eram governantes hereditários de uma das confederações dos aimaq. Era normal que esse homem se ocupasse de um visitante estrangeiro, assim como tinha autoridade para resolver onde a agência de desenvolvimento deveria instalar os lavatórios e a bomba de água.

— Deixe-me ver suas cartas de recomendação — disse o comandante Haji Mohsin.

Entreguei-lhe a carta de Gul Agha Karimi. Ele franziu a testa e deixou-a de lado, murmurando que Gul Agha tinha colaborado com os russos. Depois dei-lhe a carta de Agha Ghori e a que Abdul Haq havia convencido o comandante Mustafá a escrever. As cartas serviriam para apresentar-me a todas as pessoas no meu caminho, mas Haji Mohsin colocou-as no bolso. Guardando-as, poderia no futuro pedir favores àquelas pessoas.

— Posso pegá-las de volta? — perguntei.

— Não. São para mim.

— Mas preciso delas para mostrar a outras pessoas no caminho.

— Então eles deveriam ter feito mais de uma cópia. Eu lhe darei cartas de apresentação aos demais.

Saí da sala. Babur dormia na beira da varanda. Uma camada espessa de neve tinha se depositado em seu flanco esquerdo. Levei-o até o Hari Rud. Ele olhou tristemente a água e depois olhou para mim, mas não quis beber. Levei-o um pouco mais acima no rio, subi em uma pedra na correnteza e esperei. Ele pegou um pouco de água com a língua, deixando-a derramar-se nas faces e escorrer pela boca grande. Bebeu durante um minuto inteiro e depois levantou a cabeça. Esperei. Ele bebeu um pouco mais.

Ao voltar à casa, os homens se levantaram para saudar-me, mas Haji Mohsin simplesmente ergueu uma sobrancelha e continuou a fumar, sentado em sua almofada. O ar de superioridade aparentemente refletia sua posição social. Ao contrário de muitos senhores feudais, ele havia conservado as terras e o poder durante a guerra.

— Agha Comandante Haji Mohsin Khan, qual tem sido sua ocupação durante os últimos 25 anos? — perguntei.

O autor no primeiro dia, perto de Herat Sha'ede

Da esquerda para a direita: Abdul Haq, Qasim e o autor

Foto de Rick Loomis, copyright 2002 *Los Angeles Times*. Reproduzida mediante licença

Segundo dia: um velho num burrico perto de Herat Sha'ede

Terceiro dia: Abdul Haq e Qasim descansando

Refazendo os passos em Rakwaje: nosso anfitrião à esquerda,
Aziz (que estava doente) à direita

Qasim observa Abdul Haq carregando Aziz pelo Hari Rud

Abdul Haq com seu objeto favorito

A cúpula em Chist-e-Sharif

Sétimo dia, da direita para a esquerda: Abdul Haq, o autor, o mulá Mustafá (comandante de Obey) pouco depois de ter atirado em nós e logo antes da partida de Abdul Haq

Xeque, o aprendiz de mulá na aldeia de Babur

Um *aimaq* idoso

Babur junto ao Hari Rud

Pegadas do autor e de Babur atravessando o Band-e-Amir congelado

Kamenj: o comandante Haji Mohsin Khan (segurando o bastão) com os irmãos e o mulá; seu empregado Wazir está com Babur

Seyyed Umar no passo acima de sua casa

O minarete de Jam (com um cavalo na base)

Jam: uma vaca carrega uma cabra faminta

Asad como guia, numa pausa da tempestade de neve

Família *hazara* em Sang-i-zard

Um jovem tocando, em Shaidan, uma guitarra improvisada

Bamiyan: o Buda

Bamiyan: vista da cela de um monge

Babur e um tanque em Hazarajat

Siahak, comandante das marchas *hazara*

Destacamento tadjique em Maidan Shahr

O autor com Babur na metade da caminhada

— Bem, inicialmente eu era *malem;* professor. — Outros juntavam o título de "Moalem" ao nome, assim como fazem os doutores no Ocidente, mas o comandante Haji Mohsin Khan já tinha títulos suficientes. — Depois lutei contra os russos como *mujahidin* e eles jogaram dezesseis bombas em Kamenj, matando 45 habitantes de minha aldeia. Quando a Aliança do Norte conquistou Cabul, fui nomeado Chefe de Segurança em Chaghcharan. Em seguida, com a tomada do poder pelo Talibã, voltei para minha propriedade e não participei mais. Ainda estou aposentado.

Os convidados de Haji Mohsin tinham vindo para discutir política, embora, a julgar pelo tom da discussão, fosse difícil acreditar que ele já estivesse aposentado havia cinco anos. A família sempre comparecera às assembléias *Loya Jirga* dos reis anteriores e pretendia tomar parte na nova.

— Vai juntar-se ao partido de Karzai? — perguntou o pai do rapaz.

Haji Mohsin Khan não respondeu, concentrando-se em seu cachimbo de água.

Cinco minutos depois, a pergunta foi repetida.

— Estou velho e cansado, isso não tem nada a ver comigo — disse ele.

Mais dez minutos e o velho fez a pergunta pela terceira vez, recebendo a resposta que talvez esperasse.

— Com todo o respeito ao rapaz britânico — disse Haji Mohsin Khan com voz arrastada, fazendo um gesto em minha direção. — Karzai é um instrumento dos britânicos e norte-americanos e não pretendo apoiá-lo.

Mais tarde eu soube que ele não estivera afastado durante a época do Talibã. Tinha se juntado a eles e tornou-se comandante do distrito; ele e seu cunhado Rais Salam Khan tinham atacado o grupo de Ismail Khan quando este iniciava sua marcha final para Herat, matando dois tenentes graduados. Portanto, Haji Mohsin Khan estava ainda sob a ameaça de Herat. Se Qasim ou Abdul Haq, homens de Ismail Khan, ainda estivessem comigo, teria sido impossível entrar naquela casa.

* * *

O ritmo da mesquita de Haji Mohsin determinava grande parte das atividades da tarde e do início da noite. Três vezes, entre o almoço e o cair da noite, seu mulá particular saiu ao jardim e, com a neve caindo suavemente a seu redor, entoou a chamada à oração na mesquita do chefe. Por três vezes o comandante e seus hóspedes desapareceram, e voltaram mais tarde aos cachimbos de água e ao chá.

Para o jantar, Haji Mohsin ofereceu a cada um pequenos pedaços de carne salgada e um grande prato de arroz a ser compartilhado por todos. Talvez por não ter mais minha escolta armada eu já não merecesse uma refeição de verdade, ou talvez ele se divertisse servindo a um estrangeiro uma alimentação frugal.

Depois da ceia, consumida como de hábito em silêncio, ele se inclinou em minha direção, aproximando-se o suficiente para que eu sentisse o odor do tabaco em seu hálito, e disse:

— Roma; Riga; Madri; Kiev; estão corretos estes nomes?

— Correto.

— Vocês constroem navios na Grã-Bretanha?

— Não construímos mais.

— Vejam — disse ele, dirigindo-se ao grupo. — A Grã-Bretanha está tão rica por seus roubos quando mandava no mundo que seus operários ganham uma fortuna. Não precisam fabricar nada; importam tudo dos Estados Unidos ou do Japão, onde a mão-de-obra é mais barata.

— A Inglaterra é muito rica? — perguntou o velho.

— Claro — respondeu Haji Mohsin. — Parece com Dubai.

Wazir pôs a cabeça na abertura da porta.

— Caiu pelo menos um metro de neve. O estrangeiro vai ficar dois meses aqui.

O velho murmurou alguma coisa e todos riram.

— Levamos 25 anos para nos livrarmos dos estrangeiros — disse o irmão mais novo de Haji Mohsin — e aqui estão eles novamente.

Todos riram.

— É bom que ele tenha cuidado — disse o velho — ou faremos com ele o que fizemos com o agente da CIA em Kunduz.

O homem da CIA tinha sido assassinado.

— Será que ele acha que aquele cachorro pode defendê-lo dos lobos? — perguntou o rapaz.

— Não se esqueça da ponta de metal do cajado dele — disse Haji Mohsin, esquecendo por um momento sua dignidade e rolando para trás na almofada, rindo.

Na manhã seguinte, ainda estava nevando e eles tentaram me convencer a não prosseguir. Disseram que se havia um metro de neve em Kamenj haveria dois em Chaghcharan. Mas eu não queria ficar preso em Kamenj durante dois meses.

Enrolado em três casacos, Wazir me guiou junto com Babur para atravessar os pomares de Haji Mohsin. Caminhava gingando como um marinheiro, chutando a neve para cima com as botas altas de couro. Os finos galhos das macieiras e amoreiras se curvavam com o peso da neve e sobre os muros de pedra havia uma crosta espessa. Babur trotava contente a nosso lado, marcando suas próprias pegadas na neve fresca, mas foi preciso que nós dois o arrastássemos pela superfície congelada do rio.

Quando entramos em um amplo vale, a neve parou de cair e o sol surgiu por entre as nuvens. Vimos outras pegadas no chão.

— De onde você é, Wazir? — perguntei.

— Sou homem do comandante Haji Mohsin Khan. Lutei com ele durante a *jihad*, escondi-me dos russos com ele nestas montanhas e agora trabalho para ele a fim de ganhar o pão. Ele é um homem bom.

Caminhamos mais um quilômetro e meio. O vale se estreitou e de repente vimos várias figuras que se moviam nas montanhas, seguindo as ravinas e descendo as encostas em busca de lobos. Na base do gargalo formado pelo vale, vários homens esperavam com grandes cães.

Parecia ser um ponto perigoso, para os lobos e para um exército, disse eu a Wazir.

— Nós fomos cercados pelas tropas de Najib aqui e quarenta homens foram executados neste lugar — respondeu ele, apontando para um riacho que corria suavemente entre os campos nevados e os pomares.

Presumi na ocasião que os homens executados fossem das tropas de Haji Mohsin Khan, mas à noite a história me foi contada novamente e aparentemente as vítimas foram os adversários. O presidente Najib tinha ordenado uma operação das Forças Especiais de helicópteros para desarmar Haji Mohsin. Dez de seus homens foram mortos, mas muitos dos soldados de Najib foram capturados. Três deles eram gente da região próxima, cujos nomes as pessoas do lugar ainda recordavam: Maulani Jalami, Hazrat Gul e Akbar Mohammed. Haji Mohsin os executara diante dos habitantes da aldeia junto a este rio.

Nos arredores de Guk, três cães — um deles parecido com a raça *husky* — aproximaram-se de nós rosnando e mostrando os dentes. Peguei uma pedra para amedrontá-los, mas Babur continuou a caminhar solenemente, como se os cachorros não estivessem ali. Wazir me disse que deixasse cair a pedra. Quando o fiz, o *husky* que ia na frente saltou sobre o dorso de Babur e enterrou as presas nele. Babur voltou-se, enfurecido, e lançou o outro cão ao solo. Os outros dois avançaram e eu os enfrentei, brandindo o cajado. Acertei um deles com força e o animal recuou, gemendo. Não gosto de maltratar cachorros mas não estava disposto a deixar que um vira-lata atacasse Babur, e estava furioso com Wazir por deixar que a situação chegasse àquele ponto. Durante o restante da manhã em que estivemos juntos, Wazir passou a atirar uma pedra sempre que um cão nos olhava.

Ao entrarmos num vale lateral em direção a Garmao, vimos um grupo de homens que se aproximava, sete dos quais a pé e o último montando um cavalo branco. Todos traziam bolsas de malha e rifles. Passaram sem nos saudar.

— Quem são? — perguntei a Wazir.

— Não sei. Não são daqui.

Primos

DEPOIS DE CAMINHAR MAIS TRÊS QUILÔMETROS pelo vale, chegamos à aldeia de Garmao, chefiada por Seyyed Umar, onde eu passaria a noite. Entramos na sala de hóspedes e encontramos um homem muito alto sentado junto à porta, cercado por guarda-costas. A julgar por sua atitude e sua escolta, ele deveria estar na posição mais elevada, do outro lado da sala. Algo estava errado. Não conversava com o anfitrião, recusou-se a responder ao cumprimento de Wazir e depois de me perguntar rudemente se eu tinha um telefone ligado em satélite, saiu da sala. Nosso anfitrião, Seyyed Umar, observou-o sair e depois comentou:

— Antigamente eu teria matado um carneiro por esse homem, mas agora ele tem sorte por eu ainda lhe dar chá.

Em seguida mandou que me trouxessem uma omelete. Eu tinha fome e fiquei agradecido.

O tratamento dispensado por Seyyed Umar ao homem alto era sintoma das rápidas mudanças de poder que se seguiram ao bombardeio levado a cabo pela coalizão. As planícies estavam em parte controladas pelas milícias que operavam a partir de Herat, como a de Qasim. Mas nas montanhas de Gur eu caminhava entre líderes *aimaq* que mal se falavam, e tropeçava em disputas que percebia apenas parcialmente.

O Islã não estimula grandes diferenças sociais, e tanto a guerra quanto as revoluções sociais nas aldeias haviam destruído muitas estruturas feudais no Afeganistão. Mesmo assim, os habitantes das aldeias conheciam muito bem o passado de cada um. Muitos aspectos ligados à etiqueta, tradição e identidade tribal distinguiam um empregado como Wazir de um senhor feudal como Haji Mohsin e este último de um veterinário de classe média como o Dr. Habibullah Sherwal ou de um mulá em ascensão como o jovem comandante de Obey. As classes sociais não refletiam necessariamente a instrução ou a experiência. Seyyed Umar, meu hospedeiro na ocasião, era homem rico, de família respeitável de clérigos e proprietários de terras, mas não sabia ler nem escrever e nunca tinha estado no exterior. Abdul Haq, que vinha de um meio social muito mais humilde, era alfabetizado e tinha viajado. O que importava era o poder, e isso dependia de aliados.

Muitos de meus anfitriões tinham sido líderes guerrilheiros. A maioria tinha lutado contra os russos, mas nem todos pertenciam aos mesmos grupos. Haji Mohsin e Agha Ghori, o da barba vermelha, tinham estado entre os principais comandantes *jamiat* da província, mas o chefe da aldeia do cachorro era um comandante dependente do líder guerrilheiro Gulbuddin Hekmatayar, apoiado financeiramente pelo Paquistão.

Alguns, como Gul Agha Karimi, que me dera as cartas de apresentação, haviam colaborado com os russos, mas isso parecia ter sido em grande parte perdoado em relação a ele e mais outros. Mas o russo que chefiava a KGB-KHAD e que ordenara o bombardeio da aldeia de Haji Mohsin seria morto se entrasse na região.[37]

As coisas se complicaram ainda mais na época do Talibã porque os adversários dos russos se viram em campos opostos. Alguns, como Agha Ghori, preferiram a inatividade. Haji Mohsin Khan ti-

[37] Entre os que tinham sido perdoados estava o governador de Gur no tempo dos russos, Fazal Ahmed Khan, que agora representava a organização *Christian Aid* na província e morava em Shahrak. Vinha de uma família feudal ainda mais nobre do que a de Haji Mohsin, que era de *khan zada*, importantes figuras da região; mas a de Fazal Ahmed tinha sido constituída de *taimans*, que controlavam efetivamente a província sob as ordens da corte real. Tanto ele quanto seu chefe de segurança da KHAD, Moheddin, foram obrigados a esconder-se.

nha apoiado o Talibã e por isso lhe fora permitido governar o vale durante cinco anos essa época.

A derrota do Talibã fez com que tudo mudasse em menos de dois meses. O comandante anti-Talibã[38] recuperara o controle da região anteriormente dominada por Haji Mohsin e policiava o território deste último utilizando seus próprios homens, que vinham de Shahrak. Por isso Wazir não reconhecera os homens armados que passaram por nós nos campos nevados. Enquanto isso, Haji Mohsin se recusava a entregar seu subchefe, que era do Talibã.[39]

Meu anfitrião, o Seyyed Umar, era fiel a Haji Mohsin Khan, enquanto que o homem alto que acabara de sair era aliado do inimigo deste último. Dez anos antes, no entanto, ambos estiveram juntos na matança dos homens de Najibullah na margem do rio.

— Por que se tornou *mujahid*? — perguntei ao Seyyed Umar.

— Porque o governo russo proibiu minhas mulheres de cobrir a cabeça com xales e confiscou meus jumentos.

— E por que lutou contra o Talibã?

— Porque eles obrigaram minhas mulheres a usar burcas, e não apenas a cobrir a cabeça, e roubaram meus jumentos.

Aparentemente, se o governo não se metesse com a vestimenta de suas mulheres e com seus jumentos, ele não se oporia. Mas o Seyyed Umar não tinha lutado contra o Talibã. Por ser homem de Haji Mohsin Khan, tinha sido um de seus representantes.

Éramos ao todo cinco pessoas na sala de hóspedes e durante duas horas ficamos sentados em silêncio. A tarde estava nublada. O Seyyed Umar se colocara junto a uma janela grande, desfiando seu rosário. Virava a cabeça para olhar a cadeia negra de montanhas, a lama abaixo do rio e as pegadas na neve. De vez em quando suspirava e pigarreava. Lá fora uma porta rangeu e um cavalo relinchou. Meia

---

[38] Haji Gul. Ele e o Dr. Ibrahim, que subitamente se tornara governador de Gur, estavam entre os pouquíssimos que tinham lutado eficazmente contra o Talibã naquela região.

[39] O mulá Hussein, de Guk.

hora depois, dois homens esfarrapados subiram a montanha com seus burros e as crianças da vila atiraram bolas de neve contra eles. Os homens, exaustos após um dia de jornada, apenas sorriram.

O Seyyed Umar e os demais não podiam trabalhar nos campos por causa da neve; tinham morado ali desde a infância e nada acontecera recentemente que valesse a pena comentar; além disso, não sabiam ler. Durante toda a longa tarde, esperavam em silêncio o chamado para a oração, o jantar e a cama.

Há cem anos o vale era desabitado. O bisavô do Seyyed Umar era um mulá que viera das montanhas ao sul. Recebeu um lote de terra de cada um dos quatro grandes proprietários e em cada um instalou seus filhos e construiu uma aldeia. Garmao era um desses povoados. A terra tinha sido doada por um antepassado de Haji Mohsin e finalmente chegou às mãos de três dos netos do mulá, um dos quais estava ali na sala comigo. Oitenta e dois descendentes do mulá, do sexo masculino, moravam em Garmao (o Seyyed Umar não se preocupava em contar as mulheres) e o lote de terra, generoso para um só homem, agora estava superpovoado. Todos se haviam casado com uma prima da aldeia ou uma prima em segundo grau de uma das três aldeias originais.

Ao longo de quarenta anos, surgiram drásticas diferenças de riqueza e poder entre os descendentes. O Seyyed Umar era rico e muito mais generoso como anfitrião do que seu chefe, Haji Mohsin. Além da omelete para o almoço, serviu-me um frango inteiro (iguaria muito mais cara por aqui do que a carne de carneiro) com arroz, um caldo de carne de boi, um prato de lentilhas fritas e pão embebido em iogurte de cabra. Eu tivera dificuldade em conseguir que Haji Mohsin me desse um pedaço de pão para o cachorro. Seyyed Umar me deu quatro pães para Babur, ao que eu acrescentei um pouco de carne às escondidas. Mas o primo-irmão dele andava esfarrapado. Era mais velho do que o Seyyed Umar e hemiplégico. Ficava sentado a um canto, murmurando para si mesmo, com o lábio leporino. Mendigava, e eu lhe dei um pouco de dinheiro.

Era o 11º dia de caminhada contínua e, apesar da generosa refeição, eu começava a sentir-me fatigado. Tivera diarréia durante quatro dias, talvez em conseqüência de parasitas intestinais, e resolvi iniciar um tratamento com antibióticos. Meus joelhos sentiam o esforço de caminhar pelas montanhas e eu teria de envolvê-los em ataduras. Já tinha usado todas as minhas cartas de apresentação para aquela região. A que Haji Mohsin me dera ficou no bolso do Seyyed Umar. O fato de ser analfabeto era mais uma complicação: não podia ler a carta e não era capaz de escrever outra para me dar.

Quarta Parte

Os *eimauks* são sunitas estritos. Em suas guerras... demonstram um grau de ferocidade jamais visto entre os afegãos. Ouvi relatos autênticos de que jogam seus prisioneiros em precipícios ou os matam a flechadas; em certa ocasião, presenciada por um *suri* com quem conversei, chegaram a beber o sangue ainda morno de suas vítimas e passá-lo nos rostos e nas barbas.

Mountstuart Elphinstone
The Kingdom of Kaubul and its Dependencies, 1815

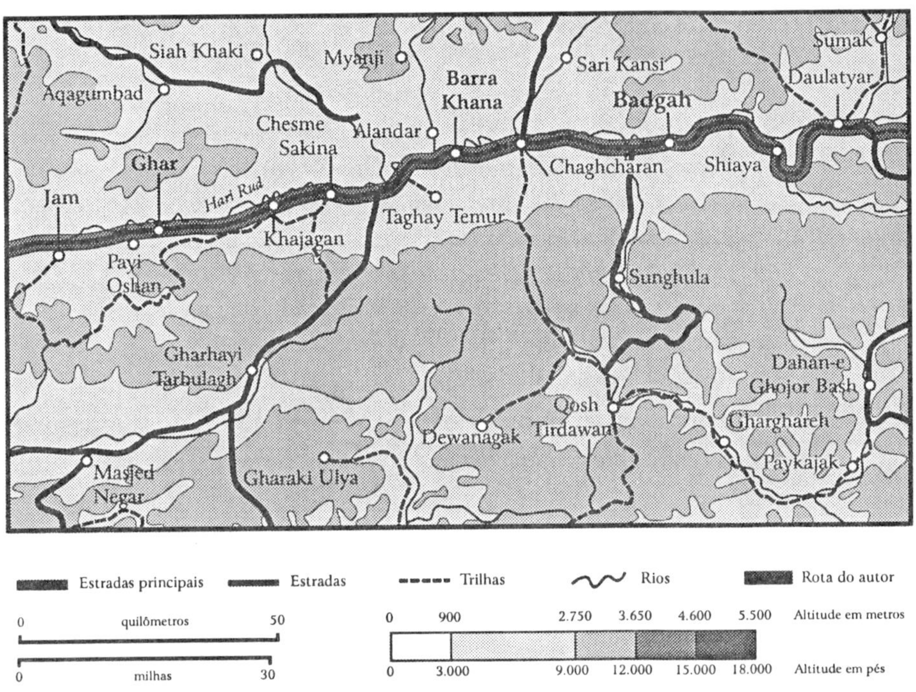

Décimo segundo dia – Jam
Décimo terceiro dia – Ghar
Décimo quarto dia – Chesme Sakina
Décimo quinto dia – Barra Khana
Décimo sexto e décimo sétimo dias – Chaghcharan
Décimo oitavo dia – Badgah
Décimo nono dia – Daulatyar

O Minarete de Jam

O SOL TINHA ACABADO DE CHEGAR ao solo do vale quando saí na neve com Babur caminhando a meu lado. Tinha nevado a noite inteira e a poeira branca e virgem se espalhara por todos os lados. O Seyyed Umar cavalgava atrás, coberto com várias mantas. Ficara surpreso com minha recusa em cavalgar. A neve tinha pouco menos de trinta centímetros de espessura e não seria difícil subir a montanha até o passo. Meu cajado tremia e rangia em minha mão enquanto eu o movia na neve. A crosta brilhava com estilhaços de luz como se fossem fragmentos de pára-brisa de automóvel espalhados sobre a neve.

Na metade da encosta, Babur parou para farejar uma rocha negra. Enfiava gulosamente o longo focinho em nossas pegadas, procurando os odores congelados de animais desaparecidos. Completada a inspeção, levantou a cabeça, fitou com ar solene a distância e levantou a perna. Depois, escavando o solo com a pata dianteira para encobrir a marca que deixara, partiu rapidamente sem olhar para trás, afastando-se do que fizera. Um minuto depois, outra rocha atraiu sua atenção. Paramos seis vezes em dez minutos.

Babur parecia disposto a examinar, marcar com urina e tomar posse de cada metro dos seiscentos quilômetros seguintes. Somente uma ou duas vezes em meus dezoito meses de caminhada através da Ásia eu sentira um ímpeto mágico de reivindicar o território que tocava com os pés. Babur, aparentemente, o experimentava constantemente. O morno riacho de urina era hasteado como uma bandeira para marcar seu novo império. Todos os seus movimentos eram de conquista e de ocupação. Ele parecia pronto a incorporar e possuir cada lugar do mundo. Era uma espécie de Alexandre canino. Nunca encontrava um espaço que fosse grande demais, nunca lhe faltava tempo para farejar e examinar cada pedra. Com esse espírito, o pêlo eriçado de frio e energia, ia subindo a encosta.

No passo a neve era mais profunda, e o Seyyed Umar teve de desmontar antes de começarmos a descida. Na parte mais baixa, numa faixa estreita de pomares, com colinas menores ao longo de um rio sinuoso, a visão dos picos e campos de neve subitamente desapareceu. Ali o Seyyed Umar tomou a dianteira. Insistira em que eu me livrasse de Babur, que na opinião dele ia acabar causando nossa morte sob os ataques de matilhas de cães das aldeias. Disse que me acompanharia até Chaghcharan se eu abandonasse o cachorro, mas, como eu fazia questão de ficar com Babur, despediu-se a contragosto.

Como o Seyyed Umar previra, a cada muro de pomar os cães nos acossavam, mostrando os dentes, e precisei voltar-me diversas vezes para afastá-los. Procurando acertar em outro cachorro, acidentalmente atingi Babur, que se encolheu gemendo a meus pés. No dia anterior ele tinha me ajudado, latindo para os outros animais e caminhando a meu lado. Mas dali em diante sempre que eu erguia o cajado ou procurava protegê-lo, ele se deitava aterrorizado, imaginando que tivesse feito algo errado e esperando que eu batesse nele. Isso o deixava vulnerável às matilhas raivosas, e eu tinha agora de puxar seu corpo de sessenta quilos enquanto recuava pela rua, atirando pedras.

Saímos da aldeia, os cães ficaram para trás, os penhascos se aproximaram mais da margem da estrada e o rio corria mais agressivamente. Durante vinte minutos atravessamos um labirinto deserto de gargantas estreitas, seguindo uma trilha. De ambos os lados erguiam-se picos amarelos. Tirando o murmúrio do rio, tudo estava em silêncio. Não havia seres humanos à vista e nenhum sinal dos 24 anos de guerras no Afeganistão.

Ao chegarmos à beira de uma encosta escarpada vimos a torre. Era uma esbelta coluna de terracota com entalhes elaborados, coberta com uma fileira de ladrilhos de cor turquesa, que se erguia a sessenta metros. Não havia nada mais. As paredes da montanha a circundavam e na base corriam dois rios, que desciam dos passos nevados e entravam pelas ravinas. Tijolos finos e de cor pálida formavam uma densa cadeia de pentágonos, hexágonos e losangos que enfeitavam a base da coluna. Onde a torre se estreitava no alto, ladrilhos azuis persas da cor do céu de inverno afegão mostravam a inscrição: GHIYASSUDIN MUHAMMAD IBN SAM, REI DOS REIS...

Ghiyassudin tinha sido o sultão do império gurida que construíra a mesquita de Herat, as cúpulas dos dervixes em Chist-e-Sharif e a cidade perdida da Montanha Turquesa.

Caminhei em volta da base da torre seguindo a exuberante cadeia de polígonos que formava (embora eu não pudesse ler a escrita geométrica) o texto em árabe de um dos capítulos mais longos do Corão.[40] Era finamente trabalhada, como um tabuleiro de xadrez de marfim. A base octogonal, os três andares, os restos dos balcões e a ornada complexidade da superfície geométrica eram suavizados pelas linhas claras e convergentes e pela cor bege dos tijolos cozidos. A neve no chão ficava na sombra. Somente a estreita linha azul dos mosaicos, iluminada pelo sol forte, se destacava dos montes cor de café. A forma da torre circular se refletia na curva dos penhascos em torno. Assim como em Chist-e-Sharif, os guridas tinham aproveitado a paisagem para acentuar a cor e a forma do edifício.

Embora os habitantes locais não a mencionassem e nenhum dos viajantes do século XIX no Afeganistão tivesse conhecimento da existência da torre, o francês André Maricq chegou até ela em 1957 e confirmou que na época em que fora construída era o minarete mais alto do mundo. Depois disso, diversos arqueólogos empreenderam a árdua jornada, mas não conseguiram chegar a uma conclusão sobre a relação entre a torre e o misterioso império gurida A invasão russa de 1979 impediu novas visitas.

---

[40] O Mariam Sura, que trata de Maria, mãe de Jesus.

Alguns arqueólogos afirmam que a torre fazia parte de uma mesquita, deram-lhe o nome de "Minarete de Jam" e procuraram a Montanha Turquesa a partir do vale. Descobriram pouca coisa, exceto um pequeno cemitério judeu do século XII a dois quilômetros da base da torre, o que só fez aumentar o mistério. Segundo estudo de Nancy Dupree em 1978, citando as "pequenas dimensões do vale, sua inacessibilidade e a ausência de ruínas arquitetônicas significativas, outros [argumentaram convincentemente] que a Montanha Turquesa estivera localizada em Taiwara, a mais de duzentos quilômetros para o sul". Ainda outros asseveram que o vale tinha sido um lugar sagrado pré-islâmico e que o monumento era um marco de vitória erguido pelos guridas para celebrar a conversão ao Islã de um lugar pagão solitário e sagrado. No entanto, os arqueólogos concordam em duas coisas: a torre é uma peça importantíssima da arquitetura islâmica antiga e está em perigo iminente de desabamento.

Na época de minha visita, fazia já oito meses que os funcionários da Sociedade para a Preservação da Herança Cultural do Afeganistão não tinham notícias confiáveis sobre a torre de Jam. Na década anterior, grande parte dessa herança cultural tinha sido retirada ou destruída: o museu de Cabul fora saqueado e o Talibã dinamitara os Budas de Mamian. Em Cabul ninguém sabia se a torre ainda estava de pé.

Deixei Babur farejando a base, subi a uma abertura a 1,20 m da base e cheguei a uma escadaria em caracol. Havia pequenas janelas para iluminação acima, mas embaixo estava escuro e os degraus eram íngremes, gastos e estreitos. Não tinha ainda subido muito quando escorreguei e caí na escuridão, batendo com a cabeça na escadaria enquanto tentava me agarrar aos tijolos para suavizar a queda. Um pedaço de pele de minha palma foi arrancado, alguns tijolos se soltaram em minha mão e a torre pareceu estremecer quando bati na parede. Por um momento eu me perguntei se ficaria conhecido como o homem que morreu ao fazer desmoronar a última obra-prima da arte gurida. Em seguida parei de cair e a torre ficou imóvel. Fez-se silêncio na base da escadaria, e estava frio. Comecei a subir novamente, devagar, apoiando as mãos nas duas paredes de tijolos. Minha perna direita tremia.

Depois de subir talvez uns quarenta metros, cheguei a uma câmara circular da qual saía outra escadaria para o alto. Ali os degraus menores de tijolos tinham se separado da parede, e tive de puxar meu corpo com os braços para encontrar uma plataforma. Continuei subindo, passando por restos de uma antiga escadaria, e encontrei mais três câmaras até emergir sob a clarabóia. Acima de minha cabeça havia vigas de madeira escurecidas pela fumaça, que antigamente deveriam ter sustentado um balcão externo. Olhei pela abertura de iluminação e vi na encosta em frente duas pequenas torres em ruínas e, para minha surpresa, uma fileira de trincheiras escavadas na falda do monte.

Ao descer e sair da torre, vi Babur levantando a perna junto à base e um homem agachado no chão, olhando desconfiado para ele com um Kalashnikov nas mãos e alisando a longa barba branca. Levantando-se para saudar-me, pôs a mão no peito e disse: *Salaam aleikum. Chetor hastid? Be khair hastid?* Muito rapidamente, fui dizendo ao mesmo tempo: *Jur hastid? Sahat-e-shoma khub ast? Khane khairiat ast? Zinde bashi*... e outras fórmulas de delicadeza sem pausa para resposta. Fiquei sabendo que o homem era Bushire, comandante da região. Eu já tinha ouvido falar dele. Tinha comandado oitenta homens contra os russos e durante os últimos cinco anos havia lutado contra o Talibã, que era ajudado por seu antigo chefe. Tinha lutado contra Seyyed Umar, meu anfitrião na noite anterior. No momento Bushire não estava em guerra, mas ainda era chamado de "comandante" e era poderoso no vale de Jam.

Bushire me convidou a ficar com ele e nos levou por sobre o Hari Rud congelado, subindo depois a garganta ocidental. Passamos por uma de suas vacas, que levava uma cabra viva numa bolsa lateral.

— Não temos pastagens suficientes neste vale — disse Bushire — e a cabra não consegue caminhar, de tão faminta e fraca.

Próximo à casa de barro de Bushire, Babur farejou uma curiosa pedra na neve. Levantei-a e vi que era um pedaço de mármore cinzento, entalhado com uma frisa de flores. Na sala de hóspedes, sentamo-nos em tapetes enquanto o filho de Bushire punha gravetos no fogão.

— Que está fazendo atualmente? — perguntei.

— Sou o diretor de uma associação constituída para proteger a torre — repondeu Bushire. — Os estrangeiros do exterior nos mandam dinheiro para preservar sua história.

— E já encontraram alguma coisa sobre a história dela?

— Bem, já escavamos muito e encontramos muita coisa.

— Que tipo de coisas?

— Oh, vendemos a maioria aos comerciantes de Herat, mas tenho certeza de que ainda há peças por lá. Meu filho, vá ver o que há no quarto ao lado.

O filho, Abdullah, voltou com uma bandeja com chá verde e alguns objetos envoltos em um pano. Havia uma placa de mármore com entalhe de flores (mesmo padrão da peça que Babur encontrara lá fora); uma ânfora de terracota com um desenho de ondas negro e arrojado e de olhos de peixe; um dado de bronze de seis lados com cinco pontos em cada face; uma conta hemisférica feita de osso e um grande disco de argila com um pavão no centro.

— E de onde vêm estas coisas?

— De toda a encosta da montanha.

Depois do chá, subi ao monte atrás da torre. O cascalho estava solto e a encosta era íngreme. Precisei usar as mãos. Em breve me vi passando por trincheiras irregulares, algumas com quase três metros de profundidade. Na orla dessas escavações havia montes de areia e fragmentos de cerâmica. Vi cacos de porcelana amarela brilhante, meia cuia de terracota, um trecho de um antigo escoadouro e algumas pás e picaretas modernas. Evidentemente, os ladrões de antigüidades não roubavam as ferramentas uns dos outros. Os escavadores não tinham procurado preservar a forma das construções que encontraram: somente em um pequeno trecho da encosta era possível ver vestígios das paredes dos cômodos. Os habitantes da aldeia faziam os túneis o mais rápida e profundamente possível para chegar ao que houvesse mais abaixo, e no processo destruíam muita coisa. As trincheiras, invisíveis da base da torre, estendiam-se por toda a parte. Sem dúvida a gente do local teve mais êxito do que os arqueólogos, e descobriu uma cidade antiga.

Eu estava na encosta, contemplando as escavações abaixo da torre, quando ouvi um grito de Abdullah, o filho de Bushire, que ia subindo a ladeira íngreme a meu encontro.

— Este era o palácio da princesa — disse ele, quando chegou junto a mim.

— Como sabe?

— Encontramos uma inscrição em uma antiga pedra daqui, que foi decifrada para nós por um dos mercadores. Dizia que este palácio tinha sido construído pela filha de Ghiyassudin, o gurida.

— Onde está essa inscrição agora?

— Foi vendida. Encontramos casas nas encostas a três quilômetros do vale.

Segui-o ao longo das estreitas paredes das trincheiras, descendo a íngreme ladeira até a casa de Bushire.

— Quer ficar com esta? — perguntou Abdullah, parando para pegar uma vasilha inteira de terracota.

— Não, obrigado. Na verdade, acho que essas coisas deviam estar em um museu.

— Sem dúvida. Acha que poderia nos trazer um detector de metal da próxima vez em que vier aqui?

Naquele fim de tarde, um grande grupo de pessoas se reuniu na casa de Bushire. Alguém tinha dito a eles que eu me interessava por história e eles esperavam receber conselhos sobre onde deveriam escavar.

— Quando vieram para cá? — perguntei.

— Há um ano. Antes não havia casas neste lugar. As encostas são muito íngremes e é difícil construir, e os vales são tão estreitos que o sol quase não chega. Não podemos cultivar o solo aqui e os animais ficam fracos por falta de alimento. Somente viemos para cá a fim de escavar.

— Quantas pessoas se ocupam disso aqui?

— Algumas centenas. Agora vem gente de toda a parte, das aldeias vizinhas, num raio de duas horas de viagem.

— Há algum controle?

— Não, todos têm liberdade para escavar — disse Bushire, que por ser o comandante tinha certa autoridade na região. — Você também, se quiser.

— Quando encontraram esta cidade?

— Na verdade, somente nos últimos dois meses. Tentamos escavar durante os cinco anos do Talibã, mas era difícil. Alguns dos mulás do Talibã tinham ligações com os contrabandistas de antigüidades, mas também matavam gente que escavava ilegalmente. Agora está tudo bem. Já não existe governo e de qualquer maneira a neve fechou os passos. O pessoal de fora não pode atrapalhar.

Sem dúvida eu me equivocara ao imaginar que as operações norte-americanas tinham tido pouco efeito naquele vale. Por causa delas o mercado de contrabando de antigüidades foi liberado.

— E o que descobriram sobre a vida nessa cidade em ruínas?

— Não entendo. Que quer dizer com isso?

Tentei novamente.

— Descobriram aproximadamente como era a disposição da cidade... onde ficava o bazar, as escolas religiosas?

— Não.

— As pequenas mesquitas, jardins, guarnições militares?

— Não. Essas perguntas são difíceis. Escavamos verticalmente e encontramos muitas coisas misturadas. Às vezes é muito frustrante; ontem cavamos um poço de dez metros de largura e não achamos nada que valesse a pena.

— Como eram as casas comuns?

— Como esta, feitas de barro, mas os cômodos eram pequenos e apertados; muitas delas tinham vários andares, talvez por serem construídas numa encosta tão íngreme. Às vezes podemos perceber quais eram as melhores casas, pelo estado em que se encontram as fundações. Mas isso não serve para encontrar o tesouro; muitas casas não têm nada dentro. Nada mesmo.

Abdullah interrompeu.

— Acho que encontrei uma casa de banhos. Havia muitas pedras-pome e um canal que trazia a água de uma fonte a três quilômetros de distância.

— Isso é muito interessante. Alguma coisa mais?

— Não.

— Que acha do povo que viveu aqui?

— Gostavam de jogar — disse Bushire, e todos riram, concordando. — Encontramos muitas, muitas peças como esses dados de bronze. Aquele velho — prosseguiu ele, apontando um homem desdentado — encontrou um belo conjunto de peças de xadrez muito bem entalhadas há um mês, em uma das menores casas. Nossos antepassados não eram do Talibã. — O Talibã tinha proibido o jogo de xadrez. — E acaba de vender a um comerciante de Herat uma magnífica porta de madeira entalhada, de 1,50 m de altura, com tigres e cenas de caçadas, por muito dinheiro.

— Por quanto vendem esses objetos?

— Isto — respondeu Bushire, erguendo a ânfora do século XII com o desenho de ondas — vale um ou dois dólares norte-americanos; muito dinheiro. Por isso é que estamos aqui. A porta e as peças de xadrez podem custar mais caro. Mas não é o que gostaríamos. O povo deve ter levado muita coisa consigo antes da cidade ser incendiada.

— Foi incendiada?

— Sim. Há vigas carbonizadas na maior parte das casas.

— Existiu certa vez em Gur uma famosa cidade chamada Montanha Turquesa, que Gêngis Khan incendiou e desde então nunca mais foi encontrada — disse eu, sem saber se aquelas pessoas, quase todas analfabetas, teriam ouvido falar disso.

— Esta é a Montanha Turquesa — disse um homem de Beidon, aldeia a oito quilômetros dali. — Nós a encontramos dois meses atrás.

— E os peritos estrangeiros nos anos 70?

— Nós nos lembramos deles — disse o velho que tinha achado as peças de xadrez. — Havia até mesmo um hotel junto ao minarete onde eles ficavam, e que nós destruímos durante a guerra. Eu sempre dizia aos professores que meus avós acreditavam que a Montanha Turquesa era aqui. Mas eles não prestavam atenção. Por que acha que nossa tribo sempre foi chamada de *Firokuhi aimaq* [os *aimaq* da Montanha Turquesa]? Os estrangeiros não sabiam cavar;

trabalhavam muito devagar, alguns centímetros de cada vez. Só encontraram as lápides judaicas, que ficavam acima do solo. Deviam ter trabalhado como nós.

— Todos nós ouvíamos histórias sobre a Montanha Turquesa, capital dos guridas, quando éramos crianças — disse outro homem, na manhã seguinte. — Havia lendas sobre uma estrada construída com vigas de madeira que passava por sobre o rio ao longo de vários quilômetros, porque as gargantas eram muito estreitas e os passos muito íngremes para que as caravanas de camelos pudessem passar de outra forma. Havia um túnel por baixo do minarete e do rio, que ia até o palácio da princesa...

Outro homem interrompeu.

— Nas fortificações existiam dois gigantescos pássaros dourados, mas um deles foi derretido para fazer o caldeirão da mesquita de Herat.

— Em minha aldeia — disse o homem de Beidon — encontramos armas no lugar onde meu pai dizia que o primeiro ataque de Gêngis Khan foi repelido. O segundo ataque ocorreu nesta época do ano, com a neve ainda cobrindo o chão, enviando um exército de Kamenj pela antiga estrada de madeira.

— A cidade foi destruída duas vezes — acrescentou Bushire —, primeiro pelas tempestades de granizo e depois por Gêngis Khan.

— Três vezes — disse eu. — Vocês estão destruindo o que restou.

Todos riram.

Vestígios no Chão

Se aquela era a Montanha Turquesa, nesse caso os tijolos do minarete tinham sido feitos com o sangue dos habitantes de Ghazni. A aldeia estava escavando os vestígios de mais que uma única cultura do Afeganistão. Por ter sido a capital de um Império da Rota da Seda, a Montanha Turquesa continha objetos de arte importados de toda a Ásia do século XII. As novas cores e desenhos da porcelana iraniana e as novas formas metálicas seljuques estariam ali, junto com as inovações guridas em arquitetura. Sabemos muito pouco sobre esse período justamente porque, assim como sepultara a Montanha Turquesa, Gêngis Khan também eliminara outras grandes cidades do mundo islâmico oriental, massacrando seus estudiosos e artesãos, transformando as terras irrigadas da Ásia central em um território selvagem e árido e causando ao mundo muçulmano prejuízos dos quais essa cultura mal se recuperou. A Montanha Turquesa poderia nos revelar muita coisa, não apenas sobre o Afeganistão, mas também sobre a glória perdida de toda a Ásia pré-mongol.

O cronista Juzjani, que viveu na época de esplendor da cidade, deixou registrado que a Mesquita da Sexta-feira estava cheia de tesouros indianos, produto de pilhagem em Déli, e que "nos palácios-fortaleza há cinco pináculos com detalhes em ouro e também dois pássaros Huma[41] de ouro, cada um do tamanho de um camelo". Juzjani tem sido freqüentemente acusado de inventar suas descrições da cidade, mas as descobertas dos aldeões indicam que elas podem ter sido exatas. A imensa Mesquita da Sexta-feira sob os dois gigantescos minaretes provavelmente ocupara toda a base da garganta, por cima do rio Hari Rud. Acima dela, erguia-se uma parede de casas construídas quase verticalmente até encontrar os castelos no topo dos montes. A arquitetura da cidade teria refletido a percepção de arquitetura unida à paisagem tal como vista pelos guridas e o uso pioneiro de decorações de terracota, caligrafia e ladrilhos. Hoje em dia, no entanto, a magnificência do lugar somente pode ser imaginada a partir do solitário minarete sobrevivente.

As escavações feitas pela população já causaram tantos estragos que o sítio talvez jamais revele muita coisa sobre a misteriosa cultura do período gurida. A maioria de seus tesouros artísticos estava sendo levada aos mercados europeus através do Paquistão e do Irã, mas até mesmo os destroços amontoados na beira das trincheiras davam a entender a originalidade daquela cultura.

Em Chist, eu havia pensado que os guridas desafiavam a lógica econômica e administrativa de seu tempo ao construir nas montanhas, mas não imaginara os extremos a que eles tinham chegado. A base do vale não chegava a cem metros de largura e era tão árida que até mesmo a cabra de Bushire estava fraca demais para poder caminhar. Mal havia o suficiente no vale para sustentar apenas a família de Bushire. Os alimentos para humanos e animais e todas as mercadorias tinham de ser trazidos da cidade, tanto pelos passos nevados que acabávamos de cruzar quanto, se os habitantes da aldeia tives-

---

[41] Se o povo das aldeias estiver correto, eram feitos de bronze folheado e não de ouro, e foram derretidos para fazer o famoso caldeirão da mesquita de Herat. A pessoa que se acredita haver mandado fazer o caldeirão era um dos últimos descendentes diretos da dinastia gurida e poderia, portanto, estar usando uma herança de família dois séculos depois da queda da cidade.

sem razão, pela estrada de madeira que outrora corria por cinco quilômetros ao longo do rio Hari Rud.

As paredes do vale eram íngremes, suscetíveis a avalanches e pouco propícias à construção. As casas mais baixas deviam receber menos de uma hora de sol por dia. Não havia estradas confortáveis ligando a cidade aos reinos guridas em Herat, Bamian ou Ghazni, e muito menos a Déli. Mesmo assim, as escavações dos aldeões indicam que, oitocentos anos atrás, havia mais pessoas vivendo naquela garganta remota, desagradável e pouco prática do que em qualquer cidade de Gur atualmente. Isso dava importantes indicações sobre o poderio dos guridas e seu desejo de acentuar suas raízes nas montanhas, em contraposição a seus rivais nômades das planícies.

A Montanha Turquesa era apenas a vítima mais dramática e mais recente de uma destruição generalizada da herança cultural do Afeganistão. Mas o saque de Jam (diferentemente da destruição dos sítios budistas) é um fenômeno recente, pós-Talibã. Como local islâmico, Jam fora relativamente bem protegida durante o período Talibã. A falta de controle que se seguiu às operações da coalizão foi o que permitiu a pilhagem da Montanha Turquesa. A demanda por objetos históricos e o dinheiro para as escavações vinham de comerciantes e colecionadores, predominantemente do Japão, da Grã-Bretanha e dos Estados Unidos. Um mês depois que deixei a cidade, objetos oriundos de Jam, descritos como seljuques ou persas a fim de ocultar a origem afegã, estavam sendo oferecidos no mercado de arte de Londres.

A pilhagem de antigüidades é um problema antigo, altamente controvertido e quase impossível de ser interrompido devido à quantidade de dinheiro envolvida.[42] Mas em Jam a situação era relativamente simples. Em um lugar remoto que podia facilmente ser isolado, policiado e controlado, existia um pequeno e único sítio de imensa importância histórica. Quaisquer objetos de Jam

---

[42] Antigo porque, ao que parece, já estava ocorrendo até mesmo em 2000 a.C. no Egito, e daí as elaboradas precauções de segurança em torno das pirâmides ou, mais tarde, na tumba do rei Midas na Turquia.

que chegassem ao mercado internacional não seriam produto do acaso, e sim deliberadamente roubados. Os habitantes das aldeias locais ganhavam somente um ou dois dólares por dia para cavar e poderiam ser contratados por uma equipe de arqueólogos para trabalhar em uma escavação oficial, e não contra ela. Ismail Khan, o homem mais poderoso da província, ganha muito pouco com as antigüidades ilegais em comparação com o comércio internacional de outras mercadorias de Herat. Ele poderia fornecer segurança ao sítio, numa oportunidade pouco dispendiosa e não-controversa de cooperar com a comunidade internacional. Um arqueólogo razoavelmente ativo e dedicado, com recursos suficientes, poderia proteger o local a qualquer momento. Imaginei, no entanto, que a comunidade internacional somente reagiria quando já fosse tarde demais, e tinha razão.[43]

Logo antes de minha partida do sítio da Montanha Turquesa, Abdullah, o filho de Bushire, mostrou-me três peças que tinha encontrado naquela manhã. Elas indicavam que a dinastia gurida era em certos aspectos mais aberta para o mundo no século XII do que o governo de Herat hoje em dia. Uma delas era um fragmento de porcelana que, a julgar pelo desenho delicado em vermelho por baixo do esmalte, parecia ter sido importado da China há oitocentos

[43] Em 2002, a Unesco, agência da ONU responsável pela herança cultural, visitou Jam, houve vários seminários e anunciou-se um sítio de "patrimônio histórico mundial". Mas nada foi feito para impedir os saques. Em meados de agosto de 2002 a Unesco ainda se recusava a admitir a escala da pilhagem e a qualidade dos objetos retirados. Em conseqüência, o órgão continua a referir-se ao minarete como "possivelmente uma torre de celebração de vitória" e não reconhece que a capital de Gur tenha sido descoberta e esteja sendo destruída. O professor Andrea Bruno, que dirigiu as escavações nos anos 70 e as recentes visitas da Unesco, ainda afirmava que "Firozkuh por enquanto é apenas uma lenda". Quando o interpelei, junto com outros, em um seminário no Museu Britânico em novembro de 2002, disseram-me que um arqueólogo iniciaria os trabalhos no sítio em abril de 2003, dezesseis meses depois de minha visita e muito depois que os habitantes das aldeias tivessem retirado tudo o que pudessem.

anos, através de uma via comercial de quatro mil quilômetros. A outra era uma moeda com figuras de adoradores do fogo zoroastristas, um dos elementos da complexa colcha de retalhos religiosos da qual surgira o minarete. As lápides hebraicas mostravam que ali tinham estado judeus; o povo indígena talvez fosse hindu, enquanto que dois Budas gigantescos dominavam a segunda capital gurida em Bamian.[44] A terceira peça era um fragmento da borda de um prato. Na superfície, de pernas cruzadas e vestido com um manto de cor brilhante, um homem com um halo em torno da cabeça pregava em um jardim florido. Mani, fundador da religião maniqueísta, hoje extinta, estava ligado a mantos coloridos e jardins de flores. Sempre se presumiu que os maniqueístas haviam abandonado aquela região muitos séculos antes da Montanha Turquesa, mas aquele fragmento me fez pensar que talvez eles tivessem sobrevivido, sob a proteção dos guridas, até a invasão de Gêngis Khan.

— Essas peças sugerem muita coisa interessante sobre a cultura da Montanha Turquesa e sobre o Afeganistão — disse eu, entregando-as de volta a Abdullah.

— Eu não sabia disso — respondeu ele —, e não poderei vendê-las. Porém — acrescentou, sorrindo — gosto do homem que aparece neste prato e acho que vou ficar com ele.

---

[44] Havia um grande número de crenças na Ásia medieval muçulmana. Nas montanhas ocidentais do Irã e do Iraque ainda existem Yezidas, cuja fé sincrética combina o Islã, o zoroastrismo e o cristianismo e se concentra na adoração a um anjo caído, em forma de pavão. Entre seus ídolos tradicionais havia grandes pássaros de bronze, que recordam os pássaros Huma das muralhas da cidade. O pavão que eles cultuam é representado da mesma forma que o pavão que aparece no prato gurida mostrado a mim por Bushire.

Entre Jam e Chaghcharan

EU E BABUR TÍNHAMOS COMIDO bastante em casa de Seyyed Umar, porém estávamos em geral sendo alimentados com pão seco, que não nos fornecia muita proteína. Eu já vinha caminhando havia quatorze dias, e meu estômago ainda se ressentia apesar dos antibióticos. Ansiava por chegar a Chaghcharan, que era a capital do distrito, assim como fora durante o reinado do imperador Babur. Embora as estradas estivessem fechadas pela neve, havia uma pista de pouso, e tinham-me dito que lá estavam soldados britânicos e uma pequena missão da Cruz Vermelha. Imaginei um descanso de um dia num quarto particular, falando inglês e conseguindo um pouco de carne para Babur antes de prosseguir a viagem para as montanhas de Hazarajat.

Durante os quatro dias seguintes, caminhamos por uma trilha estreita que atravessava a aldeia de Beidon. A julgar pelas pontas de flechas mongóis que me foram mostradas ali, a trilha fora também o caminho tomado pelos exércitos mongóis para um dos ataques contra a Montanha Turquesa. Segundo Juzjani, surpreenderam os guridas percorrendo a trilha, como eu, "quando a neve estava alta no chão". Passei a primeira noite em Ghar, a segunda em Chesme Sakina, a terceira em Barra Khana e cheguei a Chaghcharan na quarta. Tinha nevado mais forte nessa região, que se encontrava em altitude mais elevada, e na maior parte do tempo caminhávamos na neve.

No Himalaia indiano, os habitantes das aldeias descreviam a paisagem local em termos de mitos religiosos. Falavam do "monte onde Shiva dançou" ou do "lago formado pela seta de Arjuna". Mas assim como fazia Abdul Haq em Herat, os aldeões *aimaq* definiam o panorama de sua terra por meio de atos de violência e morte. Mostraram-me os noventa metros que o jovem comandante mulá Rahim Dad percorreu a galope depois de ser mortalmente ferido em uma emboscada de gente de Majerkanda, e depois o túmulo de um rapaz que morrera de fome a caminho de um campo de refugiados.

No norte da Escócia, também há lugares que recordam atos de violência: o ponto em que Stewart de Ardvorlich matou um intruso do clã MacDonald, ou o lugar onde os MacGregor decapitaram o cunhado de Ardvorlich. Em volta de minha casa na Escócia, os nomes gaélicos registram a morte: "Lugar de Luto" ou "Campo de Lamentações". Mas ali onde eu estava os acontecimentos rememorados tinham ocorrido apenas alguns meses antes.

Não tinham sido obra dos russos, e sim de uma comunidade contra a outra. O povoado de Tangia não era mais do que uma fileira de colunas de barro avermelhado, como gigantescos dentes apodrecidos. A escola de Ghar tinha sido destruída. Todos sabiam quem tinha feito aquilo, porque os viram praticando esses atos.

Na segunda tarde depois de sairmos de Jam, Babur e eu deixamos os campos nevados de Chesme Sakina e entramos em um pequeno vale lateral, invisível da trilha principal. Quando chegamos a uma fileira de álamos prateados e sem folhas, junto a um rio onde havia algumas casas de barro, um homem veio correndo ao meu encontro, gritando: "Bem-vindo, bem-vindo." Tomando minha mão, mandou que outro homem desse de comer a Babur e levou-me diretamente a sua sala de hóspedes sem perguntar quem eu era.

O homem era o Dr. Paende, veterinário como Habibullah Sherwal. A sala estava decorada com pôsteres que mostravam Hikmatyar atacando a Rússia e os Estados Unidos: "Vamos nos unir para expulsar o imperialismo Vermelho e o Negro." O veterinário morava com dois empregados e um irmão que estava ferido. Pediu aos empregados que trouxessem comida. Ambos sorriram e não se mexeram, e então ele próprio sorriu e foi buscar os alimentos. Enquanto estava fora da sala, os empregados pegaram meu casaco e inspecionaram minuciosamente todos os bolsos. Ouvindo-o regressar, voltaram a suas posições junto à porta.

O irmão do Dr. Paende caminhava mancando, apoiado em uma muleta. Trabalhava para a organização *Afghan Aid* e, três meses antes, ao passar num jipe pela estrada antes que a neve a bloqueasse, encontrou uma emboscada e levou três tiros na perna. O motorista foi baleado na cabeça a seu lado e morreu "bem depressa". Paende tinha dinheiro bastante para mandar o irmão ao Paquistão a fim de ser operado. Acabara de sair do hospital, com seis parafusos na perna. O ataque fora por engano, disse ele. Os homens da emboscada pensaram que o jipe pertencia ao comandante Abdul Salam, que havia matado quatro homens de Barra Khana. Por serem analfabetos, os homens não puderam ler o letreiro da *Afghan Aid*. Pediram desculpas. Não valia a pena levar o incidente aos tribunais.[45]

O Dr. Paende convenceu o empregado mais jovem a guiar-me. Partimos pouco depois da alvorada, atravessando um platô de neve fresca. Parecia não ter fim e durante horas não vimos nenhuma trilha. A neve era profunda e chegava acima do cano de minhas botas, acabando por encharcar meus pés. À nossa esquerda via-se uma cordilheira com uma silhueta de ondas intermináveis, crista

---

[45] Aparentemente Abdul Salam se vingou seis meses depois de minha visita. Alguns habitantes de Gur contaram à *Human Rights Watch* que no final de agosto de 2002 um comandante sob as ordens de Ismail Khan, ao qual chamavam Abdul Salam, tinha atacado um rival em uma aldeia perto de Chaghcharan chamada Barra Khana. Matou o comandante, prendeu vários de seus soldados, torturou-os e depois matou-os. "Os cadáveres foram entregues às famílias", disse um dos moradores. Os soldados mutilaram alguns dos presos ao torturá-los: "Quando as famílias receberam os corpos, notaram que as mãos tinham sido decepadas, os olhos arrancados e as orelhas cortadas, e assim viram que tinham sido terrivelmente torturados na prisão."*Human Rights Watch Report*, outubro de 2002.

e vale, crista e vale. Estendia-se por sessenta quilômetros. Peguei os óculos escuros, mas o guia estava sem óculos e eu lhe emprestei os meus. Na reverberação da luz sobre a planície nevada eu só conseguia enxergar alguns metros adiante. Não sabia se estávamos subindo ou descendo. Após meia hora sem óculos, eu já não podia ver coisa alguma. Quando fechava os olhos, via luzes que dançavam por trás de minhas pálpebras e sentia a cabeça doer. O rapaz se perdeu, e a caminhada pelo planalto durou duas horas mais do que o necessário.

Orações na Alvorada

Vencido o planalto gelado, o guia do Dr. Paende me deixou. Prossegui a caminhada e cheguei a Barra Khana quando o sol ainda se encontrava pouco acima da linha do horizonte. A neve derretera nas encostas que davam para o sul, revelando um solo de cor amarelo-mostarda. Os picos nevados eram de um lilás suave e as casas de barro à distância brilhavam como se estivessem cobertas de óleo. O chefe da aldeia, de nome Bismillah, interrogou-me durante meia hora na rua. Quando me convidou a entrar, seus cachorros atacaram Babur. Bati com meu cajado no chão para assustá-los e a vara se partiu ao meio. Todos riram, menos eu. Para o jantar, recebi pão seco e uma vasilha de água com açúcar dissolvido. Havia outros nove convivas naquela noite, todos sentados no chão.

Meu anfitrião levantou-se às quatro e meia e, depois de sair e voltar à sala, lavou as mãos e os pés e começou a rezar. As estrelas começavam a desmaiar e o céu estava mais claro acima dos picos nevados, mas ainda não havia amanhecido. Eu me sentia exausto por haver caminhado onze horas no dia anterior e poderia ter dormido mais. Ao terminar as orações, Bismillah colocou lenha no fogão e os demais ocupantes da sala trataram de desenrolar rapidamente os cobertores e ajoelharam-se enfileirados, voltados para Meca, a oeste. Estava frio e eles tiritavam enquanto rezavam, cada qual falando e curvando-se fora de ordem.

O mulá recitou um longo *sura* do Corão, exagerando os sons guturais da língua árabe. Os aldeões não falavam árabe, e eu suspeitei de que somente compreendiam algumas frases convencionais: "Em nome de Deus", "o único Deus" e "Deus seja louvado". Finalmente, todos se inclinaram, anunciaram em voz alta "Deus é Grande", levantaram-se e voltaram a ajoelhar-se, voltando-se para a direita e a esquerda e dizendo "A paz esteja contigo" duas vezes.

Em seguida sentaram-se com as costas apoiadas na parede e os cobertores enrolados nos joelhos para defender-se do frio, olhando-me semi-acordados, com expressão solene. Assim como fizera Habibullah, crivavam-me de perguntas que pareciam antropológicas mas se baseavam nas práticas islâmicas: "Na Escócia, as viúvas podem casar-se novamente? Que parte das posses do marido elas podem conservar? Podem casar com o irmão do marido?"

O mulá me disse que havia recitado o *mariam sura*, que fala de Maria, mãe de Jesus, a fim de mostrar o amor dos muçulmanos por Jesus. Era o mesmo *sura* que eu vira inscrito no minarete de Jam.

Saí ao ar livre. Uma estreita faixa de luz amarelada acabava de surgir sobre a cordilheira do leste e a neve brilhava sob um céu ainda escuro. Cocei Babur e ele se espreguiçou longamente, resmungou, rolou o corpo e levantou-se. Olhando para o sul, saudou a manhã com quatro latidos roucos. O irmão do Dr. Paende tinha sido baleado naquela aldeia. Havia sinais de escavações recentes no cemitério que ficava na colina. Em quase todas as aldeias por onde eu passava os habitantes escavavam, procurando antigüidades, muitas vezes em velhos túmulos. Mostravam-me pontas de lança corroídas, vasilhas de terracota com incisões e pulseiras de bronze que tinham retirado dos pulsos de esqueletos.

O Dr. Amruddin, meu hospedeiro em Ghar três dias antes, tinha sido o primeiro a mostrar-me os recantos íntimos de uma casa afegã. Quando entramos no quarto em penumbra, iluminado apenas por um lampião a óleo, várias mulheres se esconderam nas sombras, mas cheguei a ver que usavam casquetes quadrados e lenços de cores vivas e que tinham as sobrancelhas pintadas de negro. Mais tarde, Amruddin me mostrou cabeças femininas altamente estilizadas esculpidas na beira de jarros de argila que ele havia retirado de escavações na colina. Eram decoradas em branco sobre um fundo marrom escuro ou em amarelo brilhante sobre um fundo vermelho. As sobrancelhas das figuras eram traços exagerados de esmalte negro. Em muitas aldeias ao longo do caminho, mostraram-me os mesmos tipos de jarros com as mesmas sobrancelhas e queixos pontudos.

A oeste da casa do Dr. Paende passamos pela "pedra da serpente" em Dahan-e-Choqur, uma pilastra de barro e cascalho de quatro metros com uma cabeça achatada, curvada para a frente como a de uma píton. Junto a ela os aldeões tinham encontrado uma necrópole pré-islâmica. Os cultos a serpentes são as religiões mais antigas que sobrevivem na região do Himalaia[46] indiano e eu especulava se também teriam existido ali.

Mas a gente do lugar tampouco estava interessada em registrar ou preservar os indícios históricos. Estavam escavando objetos de períodos muito diferentes. Tinham encontrado oito ou nove pessoas enterradas em um único túmulo com vasilhas de madeira e pequenas casas de barro com objetos em cerâmica. Mas estariam esses sítios relacionados entre si? Quem teria feito as vasilhas com desenhos de homens a cavalo portando lanças? Teriam sido os mesmos cujas lanças, escudos e elmos os aldeões haviam encontrado?

Passei meia hora examinando um fragmento de um vaso que deveria ter tido uns sessenta centímetros de diâmetro. Era decorado com preto, creme, vermelho e marrom. No centro de um círculo claramente desenhado em preto sobre fundo branco havia dois triângulos isósceles, um triangulo retângulo com um lado em ziguezague, uma espiral, um retângulo e um olho humano. As formas geométricas ficavam bem equilibradas em relação ao olho surrealista. O desenho seria provavelmente pré-islâmico, mas tampouco havia qualquer pista sobre que cultura afegã teria sido responsável por aquela composição simbólica estranha e criativa.

---

[46] E são importantes para os Yezidis que adoram pavões.

O Pequeno Lorde

O ÚNICO SENHOR FEUDAL com que conversei demoradamente entre Jam e Chaghcharan era um menino de doze anos.[47] Já estava cavalgando havia um mês com uma pequena escolta, e vinha do Paquistão para estar com o pai, Rais Salam Khan. Encontrei-o na aldeia de Beidon, onde me mostraram as pontas de flechas mongóis. O pai do menino, cunhado do comandante Haji Mohsin Khan, de Kamenj, não era muito benquisto. Vários aldeões me contaram que havia roubado terras e colaborado com o Talibã, e agora estava escondido por ter matado alguns homens de Ismail Khan. Seu filho de doze anos, no entanto, cavalgava em direção a Chaghcharan como um jovem príncipe.

Seis guarda-costas entraram com o menino na sala em que eu estava sentado. Levantei-me para cumprimentá-lo e ele correspondeu colocando a pequena mão na minha antes de tomar a posição

---

[47] Praticamente não conheci os grandes comandantes e chefes da região. Meus anfitriões foram sempre chefetes *aimaq* proprietários de pequenas extensões de terra, como Bismillah em Barra Khana, que tinha uma oficina mecânica, e os Drs. Amruddin e Paende, veterinários como o Dr. Habibullah Sherwal. No primeiro dia, vi o filho de um chefe passando lentamente com seu cavalo branco sobre a neve, mas ele não se aproximou de mim. No segundo dia, um velho chefe passou por mim a cavalo, à frente de uma coluna de homens armados que corriam atrás dele. Disse-me que iam a Herat, onde tinham sido convocados para conhecer o novo presidente.

principal da sala. Seu longo casaco de cor havana — idêntico ao usado por seu tio Haji Mohsin — acentuava sua pequena estatura. Senti-me muito grande e sujo junto dele. Ele se apresentou com voz melodiosa e segura e depois acrescentou, em inglês:

— Está um tanto sujo aqui. Você não acha desagradável?

— Gosto muito daqui. Você não?

— Na verdade não estou acostumado com isto. Estudo num colégio interno no Paquistão. É uma *madrassa* onde estou aprendendo o Corão e inglês.

O menino acariciou a penugem negra que nascia em seu rosto. Fazia quinze dias que eu não ouvia ninguém falar inglês. Ele prosseguiu:

— É uma escola muito boa. Gosto muito do Paquistão. Temos uma casa grande em Peshawar. Mas acho que esta gente aqui é aldeã. Não são instruídos nem civilizados. Na verdade — concluiu — prefiro o Paquistão.

— Bem, você não deve dizer isso. Eles ficariam desapontados.

— Provavelmente sim — tornou ele, franzindo a testa —, mas não falam inglês e você não vai contar a eles o que eu disse. Por favor.

— Claro que não.

— Ótimo. Gosto de você.

— Por que está aqui?

— Porque meu pai mandou me chamar. Há quatro anos não venho ao Afeganistão. Isto tudo é muito estranho para mim. Tive de viajar de Queta para Herat. Creio que meu pai está com problemas. Quer que eu volte para ajudá-lo. Eu preferiria ter ficado na escola, mas já tenho doze anos e sou o filho mais velho. Que posso fazer?

— Onde estão seus irmãos?

— No Paquistão. Diga-me, por favor, para onde está indo?

— Para Chaghcharan.

— Então viaje comigo. Eu vou para Chaghcharan. Você pode me fazer companhia.

— Quando pretende seguir viagem?

— Vou chegar lá em quinze dias. As coisas não estão muito seguras atualmente. Vamos visitar algumas propriedades de meu pai antes que eu o encontre lá. Você pode vir comigo. Praticarei meu inglês e você pode ficar comigo e meu pai em Chaghcharan.

— Lamento, mas gostaria de chegar a Chaghcharan muito antes disso.

— Em quanto tempo?

— Três dias.

— Mas como pode ir tão depressa? Você não está a cavalo. Posso dar-lhe meu cavalo.

— Obrigado, mas realmente tenho de caminhar.

— Eu esperava que você se tornasse meu amigo. Não tenho amigos aqui. Todos são muito velhos.

Um homem idoso apareceu à porta e murmurou "Excelência" para o menino.

— Esse homem é da minha escolta — disse ele. — É um bom homem, que sabe muita coisa. Você precisa conhecê-lo. Abdul, este é Rory, um escocês que está atravessando a Ásia a pé.

— A paz esteja contigo — disse Abdul. — Mas, Excelência, é hora de partir. Está escurecendo e o caminho ficará perigoso para nós.

— Sim, claro. Bem, então espero vê-lo em Chaghcharan.

Nunca mais o vi, e segundo as últimas informações que recebi o pai ainda estava se escondendo da coalizão e de Ismail Khan.

Talvez por não me sentir muito bem, eu freqüentemente me irritava com os aldeões e a hospitalidade nas aldeias. No 14º dia, ao sair das planícies nevadas após cinco horas de caminhada, entrei em uma aldeia na esperança de almoçar e tive de ficar de pé na neve por meia hora com a mochila nas costas, enquanto o chefe resolvia se falaria comigo ou não, e outro homem me disse que eu jamais chegaria a Barra Khana antes do anoitecer. Finalmente, exclamei:

— Bem, chega. Se não sou bem-vindo aqui, seguirei agora para Barra Khana — e comecei a me afastar. Somente então o chefe me convidou a entrar e me deu um pouco de pão seco. Depois da refeição encontrei uma vala, necessária devido à diarréia, e metade da aldeia veio assistir-me defecando. De volta à aldeia, o filho do chefe pediu para experimentar minha máquina fotográfica e tratou de acabar com o filme, apontando-a para o chão e apertando seguidamente o disparador. Agora eu só tinha um rolo de filme até Cabul. Fiquei zangado durante o restante do dia. Naquela noite sonhei que estava comprando uma passagem de avião para Veneza.

Durante o último dia antes de chegar a Chaghcharan, Babur e eu ficamos novamente sozinhos, seguindo uma trilha que nos levou a uma planície nevada e apertando os olhos ao sol da manhã. Babur parava freqüentemente para perseguir odores no vento frio ou para urinar. Voltei-me diversas vezes para apreciar a luminosidade sobre as colinas baixas, olhar nossas pegadas na neve ou ajustar minha mochila. Passaram-se vinte minutos até que entrássemos no ritmo e nos entregássemos ao silêncio e ao espaço. Não se ouviam pássaros e o céu alto e azul estava vazio. O único som era o ranger constante de minha mochila e o da neve calcada sob nossos pés.

Chegamos a uma aldeia. A seguinte ficava a vinte quilômetros de distância e eu queria dar água a Babur. Saindo da trilha a neve chegava aos joelhos e Babur caminhava cuidadosamente sobre minhas pegadas. Fiquei pensando se ele estava evitando minas terrestres. O Hari Rud estava congelado e foram necessários vários golpes com o toco de meu cajado para romper a crosta. Babur simplesmente permaneceu de pé, com a cabeça erguida, contemplando as montanhas. Procurei puxá-lo para a água, mas ele resistiu. Não tínhamos encontrado água na tarde anterior e eu sabia que não haveria água no dia seguinte. Agachei-me junto ao buraco, sacudi a água para atraí-lo com o som e derramei-a no focinho dele. Finalmente ele abriu as patas na neve, estendeu cuidadosamente o pescoço para diante e começou a beber. Levou três minutos bebendo.

Ao voltarmos à trilha fomos detidos por um homem que trazia um Kalashnikov à frente de um grupo de jovens.

— Ei, menino! Para onde está levando esse cachorro?

— Para Cabul — disse eu.

O homem chegou perto e olhou para mim, mas não muito próximo, por medo de Babur.

— Você é estrangeiro, não?

— Sou. Venho do *Inglistan* (Grã-Bretanha).

— Do Hindustão [Índia]... — disse ele, pensativamente.

— Não, *Inglistan*.

— Sim.

A maioria dos habitantes da região nunca tinha ouvido falar na Inglaterra, embora soubessem da existência dos Estados Unidos. Alguns até mesmo sabiam do World Trade Center, mas não tinham uma idéia real do que acontecera e nem por que a coalizão tinha bombardeado o Afeganistão. O homem fez uma pausa e de repente exclamou:

— Dê-me o seu cão.

— Não. O cachorro é meu. Está viajando comigo. Vou levá-lo para *Inglistan*.

— Dê-me seu cão e o deixarei seguir — repetiu ele.

Babur e os demais nos observavam, impassíveis.

— Que significa isso? — gritei. — Quem você pensa que é? Este cachorro me foi dado por Bismillah, de Barra Khana. Fui hóspede dele em sua casa ontem à noite. Ele é meu amigo íntimo. Se quiser fazer perguntas, fale com Bismillah.

Eu mal conhecia Bismillah e Babur não era dele, mas o homem pareceu confuso, talvez porque um homem que tinha um animal impuro falava com confiança sobre um chefe de aldeia.

— Que é isto? Quem é ele? — perguntou aos rapazes.

— Ouvimos dizer que um estrangeiro esteve ontem em Barra Khana com Bismillah.

— E este cachorro é de Bismillah.

— Talvez...

— É sim, realmente — disse eu, friamente. — Agora, se me permite...

Dei um passo adiante. Babur estava deitado, mas eu tinha pressa e não queria ter que suplicar ao cachorro. Agarrei a coleira e o arrastei pela neve até que ele ficasse em pé e caminhasse comigo para longe. Gritar com as pessoas podia ser perigoso. Durante dez minutos, fiquei esperando ouvir uma voz ou um tiro atrás de mim, mas nada aconteceu.

Sapos

CHEGUEI A CHAGHCHARAN, CAPITAL DE GUR, quando faltava pouco para o crepúsculo, depois de uma longa caminhada atravessando uma série de gargantas. A cidade era um aglomerado de construções de tijolos e argila ao longo do rio. Caminhei até o aeródromo na parte oriental da cidade. Homens de cabelos claros vestidos de jeans e carregando grandes armas automáticas davam a um cachorro afegão carne picada em conserva tirada de pacotes de ração do exército britânico.

Viram-me chegar com Babur, cheirando mal em minhas roupas afegãs.

— Quem diabos será este? — disse um deles, com sotaque do operariado de Londres.

Respondi em inglês e, quando pararam de rir, um deles perguntou se eu trabalhava para o governo britânico. Respondi que não, que estava em férias.

— Férias porra nenhuma — disse ele, e todos riram mais.

Durante a caminhada eu tinha ouvido dizer que havia ingleses no aeroporto de Chaghcharan. Os aldeões gostavam deles. O chefe da aldeia de Barra Khana, Bismillah, tinha dito:

— Os peitos dos soldados ingleses são da largura dos cavalos. Gostaríamos que houvesse mais deles por aqui, para manter a paz. Todas as manhãs eles põem os pés nos pára-choques dos jipes, colocam as mãos no chão e levantam os corpos apoiados nas mãos duzentas vezes, sem parar. Não sei por que fazem isso.

Aqueles homens não tinham liberdade para falar de suas missões e por isso eu não fiz perguntas e não fiquei muito tempo por ali. Estavam em situação difícil — trazidos de helicóptero e deixados no meio do Afeganistão durante meses com a base mais próxima a duzentos quilômetros de distância — mas não pareciam preocupar-se. Prepararam para mim uma xícara de chá Tetley com leite e me deram uma grande barra de chocolate Cadbury enquanto eu contava um pouco de minha viagem. Parece que gostaram da história. Eram divertidos e tranqüilos. Gostei deles, e foi um prazer poder falar inglês. Quando parti, deram-me um livro de aventuras no aeroporto, algumas rações de cereais Wagon Wheels em uma sacola da Marks & Spencer e um pouco de carne para Babur. Foi uma boa recepção em Chaghcharan.

O Talibã conquistou Chaghcharan em 1995 e imediatamente mandou executar 64 soldados da Aliança do Norte que tinham se rendido, entregando as armas. Em 20 de outubro de 2001, três meses antes de minha chegada, o Talibã se retirou. Alguns dos habitantes de Chaghcharan comemoraram prematuramente. Uma coluna do Talibã em retirada os viu no bazar principal e matou 44 deles, entre o meio-dia e as duas da tarde.

Enquanto caminhava pelo bazar, vi algumas crianças de cabelos louros. Há muitos afegãos de cabelos claros. Às vezes dizem que são descendentes das tropas de Alexandre, mas talvez houvesse habitantes louros antes da chegada do general grego.[48] Os fuzileiros do aeroporto, no entanto, acreditavam que as crianças fossem filhos dos soldados russos que se aquartelaram em Chaghcharan quando existia ali uma de suas poucas bases permanentes no interior do Afeganistão. No bazar, os afegãos me disseram que um russo havia desertado e se convertido ao Islã e que ainda estava em Chaghcha-

---

[48] Muito antes do tempo de Cristo, os cronistas chineses descreviam os bárbaros da Mongólia como tendo cabelos ruivos, e arqueólogos escavaram cadáveres de quatro mil anos com cabelos ruivos preservados pelo ar seco do noroeste da China.

ran, doze anos depois da retirada russa. Não quiseram me dizer onde morava.

Naquela noite encontrei os demais estrangeiros da cidade. O escritório do Comitê Internacional da Cruz Vermelha era composto por um diretor suíço, um holandês e Colin, que vinha de algum lugar perto de Londres. Todos pareciam haver trabalhado em Ruanda. Agora coordenavam a ajuda alimentar e organizavam vôos que chegavam e partiam de Chaghcharan, pois a cidade era o centro do "cinturão da fome", onde as agências de assistência previam muitas mortes relacionadas à desnutrição. Com as estradas bloqueadas pela neve, somente era acessível de avião ou a pé. Havia 175 caminhões carregados de grãos, presos na neve na estrada de Herat. No dia seguinte o povo do bazar ficou sabendo que eu conhecia o pessoal da Cruz Vermelha, e fui cercado por pedidos de cupons extra para as rações.

O pessoal do CICV[49] não parecia interessado em ter uma vida mais confortável. Não compravam carne nem frutas no bazar local porque as achavam muito caras, e não permitiam a importação de alimentos estrangeiros nos carregamentos aéreos que recebiam. Durante um mês estavam se alimentando de arroz e pão *nan*, complementado com sachês de geléia de morango. Tampouco pareciam interessar-se pela história e pela cultura da região. Não se misturavam com os soldados porque faziam questão de permanecer neutros. Devia ser muito deprimente. No entanto, foram muito generosos comigo. Dividiram comigo o arroz do jantar e, desobedecedo ao regulamento, deixaram-me dormir no chão do escritório. Mais tarde deram-me um pouco de comida para que eu levasse.

Na tarde seguinte chegou o terceiro pilar do envolvimento internacional no Afeganistão, em dois gigantescos helicópteros Chinook. Os aparelhos vieram em vôo baixo por sobre as montanhas a leste, com soldados armados de metralhadoras postados nas rampas abertas na cauda. Surgiram dois civis estrangeiros de cerca de trinta

[49] Comitê Internacional da Cruz Vermelha. (*N. do T.*)

anos, acompanhados por soldados. Um deles era um alemão que usava um boné de Chitral. O outro era um corpulento irlandês, de cabeça descoberta e vestido de *shalwar kemis*. Eram funcionários políticos das Nações Unidas.

O acordo que definia o futuro do Afeganistão tinha sido assinado em Bonn um mês antes. Dentro de cinco meses, uma assembléia "Loya Jirga" deveria escolher um novo governo. Lakhdar Brahimi, o Representante Especial das Nações Unidas que dirigia o processo, havia escolhido para seu gabinete alguns dos mais competentes afegãos expatriados: gente que falava bem o *dari* e o *pashto*, que havia trabalhado no país durante anos e tinha experiência da cultura das aldeias. Mas esse punhado de pessoas tinha de tratar dos interesses conflitantes dos governos estrangeiros, outras agências da ONU, líderes de milícias, organizações internacionais e tecnocratas afegãos. Tinham demasiado conhecimento das realidades práticas para serem do agrado tanto do novo governo afegão quanto da burocracia internacional. Por volta do fim do ano já haviam sido transferidos para funções quase sem importância.

Naquele momento, no entanto, ainda davam as cartas. O alemão e o irlandês foram levados de jipe ao único prédio de concreto da cidade. O teto plano estava completamente lotado de espectadores; em todas as janelas havia gente e mil pessoas enchiam a praça fronteira ao prédio. Os estrangeiros saltaram do jipe e atravessaram a multidão, apertando mãos. O dia estava ensolarado e todos aproveitavam o calor.

O irlandês pegou o microfone para explicar o processo da Loya Jirga, falando em *dari*, e viu os três estrangeiros no meio do povo enquanto falava: eu, Colin do CICV e um soldado do aeroporto. Sorriu e nós retribuímos o sorriso; acredito que todos estávamos surpresos por nos vermos no interior do Afeganistão.

O irlandês explicou à platéia que poderiam escolher um novo tipo de representante para a Loya Jirga. Tradicionalmente, a assembléia tinha sido dominada pelos senhores feudais proprietários de terra e pelos chefes de distritos como o comandante Haji Mohsin Khan, de Kamenj. A idéia era que pessoas comuns, inclusive mulheres, pudessem candidatar-se. Todos aplaudiram. Duvido, no entanto, que algum deles considerasse aquilo possível. Sem dúvida, Haji Mohsin pretendia fazer parte da Loya Jirga, e quem quisesse desafiá-lo teria de ser muito corajoso. Três meses depois, três dos novos deputados da Loya Jirga pelo distrito de Gur foram assassinados por milicianos locais antes que conseguissem chegar à assembléia em Cabul.

O Dr. Ibrahim, novo governador de Gur, ergueu-se para falar sobre democracia. Usava turbante e um par de óculos de aviador.

— Não use a palavra *democracia*. É antiislâmica — gritou um mulá a seu lado.

— *Democracia* não é uma palavra árabe e sim inglesa — respondeu o Dr. Ibrahim.

— Bem, nesse caso prossiga — disse o mulá.

Não creio que essa troca de palavras fosse importante para ninguém, mas todos pareceram satisfeitos.

Meia hora depois os helicópteros decolaram novamente.

Parti de Chaghcharan na manhã seguinte. Tive dois dias de repouso mas não me sentia descansado como esperava. Havia passado uma noite no chão dos escritórios do CICV, outra noite num frio estábulo de jumentos no centro da cidade e a terceira no escritório da *Afghan Aid*. Meus anfitriões estavam ocupados e queriam que eu saísse desses lugares logo de manhã cedo. Durante os dias, eu nada tinha a fazer a não ser perambular de uma a outra das casas de chá do bazar, com a mochila nas costas e Babur atrás de mim. Eu tinha guardado as peças de metal das duas extremidades do cajado e convenci um ferreiro a fixá-las em outra vara. Nada escrevi no diário. Tinha enxaqueca e tudo o que tentava comer me enjoava. Por isso passei um dia e meio sem comer nada.

O Lugar Ventoso

Depois de meia hora na estrada, desapareceu qualquer sensação de arrependimento por haver deixado Chaghcharan. Minha mochila ainda estava pesada, as montanhas eram altas e Babur continuava hesitante, mas senti que minha confiança e tranqüilidade voltavam com o movimento já conhecido de meus músculos. A estrada ia subindo suavemente do vale do Hari Rud em direção a um platô e dali atravessava as colinas ondulantes. Entre os buracos, pegadas e marcas de ferraduras na trilha, a neve derretida deixava trechos enlameados e pegajosos. À minha direita a silhueta da fileira de picos montanhosos dava voltas, arremetia e subia novamente, com a regularidade das ondas marinhas ou de transatlânticos que navegassem para o leste.

Passei por um grupo de rapazes de turbantes desbotados e rostos sujos de poeira, que tocavam uma manada de jumentos. Estavam brigando para decidir quem dirigiria os jumentos. Quando me viram, cutucaram Babur com seus cajados, assobiaram, gritaram perguntas e espicaçaram os jumentos ao meu encontro, quase me pisoteando, dizendo que eu jamais chegaria a Badgah antes do anoitecer.

Logo os deixamos para trás. Uma hora depois, sentado junto a um muro de barro, abri um pacote verde de biscoitos do exército britânico, com a inscrição "Biscoitos de Fruta S". Não tive vontade de comer mais de um e por isso dei o restante a Babur. Ele sequer os tocou. Finalmente, quando a tarde já terminava, chegamos a um vale no fundo do qual havia um antigo caravançarai de barro e duas torres na encosta mais acima. O Hari Rud estava em grande parte congelado e havia uma fileira de álamos sem folhas ao longo da margem. Junto ao gelo, um pastor tocava flauta sentado.

Ali era Badgah, o "lugar ventoso", terra natal do comandante Haji Maududi, que anteriormente fora aliado do líder de milícia Gulbuddin Hikmatyar, apoiado pelo Paquistão, e que agora possuía os únicos mísseis Stinger existentes em Gur. Eu tinha uma carta de apresentação, mas ele estava fora. Encontramos um filho dele, de dezesseis anos, no moinho da família, coberto de farinha de trigo. O rapaz não sabia bem o que fazer comigo, mas depois de longa espera levou-me a uma sala de hóspedes e ali me deixou pelo restante da tarde. No dia seguinte, não voltou para despedir-se. Fiquei agradecido por ter ficado sozinho.

Na manhã seguinte, começou novamente a nevar. Depois de dez minutos de caminhada parei para que Babur pudesse beber. Logo acima de nós o rio estava congelado e vimos quatro homens de uma aldeia vizinha que atravessavam os dez metros de gelo sem fazer pausa. Em seguida nos afastamos do Hari Rud, seguindo uma garganta em meio a colinas baixas. Começou uma leve chuva de granizo misturado com neve. Os pêlos negros entre o dourado do dorso de Babur se eriçaram, cada qual com uma pequena bola de gelo. Durante o dia, no entanto, tinha feito suficiente calor para que eu pudesse caminhar sem o casaco. Depois o granizo aumentou e tirei o casaco de dentro da mochila. Continuamos a caminhar durante três horas em meio a sinuosas colinas marrons, com trechos nevados e o sol oculto por trás de uma nuvem espessa. Até aquele momento tínhamos tido mais sorte com a neve do que o imperador Babur:

> *Quanto mais avançávamos, mais profunda era a neve. Em Chaghcharan, chegava aos joelhos dos cavalos. Dois ou três dias depois de Chaghcharan a neve ficou excessivamente profunda; atingia acima dos estribos. Em muitos trechos os cavalos não tocavam o solo com os cascos e a neve continuava a cair.*

Nosso guia era um certo Sultan Pashai. Não sei se por causa da idade avançada ou porque tivesse problemas no coração, ou ainda devido à profundidade inusitada da neve, mas quando ele se perdia não conseguia encontrar novamente o caminho para nos guiar. Havíamos tomado esta rota por recomendação de Qasim Beg [o antigo chanceler de Babur]. Assim, desejosos de preservar sua reputação, ele e seus filhos desmontaram, e após afastar a neve encontraram uma estrada, pela qual avançamos. No dia seguinte, como havia muita neve e não foi possível encontrar a estrada apesar de nossos esforços, fomos obrigados a parar completamente.

Babur, o cachorro, parou em meio à tempestade de neve para saborear o aroma de um montículo coberto de grama úmida. À medida que prosseguíamos o tempo ia mudando, assim como os ângulos agudos das encostas, revelando novos vales de cada lado. Minha mente vagueava entre poemas recordados pela metade e coisas que tinha feito e das quais me envergonhava. Tropecei na trilha irregular. Ergui os olhos para o céu além dos picos e senti o silêncio. Era assim que eu tinha imaginado um lugar ermo.

Ao meio-dia cheguei à aldeia de Gandab e dali deixei a estrada, tomando uma estreita trilha para as montanhas. "Fique na parte alta e sempre à direita. Não se deixe seduzir pela trilha à sua esquerda", tinham dito os aldeões.

Já na metade da subida das montanhas a neve caía mais rápido, apagando a linha de pegadas que eu seguia. Babur e eu tropeçamos várias vezes em trechos de mais de um metro de neve, e em pouco tempo nos vimos completamente molhados. A visibilidade era de menos de cinqüenta metros. Finalmente chegamos a uma crista e repentinamente as nuvens se abriram, mostrando alguns picos. Mas eu não via sinais de trilha e nem de povoação. À minha direita, a trezentos metros de altura, via-se o que parecia ser uma abertura na montanha, potencialmente um passo. Comecei a subir entre a neve densa, afundando a cada passo e progredindo lentamente. As encostas abaixo pareciam muito longas.

Ali Babur se deitou e não quis mover-se. O tempo piorava e a nevasca ficou mais forte. Curvei-me sobre o cão. Ele tiritava e respirava com dificuldade, num surto asmático. Fiquei abraçado a ele durante dois minutos enquanto o animal ofegava, lutando para respirar, mas finalmente o ataque passou e ele conseguiu levantar-se novamente. Achei que deveríamos descer, mas não via nenhuma trilha promissora.

Ambos estávamos cansados e com frio e precisávamos apressar-nos para chegar a Daulatyar antes do crepúsculo. Nossa direção deveria ser para o leste e por isso caminhei transversalmente pela encosta, puxando Babur e torcendo para que não houvesse fossos. Depois de meia hora de tropeços na neve ainda mais funda, chegamos a uma clareira. A névoa se dissipou e consegui ver na encosta seguinte uma linha de pegadas que desciam o monte. Começamos a segui-las e pouco depois, para minha alegria, vimos uma seta na rocha escura e arroxeada que apontava uma aldeia, e pequenas figuras que se moviam entre os álamos na margem do Hari Rud. Corremos, escorregando pela encosta nevada para entrar no amplo vale de Shinia.

A partir da aldeia continuei a caminhar para o leste. Passei por dois riachos semicongelados, saltando por entre as placas de gelo, mas Babur hesitava e tive de puxá-lo pela superfície gelada. Caminhávamos agora em meio a uma chuva de granizo. A névoa aumentou, escondendo os montes de ambos os lados.

Encontramos as marcas das rodas de um veículo. Os pneus tinham feito sulcos profundos e pegajosos, compondo uma passagem de seis metros de largura. Minhas botas agarravam na lama e preferi caminhar sobre o gelo nas margens do caminho. Era melhor, a não ser quando o gelo se rompia e meus pés afundavam na água gelada. Babur estava coberto de lama negra. Levávamos já nove horas caminhando.

Daulatyar estava a apenas quinze quilômetros de distância e provavelmente ainda havia duas horas de luz do dia, mas eu tinha me esquecido de que a lama e a neve nos retardariam o passo. Sentia-me sufocado pelo nevoeiro e pela neve e aprisionado pelo capuz de chuva que usava. Retirei-o. Podia ver e ouvir novamente. O dia estava muito silencioso e a planície parecia imensa. A neve que caía em meus olhos em ângulo de 45 graus me fazia sentir muito mais livre, mas meu pé direito parecia congelado e transformado em uma rígida placa de ferro.

A exaustão e a repetição criavam um espaço de exuberância e controle em meio à dor. Nesse ponto enxerguei dois jipes, com os faróis acesos, aproximando-se lentamente de nós no nevoeiro. Eram os primeiros veículos que via desde Chaghcharan, e as primeiras pessoas que via depois de muitas horas. Quando chegaram perto, os vidros elétricos de uma janela abaixaram. Era a equipe das Forças Especiais do aeroporto.

— Você é um maluco f.d.p. — disse o motorista. Depois sorriu e continuou, deixando-me na neve. Eu já tinha visto homens como aqueles quando estive no exército e no serviço diplomático, e não podia imaginar elogio maior. Continuei a caminhar, agora mais animado.

Chegamos a Daulatyar pouco antes de escurecer. Era a última aldeia *aimaq* antes das terras dos *hazara*. O chefe era Rauf Abdul Ghafuri. Todos em Chaghcharan haviam falado dele, acentuando seus antecedentes feudais,[50] sua posição na fronteira e suas ligações com os *hazara*. "Ele conhece os Begs [chefes] dos *hazara*", disseram-me. Davam a entender que tratar com os *hazara* era coisa estranha e perigosa. Faziam com que ele parecesse um coronel *yankee* no limite do território dos índios Sioux.

Rauf Abdul Ghafuri não veio imediatamente à sala de hóspedes, e quando o fez foi com uma atitude condescendente que eu não vira desde que deixara Haji Mohsin Khan. Na sala havia vários outros homens, e todos se levantaram de um salto. Ele apertou minha mão como aos demais, mas não tentou falar-me. Saí para ver como estava Babur.

Meu relacionamento com Babur progredia. Não era um cachorro brincalhão e rosnava quando eu chegava perto de sua comida,

---

[50] É um rico comandante militar, de família feudal. O tio, que chefiara a aldeia antes dele, fora aprisionado pelos russos em Chaghcharan e executado.

mas estava começando a confiar em mim. Se outra pessoa se aproximasse ele se afastava. Naquela noite eu consegui colocá-lo em um estábulo e envolvê-lo num cobertor, e em troca ele esfregou a grande cabeça na minha.

Eu estava orgulhoso dele. Embora ele tivesse bebido a água que me causara disenteria, acabava de caminhar doze horas sem descanso, atravessando uma distância de três mil metros com um metro e vinte de neve. Mas eu ainda não tinha certeza de que o cachorro tivesse forças para completar a viagem.

Era uma espécie de mastim, criado para ser cão de guarda contra lobos, cães e humanos. Eu não achava que sua constituição o habilitava a caminhar trinta ou quarenta quilômetros todos os dias. Era uma raça antiqüíssima. No físico era parecido com os mastins tibetanos que os romanos haviam trazido pela Rota da Seda, e no temperamento era como os cães ingleses que os celtas tinham utilizado nas lutas contra os romanos. O mastim é talvez a mais antiga raça de cães do mundo. Aparecem mastins nas pinturas murais do antigo Egito e nas frisas assírias. O parente mais próximo ainda existente é o mastim pastor da Anatólia, raça que se espalhou através do reino de Alexandre a partir da Turquia, onde esses cães são chamados Kangal ou Karabash (que significa cara preta), até o Uzbequistão. No Museu Britânico há uma cópia de uma estátua grega de um mastim da época de Alexandre. Com o ombro a setenta centímetros de altura, o cão está sentado, estendendo as grandes patas dianteiras para a frente e as traseiras dobradas para os lados. A cabeça está erguida em alerta. As orelhas e a cauda tinham sido cortadas, como as de Babur.

Dali em diante as pessoas se refeririam a Babur como Sag-e-Aimaq (um cachorro *aimaq*) — com certa reverência — reconhecendo por seu tamanho que ele vinha de Gur. Os cães de Gur estão mencionados nas mais antigas descrições da província e sempre foram considerados mastins especiais. Segundo cronistas seljuques do século XI, houve "uma raça notável de cães em Gur, tão robustos que no tamanho e força qualquer um deles poderia enfrentar um leão".

O rei da Montanha Turquesa tinha dois cães de Gur, um com seu próprio nome e outro com o do governante de Ghazni, e fazia com que lutassem. Nos dias em que o cão com seu nome perdia, era perigoso estar perto dele. A raça a que pertencia Babur fazia parte do tributo pago pelos guridas aos seljuques e tornou-se tão proverbial na cultura islâmica que um erudito medieval afirmou, segundo os registros, que "Avicena não poderia lutar com um cão de Gur".

Na manhã seguinte, depois de calçar meu par de meias e as botas, ambos úmidos, fui até o estábulo e chamei. Babur não veio. Estava deitado sobre seu próprio vômito, com pus nos olhos injetados de sangue e uma saliva espessa escorrendo pela boca.

Eu não podia deixá-lo ali e por isso esperei que se recuperasse enquanto desenhava um retrato de Rauf Abdul Ghafuri. Ao contrário de meus outros modelos, ele fez questão de ficar com o retrato. Também dei um charuto ao comandante. Ele nunca tinha visto aquilo antes, mas guardou-o rapidamente no bolso sem me agradecer, o que era uma espécie de elogio.

Quinta Parte

A terra dos Hazaurehs... xiitas violentos... é ainda mais rude do que a dos Eimauks. A esterilidade do solo e a severidade do clima são igualmente desfavoráveis à criação de gado. As mulheres... gozam de uma ascendência sem igual nas terras vizinhas... ali prevalece um costume chamado Kooroo Bistaun pelo qual o marido entrega a esposa aos abraços dos hóspedes. Os Hazara são muito passionais e extraordinariamente instáveis e caprichosos.

Mountstuart Elphinstone,
The Kingdom of Kaubul and Its Dependencies, 1815

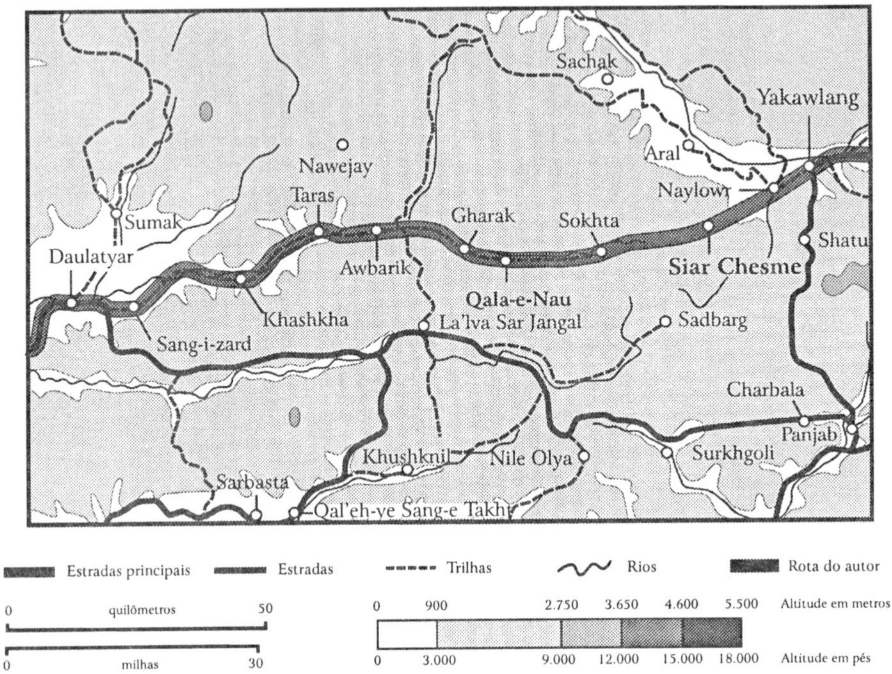

Vigésimo e vigésimo primeiro dias – Sang-i-zard
Vigésimo segundo dia – Taras
Vigésimo terceiro dia – Qala-e-Nau
Vigésimo quarto dia – Siar Chesme
Vigésimo quinto dia – Yakawlang

Um Mapa Feito de Nomes

QUATRO HORAS DEPOIS, havendo dormido, Babur parecia estar bem melhor e os diversos aldeões que o examinaram concordaram em que poderia suportar uma caminhada curta. Por volta de onze horas ele e eu deixamos para trás os rastros dos veículos e entramos no longo vale Sar Jangal.[51] Babur caminhava bem. No início da tarde, chegamos a um povoado onde, pela primeira vez, vi mulheres nas ruas. Usavam barretes quadrados de cores brilhantes e roupas com fios de prata. Não cobriam os rostos e me olhavam, imóveis. Notei que as peles eram muito pálidas e que tinham olhos estreitos e finos como os mongóis, o que era pouco comum nos afegãos. Uma das moças sorriu. Na praça central havia homens atarracados, de rostos rudes e largos e maçãs do rosto salientes. Imediatamente me convidaram para ir à mesquita. Era a primeira mesquita do Afeganistão onde me convidavam a entrar. Aquele era o povo hazara.

Seus ancestrais eram provavelmente colonizadores da Mongólia que chegaram ao Afeganistão central com os exércitos de Gêngis Khan, deslocando os ocupantes anteriores.[52] Quando o imperador

---

[51] Tínhamos abandonado ali a rota central a fim de tomar um atalho. A estrada normal de veículos vai de Daulatyar a Lal. Somente retomamos um trecho dessa rota uma semana depois, em Yakawlang.

[52] A edição de 1911 da Enciclopédia Britânica afirma: "Os Hazara são de origem mongol... descendentes de colonizadores militares trazidos por Gêngis Khan... deslocaram completamente os antigos habitantes de Hazarajat e Gur."

Babur os encontrou, eles dominavam uma vasta região entre Gur, Cabul e Ghazni. Alguns ainda usavam o idioma mongol, mas em geral falavam persa. O território era governado por Zulnun Arghun, um aficionado do jogo de xadrez.

O imperador Babur provavelmente estivera em uma aldeia próxima a esta, cerca de cinqüenta quilômetros além de Chaghcharan, quando enviou um grupo de sessenta ou setenta homens a fim de encontrar hazaras que pudessem servir-lhe de guias. Os homens voltaram sozinhos, talvez porque os hazara o temessem e odiassem, e tinham motivos para isso.[53] Eis o diário de Babur no inverno anterior:

> *Os turcomanos hazara haviam erguido suas casas de inverno no vale de Kesh e nós avançamos para cair sobre eles.*
>
> *Encontramos um camelo gordo e sem pêlos pertencente aos hazara e o trouxemos ao acampamento e o matamos. Comemos uma parte assada e outra seca ao sol. Nunca havia comido carne de camelo tão saborosa. Muitos não conseguiam distingui-la da de carneiro...*
>
> *Num desfiladeiro estreito, os hazara fortificaram a passagem de um riacho com ramos de árvores... Mas Qasim Beg [o velho chanceler de Babur] descobriu um trecho onde era possível passar um vau e conseguiu chegar à margem oposta. Tão logo atacou com seu cavalo, os hazara, incapazes de defender sua posição, fugiram. O grupo que tinha passado perseguiu-os de perto e abateu muitos deles... Chegamos onde estavam os*

Eu presumira inicialmente que se tratava de mais um mito racial. No século XIX aceitava-se a idéia de que raças inteiras migravam de maneira homogênea. Daí a tentativa de argumentar que os povos neolíticos cujos jarros de cerâmica foram escavados na Europa fossem etnicamente diferentes de seus antecessores. Eu presumi que tivesse ocorrido muito mais miscigenação com habitantes anteriores em todos esses encontros. Mas as características faciais dos hazara são de tal maneira distintas que efetivamente eles parecem haver expulsado seus predecessores. Babur, que os conhecia bem, escreveu que "entre os hazara há alguns que falam mongol...", dando a entender que tinham um forte ingrediente mongol, mas na altura de 1507 a maioria falava persa.

[53] Isso também se infere pelo fato de que ele achou necessário enviar 50 ou 60 homens somente para encontrar um guia hazara.

carneiros e as manadas de cavalos dos hazara, próximo a suas moradias de inverno, e eu recolhi para mim quatrocentos ou quinhentos carneiros e vinte ou 25 cavalos... As mulheres e filhos pequenos dos hazara escaparam a pé para as colinas cobertas de neve e lá permaneceram. Fomos um tanto descuidados por não os havermos seguido.[54]

Embora a população total dos hazara seja de 3,5 milhões, são os menos conhecidos entre os povos do Afeganistão. Isso se deve em parte ao fato de estarem concentrados nas montanhas centrais, altas e isoladas. Até o final do século XIX, apesar dos esforços de líderes como Babur, o Hazarajat era na prática um país independente. Na década de 1880 o território foi finalmente conquistado mediante uma intensa campanha militar realizada pelo rei afegão Abdul Rahman e incorporado ao Afeganistão. O rei deu aos pashtun grande parte das terras, escravizou muitos hazara e transformou-os no mais pobre dos quatro grupos étnicos do Afeganistão.[55]

Durante os séculos seguintes, os hazara foram considerados em geral ineficientes, covardes e insignificantes. Durante a guerra contra os russos, os jornalistas estrangeiros, que costumavam entrar no Afeganistão via Paquistão, a leste, somente chegavam até as comunidades pashtun ou tadjique, e por isso em suas reportagens raramente tomavam conhecimento da existência dos hazara. Em seguida, em meados da década de 1990, os hazara tomaram partes de Cabul, e os outros grupos étnicos passaram a considerá-los ma-

---

[54] Babur prossegue:
Alguns hazara prepararam uma emboscada numa caverna perto do vale. Sheikh Dervish, meu irmão adotivo que tinha participado de várias operações comigo, chegou perto da entrada da caverna e um hazara que estava lá dentro acertou-lhe uma flecha abaixo do peito; morreu no mesmo dia... [Mais tarde] mandei alguns soldados avançarem e capturarem o hazara que atirara nele. Aqueles miseráveis, com o sangue congelado de medo, ainda estavam na caverna. Nossos soldados encheram a caverna de fumaça e capturaram setenta a oitenta hazara, passando a maioria a fio de espada.

[55] No século XIX os pashtun dominavam a corte e foram isentados de impostos, enquanto os hazara que estavam na capital se tornaram principalmente escravos ou trabalhadores braçais.

lévolos e desumanos. "São mongóis", disse uma pessoa a mim, "e portanto são tão cruéis quanto seu antepassado Gêngis Khan."

O Talibã expulsou os hazara de Cabul em 1996 e em 1998 tomou a capital deles em Bamian, obrigando-os a recuar a resistência nas montanhas ou no Irã. Mais uma vez esse povo foi transformado em vítima, pois o Talibã os tratou com especial brutalidade, em parte porque a maioria deles era de xiitas. O Talibã e a maior parte dos afegãos são muçulmanos sunitas. Os hazara se consideram mais civilizados, mais místicos e mais tolerantes em relação às mulheres e outras religiões. O Talibã via os xiitas como hereges ou infiéis.[56] Achavam que a veneração dos xiitas aos santuários e imagens da família do Profeta, assim como aos doze imames (ou líderes), con figurava idolatria. Consideravam indício de superstição as lamenta ções e autoflagelação nas procissões xiitas, assim como os pequenos discos de argila que colocam sob a fronte ao rezar.

O ódio entre xiitas e sunitas não é exclusivo do Afeganistão. Eu já tinha visto militares paquistaneses com metralhadoras montadas em caminhões a fim de impedir que radicais sunitas atacassem as procissões xiitas do Muharram em Sahiwal, no Punjab. Em Hazarajat, no entanto, a violência religiosa tinha um forte componente étnico e cultural. O Talibã, composto em sua maioria pelos pashtun, desprezava os hazara devido a suas características faciais mongóis, suas tradições e seu comportamento em Cabul.[57]

---

[56] O líder talibã de Mazar fez um pronunciamento explícito a esse respeito e estimulou os "bons muçulmanos" a exterminá-los ou convertê-los.

[57] É difícil fazer generalizações sobre o Islã xiita e sunita. A disputa original era sobre quem seria o sucessor legítimo do Profeta Maomé, no século XII. Mas durante quatorze séculos cada uma das duas seitas desenvolveu suas próprias tradições e práticas. Alguns observadores cristãos consideram que os sunitas seriam os protestantes e os xiitas os católicos do Islã. Destacaram a autoridade dos sacerdotes aiatolás na tradição xiita e suas penitências dramáticas e emotivas, a incorporação de tradições locais e a preocupação com santos e milagres. Outros, porém, vêem os xiitas como reformadores protestantes que regressaram à religião original do Profeta quando a tradição sunita anterior foi corroída pelo poder.

Nenhum sunita havia me convidado a entrar em uma mesquita durante minha caminhada, mas em Hazarajat em geral me faziam visitar uma mesquita muito antes de me convidarem para uma casa. Tinha sido assim nas regiões xiitas do Irã. Agora um homem idoso dos hazara fez-me sentar no chão, onde tinham lugar as orações, e saiu para buscar chá. Enquanto sorvíamos a bebida e conversávamos, três homens rezavam num canto e outros três dormiam. Indaguei do velho como era o caminho adiante e ele fez uma lista das aldeias e das distâncias entre elas.

— De onde você veio, e para onde vai?

— Estou fazendo uma caminhada de Herat a Cabul.

— A pé? Aqui é justamente a metade do caminho. Meu avô me disse que daqui a Herat são quinze *farsang* e outros quinze dias a pé até Cabul. Meu avô sabia de cor todos os lugares de pousada para a viagem de um mês. Lamento que ele já não esteja vivo para conversar com você.

Eu não levava um mapa detalhado porque não queria que pensassem que era espião, e fiquei preocupado quando soube que o imperador Babur se havia perdido no trecho entre Chaghcharan e Yakawlang. Três dias antes, nas casas de chá de Chaghcharan, eu conversara sobre roteiros e distâncias com alguns aimaq que conheciam todas as povoações na estrada principal entre Yakawlang e Lal.

Um velho que nos ouvia a certa distância perguntou:

— Você está mesmo caminhando?

— Estou.

— Então deixe de lado a estrada — disse ele —, porque não precisa ir até Lal. Serão pelo menos mais dois dias de viagem. Saia da estrada de veículos em minha aldeia natal de Daulatyar, que fica a apenas dois dias de caminhada daqui, entre na antiga trilha subindo o vale Sar Jangal e atravesse o passo elevado em direção a Yakawlang. Pode fazer isso em uma semana.

— Você já andou por esse caminho? — perguntei.

— Não inteiramente, mas meu pai me falou dele.

— Não seria seguro para nós. Temos estado em luta contra os hazara — disse um jovem aimaq.

Voltei-me para o velho.

— Pode me dizer quem são os principais chefes do vale?

— Mir Ali Hussein Beg é o homem mais importante do vale Sar Jangal.

— Posso chegar até ele em um dia de viagem a partir de Daulatyar?

— Não — riu-se ele —, são três dias a partir de Daulatyar. Em um dia você pode chegar ate Mukhtar, onde está Mirza Beg, e depois a Charasiab, terra de Abdul Rezak Khan.

— Não, não, Hamid Khan em Dahan Gulamak — gritou outro homem do lado oposto da sala.

— Depois Mir Ali Hussein Beg em Katlish — continuou o primeiro.

Todos concordaram e repetiram:

— Sim, Mir Ali Hussein Beg.

— E em seguida Ghulam Haider Khan, em Shahi Murri — prosseguiu o velho.

— Não — interrompeu outro. — Primeiro Wakil Hadim Beg em Espiab.

Olhei para o velho, que deu de ombros.

— Wakil Hadim? — perguntei, anotando.

— Talvez eu tenha me enganado... Wakil Hadim não... Wazir Beg.

— E tambem Shahi Murri — repetiu o velho —, mais um dia e você chegará a Yakawlang.

Estavam descrevendo mais de cem quilômetros passando por aldeias que não puderam visitar por cerca de 25 anos, e que pertenciam aos hazara, de quem desconfiavam. Conheciam a maior parte do roteiro somente por meio de histórias contadas nas salas de hóspedes de seus pais. Todos porém sabiam recitar de cor nomes de pessoas e povoados nas trilhas em todas as direções. Era um mapa muito útil. Explicava tudo o que era de interesse para um homem viajando a pé: as melhores trilhas, as distâncias que poderiam ser percorridas em um dia, as pessoas com quem falar em cada aldeia. Quanto mais distante do lugar de origem do informante, menos exatas eram as informações. (Neste caso, a pessoa dizia que bastava um dia para ir do castelo de Mir Ali Hussein Beg a Yakawlang, mas na verdade eram necessários quatro, porque o informante não sabia os nomes das aldeias intermediárias.) Mas eu consegui acrescentar detalhes que obtinha nas aldeias durante o trajeto, até ser capaz de recitar de memória todas as etapas:

> *Primeiro dia: Comandante Maududi em Badgah. Segundo dia: Rauf Abdul Ghafuri em Daulatyar. Terceiro dia: Bushire Khan em Sang-i-zard. Quarto dia: Mir Ali Hussein Beg, de Katlish. Quinto dia: Haji Nasir-i-Yazdani Beg, de Qala-e-Nau. Sexto dia: Seyyed Kerbalahi, de Siar Chesme...*

Recitei e segui essa música dos lugares no caminho, como se fosse um mapa. Recitava-a para mim mesmo, inclusive depois de deixar as aldeias, usando-a como uma credencial. Quase todos reconheciam os nomes, até a cem quilômetros de distância. Recitá-los me dava uma sensação de quase-pertencimento: convencia anfitriões hesitantes a hospedar-me, e dava a impressão de que eu tinha ligações com gente poderosa a quem pretendesse atacar-me. Mas eram nomes de pessoas vivas e cada nome provocava reações diferentes: "Como conhece Mir Ali Hussein Beg? Quem lhe disse para chamar Haji Nasir com o título de 'Beg'?"

Todos os homens constantes da lista viviam em fortalezas de barro, a maioria nos vales junto ao rio Hari Rud, porém às vezes nas encostas elevadas, acima de suas aldeias. Eram os antigos chefes tribais do povo hazara e os principais eram chamados "Beg", como o antigo chanceler de Babur, Qasim Beg. Era uma palavra cuja origem vinha do antigo turco, para designar um líder.

Recepção a Desconhecidos

Os AIMAQ FREQÜENTEMENTE SE QUEIXAVAM da hospitalidade dos hazara, mas eu ficara muito impressionado com a maneira como fora recebido na mesquita em Daulatyar. Naquela tarde encontrei um grupo de meninos de dez anos de idade nos arredores de uma aldeia e perguntei a um deles para que lado ficava Sang-i-zard. Ele respondeu que não sabia, o que me surpreendeu. Supostamente, estaria perto. Tão logo me voltei ele atirou uma pedra, que acertou minha cabeça.

Gritei:

— Como se atreve? Quem é seu pai?

— Não tenho pai.

Tentei agarrá-lo, mas ele subiu correndo o morro, seguido por seus amigos. Quando me voltei novamente, todos eles me atiraram pedras e imitaram o uivo *aabag* a fim de que seus cachorros atacassem Babur, e a matilha inteira desceu a encosta em nossa direção. E enquanto Babur se encolerizava e eu combatia com o cajado, um velho da aldeia permaneceu calmamente sentado, observando.

Era a primeira vez em dezoito meses de caminhada que alguém atirava uma pedra contra mim, e eu estava ainda na segunda aldeia hazara. Subi correndo o morro em direção ao avô, enquanto os meninos fugiam.

— Por que não manda suas crianças pararem com isso? — gritei. — É assim que os hazara tratam um viajante?

O velho deu de ombros. Vários adultos surgiram das portas das casas para olhar. Outro cão da aldeia saltou nas costas de Babur e eu bati nele com força com meu cajado. O cachorro saiu mancando. Os homens disseram:

— Os meninos são meninos. Para que trouxe um cachorro? A culpa é sua. Foi isso o que os estimulou.

Fiquei pensando se teriam agido de maneira diferente caso uma das pedras tivesse aberto minha cabeça.

Após mais meia hora de caminhada cheguei a um pequeno bazar onde vi três jovens hazara. Um deles se aproximou, sorrindo com demasiada facilidade, e perguntou se eu estava cansado e para onde ia. Em geral as pessoas se mostravam desconfiadas comigo e com o cachorro, mas o rapaz parecia muito confiante. Respondi e segui meu caminho.

Poucos minutos depois, a trilha se transformou em uma garganta estreita margeando o Hari Rud. O sol estava prestes a se pôr. Não havia casas, apenas uma encosta cheia de detritos e um barranco à minha esquerda, que levava ao rio. Olhei para trás e vi que três homens me seguiam. Continuei a andar. Ouvi um ruído atrás de mim. Sobressaltado, voltei-me e vi que tinham jogado uma pedra grande no rio. Parei e esperei que chegassem mais perto.

— Como é seu nome? — perguntei ao que tinha falado comigo.

— Meu nome? — disse o homem, com um sorriso mais largo.

— Sim. Como é seu nome?

— Meu nome é... Mohammed.

— E o seu? — perguntei ao segundo.

— Aziz — disse ele, e o primeiro emendou: — Não, o nome dele é Hussein.

— De que aldeia vocês são?

— De uma das próximas.

— Como é o nome da aldeia?

— O nome?

— Sim. O nome de sua aldeia.

— Emir Beg.

— Onde fica Sang-i-zard?

— A dois dias de caminhada.

Reduzi meu passo e eles fizeram o mesmo. Parei para amarrar meu calçado e eles se juntaram a meu redor. Um deles sussurrava algo aos outros. Virei-me e vi um homem que vinha pela trilha, a trezentos metros atrás de nós. Comecei a caminhar na direção dele.

Os três me acompanharam por alguns instantes e depois pararam, esperando para ver o que eu faria. O homem que vinha caminhando em minha direção era um velho hazara de barbicha branca.

— A paz esteja contigo — disse eu ao velho. Era um homem bastante idoso.

— Contigo também — murmurou ele, tentando passar adiante como se não quisesse deter-se neste caminho já perto do crepúsculo.

— Venho da Escócia — disse eu. — Sou viajante, hóspede de seu país. Posso caminhar com o senhor?

O velho deu dois passos, como se tivesse resolvido não me dar atenção, mas depois parou e olhou para mim e para Babur.

— Sim. Caminhe comigo.

Comecei a andar junto dele e os três homens seguiram à nossa frente.

— Aqueles três — perguntei — são de alguma das aldeias adiante?

— Não, são da aldeia que ficou para trás. São gente má.

— E qual é o nome da aldeia?

— Mukhtar.

Começou a nevar. Caminhamos juntos, em silêncio. Depois de alguns minutos chegamos a um grupo de casas. Os três se viraram e viram que eu ainda caminhava em companhia do velho. Não estavam usando casacos e não podiam estar confortáveis em meio à neve que caía.

Depois de um instante, entraram em uma casa e fecharam a porta.

— Onde fica Sang-i-zard? — perguntei.

— A uma meia hora de caminhada. Quer ficar comigo nesta aldeia? — perguntou o velho. — Essa tempestade de neve vai durar uns dois dias.

— Obrigado, mas preciso continuar.

— Deus esteja contigo.

A neve continuou a cair e os três homens não me seguiram.

Já estava escurecendo quando vi uma aldeia em uma encosta do outro lado do rio Hari Rud. O vale era estreito e as encostas muito íngremes. Por entre as falhas no gelo que cobria o rio passava uma corrente rápida e turbulenta de água escura. Não havia ponte e o rio tinha largura de nove metros. Babur e eu atravessamos por uma estreita passagem de gelo, coberta de neve, e depois subimos até a orla da aldeia. As casas eram cabanas de barro, aglomeradas no morro. A neve cobria parcialmente as paredes e os tetos planos, escondendo a lenha e o esterco seco estocados para combustível. A neve da trilha derretera, revelando uma mistura de lama e excrementos humanos. Talvez por causa do frio não havia odores.

Ali era Sang-i-zard. Não havia canais, jardins nem alamedas arborizadas como as de perto de Obey. Os campos de cultivo eram estreitos. Qasim tinha dito que as planícies irrigadas eram "pobres". Aquele lugar era muito mais pobre. Caminhamos pela trilha íngreme em direção ao portão do castelo, seguidos por um grande número de crianças.

Os muros do castelo tinham doze metros de altura. Em cada canto havia uma torre redonda com fortificações no topo. Através do portão, que tinha o dobro da altura de um homem, um grupo de mulheres de rostos orientais pálidos veio em direção às crianças, batendo nelas com varas de espinheiros. As crianças se dispersaram. Entrei no pátio, que parecia muito pequeno para um castelo daquelas dimensões.

Mostrei à mais velha das mulheres minhas cartas de apresentação de Rauf Abdul Ghafuri, o rico comandante de Daulatyar.

— Pode deixar seu cachorro aqui, mas não pode ficar — disse ela. — Meu marido está fora. Terá de dormir na mesquita.

Alojei Babur em um estábulo e voltei à mesquita no sopé da montanha, onde tirei as meias molhadas. Estava encharcado e a mesquita era fria. Logo que me sentei num tapete de oração comecei a sentir-me mal. Eu me perguntava quando poderia mudar as roupas molhadas. Durante uma hora observei as preces e respondi a perguntas sobre minha viagem, e um homem chamado Akbar me convidou a hospedar-me em sua casa

Morava em um sobrado na orla da aldeia. Havia dois quartos no andar de cima e um grande curral para carneiros no de baixo. Só havia um animal no curral.

Tirei minha *shawar kemis*, vesti uma muda de roupa e pendurei as molhadas perto do fogão. Akbar me ofereceu uma rica sopa de feijões. Enquanto eu comia as mulheres se juntaram ao longo das paredes para observar-me. Uma delas amamentava um bebê no seio. A avó de Akbar me perguntou de onde eu vinha. Os aimaq tinham me dito: "Os hazara têm uma atitude muito incivilizada para com as mulheres." Talvez se referissem ao antigo mito de que os hazara emprestavam suas esposas aos hóspedes, ou talvez somente quisessem dizer que as mulheres hazara conversavam com eles.

Era a primeira vez que eu estava no mesmo cômodo com uma mulher em uma aldeia afegã. Especulei se aquilo não seria uma das poucas heranças de costumes mongóis entre os hazara. Numa tenda mongol, as mulheres tomam parte importante, respeitada e ruidosa na conversação.

Na parede do quarto de hóspedes havia uma foto de Akbar, tirada cinco anos antes. Fora colorida à mão no estúdio, de forma que seu rosto rosado e paletó cor de limão ficavam em destaque contra um fundo de um colorido pôr-do-sol tropical.

Folhas no Teto

Durante a noite tive de passar nove vezes por cima de Akbar, que dormia perto da porta. Tateei pelas escadas às escuras, passando além do curral de carneiros, abri as pesadas portas de madeira e entrei tropeçando na tempestade de neve que continuava. As velas da aldeia tinham sido apagadas pouco depois de escurecer e não havia nenhuma luz. Minha disenteria estava tão forte que duas vezes sujei as calças antes de conseguir chegar à porta. Estava me desidratando e nenhum dos antibióticos e antiespasmódicos que tomava parecia fazer-me bem. O único lugar onde poderia conseguir cuidados médicos elementares ficava a três dias de caminhada na direção oposta à minha e provavelmente não teria os remédios adequados. Minha esperança era recuperar-me sozinho. Eu me perguntava se era desta forma que eu morreria.

Já estava nevando fazia três dias quase sem interrupção e ainda nevava forte na manhã seguinte. Os aldeões insistiram comigo em que não prosseguisse a caminhada em meio à nevasca, e pelo menos daquela vez fiquei satisfeito por aceitar o conselho. Convidaram-me a descansar na sala de hóspedes do castelo e passei a maior parte do dia deitado de costas no chão. O castelo não podia gastar muito combustível e por isso o fogão não tinha sido aceso, mas permitiram-me acender uma pequena fogueira. Estava tão frio quanto em qualquer castelo da Escócia. Cobri-me com o casaco, mas ainda tiritava.

O teto do castelo, que eu observei durante horas, consistia de uma estrutura de galhos de álamos com as folhas castanhas e enroladas ainda presas a eles. O chão de barro estava parcialmente coberto por um cobertor de listras já muito usado, dois pedaços de feltro escuro e um tapete barato de estilo Bucara. Num canto havia uma pilha de colchões sob um lençol branco encardido. Não havia decorações nas paredes a não ser uma foto de meu hospedeiro ausente, o senhor feudal Bushire Khan, de bigode fino e chapéu de feltro. Parecia um gângster de Xangai dos anos 30.

A febre me fazia ver tudo de maneira lenta e indistinta. Não conseguia acompanhar um pensamento por mais que alguns instantes sem descambar para acontecimentos surrealistas e desconexos. Via-me caminhando aos tropeços por horas na neve, interrompido de vez em quando por cães furiosos. Fiquei pensando se tudo seria igual durante o resto da viagem até Cabul.

Naquela tarde, um jovem me acordou, sacudindo-me.

— Estou doente, pode me dar alguma coisa?

— Não sou médico — respondi.

— Você tem remédios. Vimos você tomando.

— Qual é o seu problema? — perguntei.

— Sinto dores no corpo todo.

Dei a ele duas de minhas oito pílulas de Ibuprofen e fechei os olhos. Fui novamente acordado por uma senhora muito idosa vestida com o que pareciam ser sete camadas de um tecido de algodão estampado. Estava sentada no chão, com as pernas finas diante de si.

— Estou doente — disse ela.

— Que está sentindo?

— Sinto dores no corpo todo.

Tirei as seis pílulas restantes de Ibuprofen e dei duas a ela. Ela pegou as outras quatro também. Tirei-as da mão dela.

A velha lamentou as dores e a falta de generosidade do mundo. Achei um Panadol no fundo da mochila e entreguei a ela.

Um homem de cicatriz no rosto entrou na sala, curvando-se sob o portal baixo. Chamava-se Mohammed Amir e vestia calças desbotadas de camuflagem e uma jaqueta preta de bombardeiro.

Fez-me uma preleção sobre a seca, os campos arruinados e os poços vazios, obrigando-me a tomar nota de estatísticas sobre a colheita: "oito mil tokm-roi-Zamin", escrevi em meu diário. Não entendia o que as palavras significavam, mas sabia que tinham algo a ver com a produtividade da terra. Depois pediu-me que conseguisse ajuda das organizações internacionais em Cabul e solicitou pílulas para a mulher de um amigo. Disse que ela tinha uma diarréia muito forte e eu entreguei minhas últimas doses de antibióticos, com certa tristeza porque achava que eu mesmo precisava deles. Pediu-me que desenhasse um retrato dele, o que fiz, embora tivesse dificuldade para concentrar-me no papel.

Acordei mais tarde sentindo-me melhor e vi uma jovem perto do fogo. Parecia ter uns dezessete anos. O rosto pálido e belo estava franzido pela concentração ao derramar esterco seco de animais na lareira. Os cabelos e sobrancelhas eram muito negros, como se tivessem sido tingidos. Usava um casquete dourado envolto em um turbante azul bordado. Sobre o vestido de tecido brilhante azul tinha uma jaqueta roxa e um cardigã verde bordado de lã. Por baixo da saia via-se um par de calças compridas azuis de veludo-cotelê. Ela ergueu a cabeça e encontrou meus olhos. Eu sorri. Olhou-me sem expressão e voltou-se, saindo da sala.

No dia seguinte, outra jovem de olhos negros observava-me enquanto eu conversava com o pai. Tinha um longo colar de pérolas artificiais por cima de uma jaqueta roxa bordada com fios de ouro e prata. Segurava as pérolas na mão e as balançava lentamente de um lado para o outro, olhando-me fixamente o tempo todo. Olhei para trás ao sair da sala e despedi-me dela, mas a jovem desviou o rosto, sorrindo, sem responder.

Chamas

Naquela noite um tio idoso de Bushire dormiu na sala comigo e roncou constantemente. Acordei sentindo-me mais descansado e contente. Saí ao ar livre sob o sol brilhante, e vi que as crianças tinham tirado Babur do estábulo e ele se pavoneava na laje da cobertura do castelo. Em geral não atendia quando eu o chamava, mas veio correndo ao ver-me.

Na empoeirada sala de hóspedes as chamas eram vivas sob a chaleira enegrecida. O velho esquentava as meias junto ao fogo e cofiava os poucos tufos de barba do queixo e do lábio superior. Os outros afegãos zombam dos hazara porque não conseguem ter barbas abundantes. Quando nos sentamos para tomar o chá e comer o pão, indaguei sobre os chefes da região.

— Lamento — disse ele —, mas não julgue este castelo e esta família pela posição atual. Os proprietários são Begs, chefes da tribo Pés Negros dos hazara, descendentes de Mohammed Ali Beg Tehsildar de Sang-i-zard, Tehsildar do rei Abdul Rahman, e chefe hereditário de duas mil famílias. Uma das quatro grandes famílias deste vale junto com Daulatyar, Mir Ali Hussein Beg em Taras e minha própria família em Mukhtar.

— E agora?

— Não têm dinheiro para comprar a lenha de uma lareira para aquecer a sala de hóspedes do castelo.

— Por quê?

— Porque não lutaram bem nas guerras.

— Os russos estiveram aqui?

— Não. A luta foi nas aldeias e entre as aldeias. Os iranianos deram armas aos mulás e pagaram a eles para que tirassem as terras dos Begs feudais e as dessem ao povo. Esta família perdeu tudo o que tinha ao longo dos últimos dez anos, todos os rebanhos e todas as terras. Só restou o castelo.

— E quem ficou com as terras?

— Nosso novo comandante. Mora numa casa na parte baixa da aldeia e ninguém pode tocá-lo.

Meu anfitrião pediu a um homem chamado Nadir que me guiasse na partida de Sang-i-zard. Fazia muito frio. Quando saíamos do castelo, Babur piscou os olhos e afastou a cara do vento, enquanto eu puxava a manta para proteger o rosto. Era difícil adivinhar a temperatura, mas imaginei que fosse de vinte graus negativos.

Talvez por estar descansado, prestei mais atenção à paisagem do que de costume. Um céu azul-escuro se abria sobre a neve e, onde recaía o sol, as fendas na terra pareciam sombras num veludo branco. Caminhamos durante uma hora no centro do Hari Rud congelado, sobre uma neve tão espessa que mal conseguíamos saber onde ficavam as margens. O imperador Babur descreveu essas condições atmosféricas em seu primeiro ataque contra os hazara:

> *Naquele inverno a neve estava muito profunda, o que tornava perigoso sair da estrada principal. As margens da correnteza na parte do vau estavam cobertas de gelo e era impossível atravessar o rio em qualquer lugar fora da estrada, por causa do gelo e da neve...*

Moitas altas, parecendo de cornisos, erguiam-se ao longo do Hari Rud. Os galhos eram alaranjados e amarelos, e subiam do gelo como labaredas verticais. Também havia salgueiros de troncos prateados, com botões de cor marrom escura e algumas folhas de tom dourado pálido que farfalhavam como asas de cigarras ao vento gélido. À medida que a neve derretia ao sol, o Hari Rud ia se transformando, primeiro em uma lâmina de gelo turquesa e em seguida numa torrente de água azul escura. Passamos para a margem.

Permanecemos sobre a crosta de neve, que nos sustentou por duas horas, mas depois de algum tempo já afundávamos até os joelhos. Começamos a marchar acompanhando as pegadas compactadas das pessoas que tinham passado pela trilha naquela manhã. De vez em quando encontrávamos um par de bandeiras de náilon de cores brilhantes, que marcavam o local do túmulo de um mártir.

Apesar de meus protestos, Nadir carregou minha mochila durante as primeiras três horas. No Afeganistão eu sempre tinha levado a mochila, mas fiquei agradecido pela oportunidade de descansar. Peguei-a novamente pelas cinco horas seguintes, até que vimos os muros cor de café do castelo de Taras, que parecia pequeno diante das faldas da montanha cobertas de neve, como flocos de sorvete.

Os guardas do castelo queriam que eu ficasse com eles, mas quando soube que ninguém da família do Beg se encontrava em Taras preferi continuar em direção ao outro castelo de Mir Ali Hussein, em Katlish. Achei que haveria melhor alimentação e conversa do que na sala da guarda, e queria tentar obter uma carta de recomendação dos Begs, já que eram os governantes mais importantes do vale. Nadir e o povo da aldeia tentaram dissuadir-me, dizendo que faltava uma hora para escurecer e a caminhada a Katlish duraria quatro horas. Algo no tom de voz deles, no entanto, sugeria que não fosse verdade.

Babur, porém, estava menos ansioso por prosseguir. Deitou-se na neve e recusou-se a andar. Tentei puxá-lo pela corda mas ele continuou imóvel. Levantei-o pela metade e finalmente, num esforço para conseguir que movimentasse um pouco os membros exaustos, arrastei-o tropeçando por uma descida nevada até o que me pareceu ser um campo de neve, e lá, entre gritos de deleite dos aldeões, caímos juntos no Hari Rud, varando a capa de gelo.

Continuamos a caminhar por mais uma hora, muito molhados. O sol deixou nossa margem do Hari Rud e o vento era forte. Uma luz lilás bastante intensa iluminava os picos acima de nós. Chegamos a Katlish logo depois de escurecer. O povo relutou em oferecer abrigo para Babur, mas eu insisti. A discussão levou algum tempo e, quando finalmente a questão foi resolvida, ele já devia estar com muito frio. Senti-me aliviado quando finalmente o sequei, dei-lhe de comer, coloquei-o para dormir e entrei no castelo.

Zia, de Katlish

NAQUELA NOITE PEDIRAM-ME novamente que fosse dormir na mesquita ao lado do castelo. Zia, de vinte anos, sobrinho do senhor feudal Mir Ali Hussein Beg, desculpou-se dizendo que isso era apenas porque não havia aquecimento no castelo, mas me parecia que normalmente os visitantes dormiam na mesquita. Esta servia não apenas de lugar de oração e abrigo de hóspedes, mas também de salão de refeições, sala de conferências e escola. As paredes eram feitas de barro e estavam bastante arranhadas, sujas de gordura, cravejadas de buracos semelhantes a túneis de cupins e traças; havia uma lousa e um pequeno quadro bordado mostrando a Caaba em Meca. No Irã viam-se pôsteres do aiatolá Khomeini, mas ali não havia uma figura governamental a ser idolatrada, nenhum pai da pátria, nenhum rei. Mesmo assim, era evidente que o Beg havia gasto dinheiro com a mesquita, que possuía um tapete de feltro, três grandes janelas e flores de gesso no teto.

Como para confirmar o aspecto secular do prédio, havia três cabeças de ibex, penduradas no átrio, com seus chifres curvos de quase um metro de comprimento. Os ibex, grandes cabritos das montanhas, são os mais reverenciados entre os animais das cordilheiras asiáticas, junto com os leopardos da neve. Antigamente ocupavam todo o maciço montanhoso da Ásia, desde o Afeganistão até a terra original dos hazara na Mongólia. Como os leopardos da neve, no entanto, hoje em dia estão quase extintos. Sem dúvida já não havia nenhum naquela região.[58]

Naquela noite havia cerca de quarenta homens na mesquita. Zia estava sentado na posição de honra, comigo à direita e o mulá à esquerda. Os aldeões estavam bem preparados para o inverno. Os mais velhos usavam calças de cânhamo e meias grossas feitas pelas esposas, amarradas na canela com fios de lã. Muitos dos jovens vestiam calças de camuflagem. Todos tinham camisas, paletós, suéteres, coletes e jaquetas sobrepostas, e talvez tivessem outras vestimentas abaixo dessas. Enrolavam os turbantes negros sob os queixos e sobre as orelhas, emoldurando as barbas e os rostos rugosos e queimados pelo sol. No inverno não se lavavam, e o odor era forte.

Zia tinha na cabeça um chapéu bordado de oração e vestia um cardigã de acrílico enfeitado, que parecia ter vindo de uma loja barata de Teerã. O rosto era pálido. Era o primeiro afegão sem barba que eu via, desde Abdul Haq. Foi ele quem iniciou a conversa. Eu já tinha ouvido muitas vezes os discursos solenes de homens idosos, sobre as virtudes do Islã, a glória da *jihad*, a necessidade de ajuda em medicamentos e desenvolvimento e sobre a destruição do Afeganistão, com os ouvintes repetindo em coro os trechos mais conhecidos. Zia, no entanto, parecia refletir naquilo que dizia.

— Acho que temos de agradecer pela intervenção dos Estados Unidos — disse ele, lentamente — porque pelo menos por um momento temos paz.

— A paz se deve à partida do Talibã? — perguntei.

— Não... o Talibã não era um problema aqui. Vieram duas vezes em operações militares para recolher armas como parte do programa de desarmamento... mas depois disso nunca mais apareceram no vale.

— Então, quem causou a violência?

— Nós mesmos causamos.

---

[58] O ibex surge constantemente na arte mongol, e seu sangue, preparado em conserva — um líquido grosso e avermelhado, semicoagulado, que tive dificuldade em engolir —, é considerado um tônico poderoso pelos mongóis.

— E os russos também — interrompeu um jovem.

— É verdade, nos anos 80 esta mesquita e o castelo foram atingidos por foguetes dos helicópteros russos de ataque, mas não lutávamos entre nós. As coisas começaram a desmoronar depois; as pessoas se rebelaram contra os chefes tribais...

— Sang-i-zard — disse o homem à minha direita.

— Sim, em Sang-i-zard, onde você passou a noite ontem... os Begs perderam as terras e o poder...

— Mas aqui os Begs não perderam nada — disse o jovem, e todos riram.

O Beg Zia prosseguiu:

— Mas houve também lutas entre as diversas aldeias deste vale. Matamos trinta homens de Sang-i-zard e eles mataram dez dos nossos, e por isso ainda existe uma rixa de sangue entre nós. Há 25 anos não é possível caminhar do princípio ao fim da estrada que você está percorrendo porque é muito perigoso para nós. Você está seguro porque é estrangeiro. Se um de nós fosse a Sang-i-zard poderia ser morto. O mesmo aconteceria se fôssemos para o leste. Porém... há dois meses não há assassinatos. As pessoas têm medo dos americanos.

— Que vai acontecer de agora em diante?

— Não sabemos — disse um dos aldeões.

— Estamos esperando para ver se o governo nos obrigará a devolver as terras e rebanhos que roubamos uns dos outros durante os últimos 25 anos — disse Zia. — Isso não vai ser fácil. Mas se isso não acontecer, as rixas continuarão.

— Não estou de acordo — disse um homem da aldeia. — Você é muçulmano?

Ninguém tinha receio de interromper Zia, provocá-lo ou discordar dele mesmo sendo ele o senhor feudal. Todos se sentiam livres para iniciar suas próprias conversas ou fazer-me perguntas. Parecia que até mesmo uma decisão de saquear outra aldeia, ou de matar alguém, somente aconteceria depois de um debate, argumentação e desacordo. Mas quando foi anunciado o jantar, todos ficaram em silêncio.

Zia pediu a quatro homens que fossem à cozinha do castelo e a outro que abrisse uma toalha e colocasse pão diante de nós dois. Apesar das divergências, Zia era evidentemente respeitado. Um homem entrou com um jarro e uma bacia de prata, derramou água morna sobre nossas mãos e secou-as com uma toalha branca e limpa. Outros trouxeram arroz, uma grande vasilha cheia dos melhores cortes de carne de carneiro escolhidos especialmente para mim, uma travessa com as costelas e rins, um pote de iogurte frio fresco e doces da marca Cadbury vindos do Irã. Quando o iogurte acabou, trouxeram mais.

Nos últimos seis dias e noites em casas afegãs, Babur e eu somente tínhamos comido pão, de manhã e no almoço. Às vezes nos davam arroz puro à noite, mas não havíamos comido carne, legumes ou frutas. Agora eu provava o alimento de um grande chefe feudal. Era muito além dos recursos dos homens que nos observavam. Fiquei muito grato pela generosidade e pelas proteínas. Queria levar um pouco de carne para Babur, mas a carne era muito preciosa e os aldeões se zangariam se me vissem dando-a a um cachorro.

Ao amanhecer, os jovens continuaram deitados nos colchões durante mais meia hora enquanto os velhos rezavam. Saí ao ar livre. Num arco brilhante, a luz cor de laranja e amarelada do sol surgia forte e elevada da cordilheira leste, misturando-se com uma massa de nuvens cinzentas. Uma urraca desceu do céu e jogou as asas para a frente, de modo que pairasse sobre a crosta de neve antes de tocar o chão. Desde Kamenj eu não vira um só pássaro. Todos tinham fome e portavam armas por lá, e isso não era benéfico para a fauna. Eu tinha mencionado que na Inglaterra costumava-se comer ovos fritos na refeição matinal e por isso foram-me servidos ovos em um leito de cebolas. Dois homens a meu lado ocupavam-se em manter cheia minha xícara de chá, mexendo-a constantemente com generosas porções de açúcar.

Pelo quarto dia seguido, eu e Babur caminhamos durante oito horas sobre estreitas trilhas cobertas de gelo e marcadas com pegadas, por entre barreiras de mais de um metro de neve de cada lado. Desta vez fui acompanhado por Hussein Ali, um homem do castelo, de ombros largos e meia-idade. Agora, mais longe da estrada principal e tendo penetrado mais profundamente no vale do Sar Jangal, todos os chefes feudais pareciam sentir-se na obrigação de proporcionar-me escoltas até o próximo chefe. Eu ia sendo passado como um pacote de mão em mão. Os homens de escolta que me eram destinados se dispunham a caminhar um dia inteiro na neve para acompanhar-me, e em seguida outro dia inteiro para regressar. Eu sempre insistia com eles para que aceitassem algum dinheiro, mas esclareciam que se tratava de uma cortesia para com um viajante e às vezes era difícil convencê-los.

Babur começou a mancar. Parei para fazer uma massagem em sua pata dianteira esquerda e dali em diante ele passou a movimentar-se melhor, embora vagarosamente, e eu ainda me preocupasse. Também me sentia letárgico. O sol batia do lado esquerdo da trilha, derretendo o gelo naquela parte e fazendo com que o piso se inclinasse, tendência acentuada pelos passos dos viajantes. Durante as oito horas seguintes tive a frustração de escorregar várias vezes.

Hussein vestia um casaco grosso forrado e uma manta que lhe envolvia a cabeça, grandes óculos escuros com a etiqueta do fabricante ainda colada no centro de cada lente e um par de galochas que não pareciam evitar a neve. Estava mais cansado do que eu ou Babur e de vez em quando tínhamos de parar para que ele nos alcançasse. Dei-lhe um pouco do chocolate que recebera dos soldados britânicos em Chaghcharan e isso pareceu animá-lo um pouco, embora Babur não tivesse gostado. Fiquei satisfeito com a companhia de Hussein. Mas embora eu estivesse sendo escoltado por um hazara, em todas as aldeias as crianças nos atiraram pedras e atiçaram cachorros contra Babur.

O Hóspede Sagrado

NAQUELA TARDE DESCEMOS UM BARRANCO e passamos por uma ponte de madeira para chegar ao castelo em Qala-e-Nau, onde Hussein Ali me deixou. Levei Babur para beber no rio Hari Rud, aterrorizando uma mulher que estava agachada debaixo da ponte para fazer suas necessidades. Quando cheguei ao pátio da mesquita apareceram homens e crianças que ficaram me olhando em silêncio. Pedi para ver Haji Nasir, para quem eu tinha uma carta de apresentação. Ninguém se moveu nem falou. Perguntei se havia um lugar onde pudesse abrigar Babur, e a resposta foi:

— Em lugar nenhum.

— Mas certamente há currais para animais aqui... Onde ficam?

Silêncio.

— Onde está Haji Nasir? — perguntei.

— Talvez na mesquita.

Deixei Babur no pátio porque ele era considerado impuro e entrei na mesquita. Depois de desamarrar e tirar minhas pesadas botas na entrada, encontrei Haji Nasir à minha espera. Era um homem magro, já idoso. Tirei a carta de apresentação e entreguei-a a ele.

— Vou caminhar até Yakawlang — disse eu.

Esperei que me convidasse a ficar na aldeia. Ele ficou em silêncio.

Finalmente, perguntei:

— Posso passar a noite aqui?

— Veremos.

— Tenho um cachorro. Há um lugar onde possa deixá-lo?

— Não.

— Um cobertor para ele?

— Não.

— Por favor.

Ele acabou permitindo que eu levasse Babur aos porões do castelo, uma catacumba com muitas divisões, ocupadas por alguns carneiros. Os homens que me levaram até lá tinham medo de chegar perto de Babur, mas disseram que eu poderia deixá-lo no compartimento mais afastado. O cão imediatamente se deitou na palha e adormeceu.

Voltei à mesquita e tirei as meias encharcadas e geladas. Haji Nasir observava. Não propôs que eu as secasse durante a noite junto ao fogão e não ofereceu chá. Era evidente que eu precisava convencê-lo de que eu era digno de trocar algumas palavras. Eu estava a nove dias de viagem de Kamenj e tinha acabado de chegar a uma aldeia que nunca tinha ouvido falar em Haji Mohsin Khan, e por isso eu não o mencionei em minha fala de apresentação.

— Vim a pé de Chaghcharan até aqui — disse eu. — Na primeira noite fui hóspede do comandante Maududi em Badgah, na segunda de Rauf Abdul Ghafuri em Daulatyar, na terceira de Bushire Khan em Sang-i-zard, e ontem do sobrinho de Mir Ali Hussein Beg em Katlish. Todos me trataram muito bem.

Depois peguei meu bloco de notas e mostrei os desenhos que tinha feito dessas pessoas.

Ele olhou as figuras e disse:

— Pode passar a noite aqui e alguém lhe trará chá. — Depois entrou em uma alcova interna da mesquita, para rezar.

Em todos os países por onde passei, ouvia as pessoas dizerem, com orgulho:

"Nós [iranianos, paquistaneses, indianos, nepaleses ou afegãos] somos famosos em todo o mundo por nossa hospitalidade e generosidade. Para nós é um dever religioso. Todos o convidarão imediatamente para suas casas. Você será tratado como um deus."

Mas minha experiência não foi essa. Embora todas as comunidades, fossem elas islâmicas ou hinduístas, e também os muçulmanos, falassem muito em suas responsabilidades religiosas em relação ao *mosafer* (viajante) ou *meman* (hóspede), na prática as pessoas muitas vezes me recebiam com relutância. Isso era compreensível: freqüentemente eram muito pobres, levavam vidas muito difíceis e suspeitavam dos poucos desconhecidos que encontravam. Muitas vezes a hospitalidade me decepcionou. Somente mais tarde eu comecei a perceber que tinha tido muita sorte em ser acolhido todas as noites com abrigo e algum pão.

Embora a neve continuasse da altura da cintura de um homem em ambos os lados da trilha gelada, fazia tanto calor que no dia seguinte caminhei em mangas de camisa. As pílulas antiespasmódicas finalmente melhoraram minha disenteria, mas ainda me sentia fraco. Um par de rapazes passou a acompanhar-me na trilha. Um deles gritou:

— Dê-me algum dinheiro.

Respondi que não tinha.

— Que está fazendo?

— Escrevendo um livro.

— Dê-me seu livro.

— Só tenho blocos de notas.

— Dê os blocos de notas.

Dei um passo ao lado dele na neve, afundando até a cintura. Babur afundou também e desapareceu de vista.

— Leve-me para a Inglaterra com você — gritou o rapaz.

— Você não tem passaporte.

— Dê-me um passaporte.

— Lamento. — Nessa altura eu já tinha tirado Babur do monte de neve e já tinha passado além do rapaz.

— Dê-me suas botas.

Continuei caminhando enquanto eles discutiam sobre o que deveriam me pedir. Pareciam acreditar que se conseguissem adivinhar a coisa certa eu a daria a eles, e seguiram-me durante duas horas.

Finalmente parei para que Babur descansasse e eles se sentaram a meu lado. Entreguei-lhes meus últimos dois pedaços da barra de chocolate. Mastigaram um pouco e depois cuspiram, jogando na neve o que restava, perguntando:

— Pode nos dar os óculos escuros?

Pareciam ter uma idéia bastante desenvolvida sobre turistas, para dois rapazes que nunca tinham saído do Afeganistão. No Nepal muitas vezes pessoas desconhecidas haviam iniciado diálogos comigo pedindo dinheiro e um passaporte, mas foi minha primeira experiência desse tipo no Afeganistão.

Ao meio-dia desistiram e me deixaram junto a um mausoléu simples de barro, erigido em homenagem a um viajante que havia morrido na neve naquele lugar. Os aldeões tinham encontrado o cadáver congelado e por causa de suas roupas e livros acharam que se tratava de um santo. Pensavam que fosse um andarilho *sufi*, mas ninguém soube me dizer se era chistiyah. Peregrinos acorriam ao túmulo a fim de suplicar para ter filhos ou para curar-se e para banhar-se na fonte de água quente próxima ao santuário, que se chamava "Sangue Fervente".

Ali também os aldeões tinham encontrado esculturas de cabeças femininas com exageradas sobrancelhas negras, como as que o Dr. Amruddin havia escavado em Ghar. Embora a morte do santo deixasse claro que aquele lugar podia ser muito deserto no inverno, as cabeças davam a entender que a fonte de água quente fora habitada durante muito tempo. A semelhança entre aquelas cabeças e as encontradas a cem quilômetros a oeste mostrava que uma única cultura neolítica talvez tivesse outrora dominado as montanhas entre aquele local e Jam.

A Caverna de Zarin

DISSERAM-ME QUE EU ESTAVA A APENAS dois ou três dias de viagem de Yakawlang. Até aquele momento eu tinha tido muito mais sorte do que o imperador Babur ou o santo; alguns dias de sol forte depois da última tempestade tinham reduzido a camada de neve a apenas sessenta centímetros de espessura e a trilha era claramente visível. O imperador Babur também tinha utilizado as pegadas na trilha de gelo para orientar-se, mas a neve a ocultara e ele não conseguiu um guia para ajudá-lo quando prosseguiu a viagem pelo vale Sar Jangal:

> *Confiando em Deus e enviando Sultan Pashai adiante de nós, avançamos novamente por aquela mesma estrada na qual anteriormente tínhamos sido detidos e obrigados a regressar. Nos dias seguintes foram grandes os obstáculos e dificuldades que enfrentamos: com efeito, dificuldades e sofrimentos pelos quais eu não havia passado em nenhum outro período de minha vida. Escrevi na ocasião um poema:*
>
> *Não há violência ou golpe do destino*
> *Que eu não haja experimentado.*
> *Este coração partido já suportou a todos.*
> *Ai, haverá algum que eu não haja encontrado ainda?*
>
> *Durante cerca de uma semana continuamos a avançar pela neve sem conseguir progredir mais do que um Kos [três quilômetros e meio] ou um*

Kos e meio... Qasim Beg [o chanceler idoso] e seus dois filhos e mais dois ou três de seus servos desmontaram comigo e todos tratamos de bater a neve. A cada passo nos enterrávamos até a cintura ou o peito, mas mesmo assim continuamos. Quando o vigor daquele que ia à frente se extinguia depois de alguns passos, ele parava e outro tomava seu lugar. Os dez, quinze ou vinte que conseguiram abrir caminho na neve trouxeram depois um cavalo sem cavaleiro... O restante dos soldados, e até mesmo nossos melhores homens, e muitos que tinham o título de Beg, avançaram sem desmontar pela trilha que tinha sido aberta para eles, de cabeça baixa. Não era o momento de admoestá-los nem de usar de autoridade. Qualquer um que tivesse energia teria trabalhado.

O imperador Babur chegou dois dias depois ao passo de Yakawlang, o que significa que devia estar próximo à aldeia em que eu me encontrava, possivelmente num vale paralelo.

Três horas antes do crepúsculo, com as nuvens ficando mais densas, subimos uma encosta íngreme em direção a Shahi, com neve muito mais profunda. Minha mochila muitas vezes me desequilibrou. Babur tinha menos equilíbrio do que eu e ambos escorregamos muitas vezes na neve solta. Logo passamos pela última casa na subida da encosta, chegando à crista de um monte e a um vale cheio de neve. Um mendigo do santuário tinha nos acompanhado na subida, gritando "Tio" e puxando minha mochila. Deixou-nos junto a uma fina corrente de água congelada, sob um rochedo coberto de neve na base da encosta. Ali, disse ele, ficava a nascente do rio Hari Rud.

Eu já vinha seguindo o Hari Rud durante quase um mês, subindo dois mil metros.[59] Tinha visto Abdul Haq carregar Aziz para atravessá-lo num ponto em que era apenas um leito raso entre canais de irrigação e campos de papoulas. Era o rio que passava próximo à casa de Babur. Eu o tinha cruzado sobre o gelo na estreita garganta abaixo do minarete de Jam. Tínhamos caído dentro dele quando o

---

[59] Além de Herat, o Hari Rud forma a fronteira entre o Afeganistão e o Irã e depois a divisa com o Turcomenistão.

gelo se rompeu próximo ao castelo do chefe hazara Mir Ali Hussein Beg. Agora nos despedíamos dele.

Antes de regressar, o mendigo apontou um penhasco, a única rocha nua que se via em meio à neve, e disse que se eu subisse até ele e seguisse para o norte encontraria uma aldeia a duas horas de marcha. Fiquei de pé por alguns instante e vi esta pequena e sombria figura sair do vale, fazer uma pausa na crista do monte e desaparecer. Eram quatro e meia da tarde e tinha começado a nevar novamente. Babur e eu estávamos a sós. Eu não sabia se chegaríamos a uma aldeia antes de escurecer e a noite ao ar livre seria desconfortável.

Ao dar o primeiro passo em direção ao penhasco, vi-me enterrado na neve até o peito. Tirei a mochila das costas, esforcei-me por sair dali até ficar deitado na neve, dei mais dois passos e afundei novamente. Babur me seguia com dificuldade. Como só tinha setenta centímetros do ombro ao chão, era mais difícil para ele vencer a neve, e tive de puxá-lo pela pele da nuca. Levamos vinte minutos para chegar ao penhasco. Na base, encontrei uma trilha íngreme que levava ao lado leste. Babur começou a subir adiante de mim e eu o acompanhei. Os músculos de minhas coxas pareciam estar em fogo e parei para descansar na entrada de uma caverna. Estávamos na base do divisor de águas entre o Hari Rud e o vale do Zarin. Ainda me sentia agradecido porque a neve era mais suave do que o fora para o imperador Babur:

> *Quando encontramos a caverna de Kuti ao pé do passo de Zarin a tempestade estava terrivelmente violenta. A neve caía em tal quantidade que todos imaginamos que morreríamos juntos. Paramos na boca da caverna. A neve era profunda e a trilha era estreita, de modo que somente uma pessoa podia passar de cada vez. Os cavalos também avançavam com dificuldade pelo caminho que tinha sido pisado e batido, e os dias eram muito curtos. Os primeiros soldados chegaram à caverna quando estava ainda claro. À noite, na hora das preces, os soldados pararam de chegar; depois desse horário todos tiveram de desmontar e parar onde quer que estivessem. Muitos homens esperaram pela alvorada em suas montarias.*

A caverna parecia ser pequena. Peguei uma pá e abri perto da entrada um espaço para meu descanso, do tamanho de um tapete de oração... alguns insistiram em que eu entrasse na caverna, mas eu não quis. Achei que estar em lugar de mais conforto... com meus homens na neve e na tempestade... seria inconsistente diante do que eu lhes devia... quaisquer que fossem seus sofrimentos... eu deveria partilhar com eles. Há um provérbio persa que diz que a morte em companhia de amigos é uma festa. Continuei portanto sentado naquela espécie de buraco que cavei para mim em meio à neve que caía, até a hora das preces da noite, e a neve passou a cair com tanta intensidade que, como permaneci sentado e agachado, vi que tinha dez centímetros de neve na cabeça, nos lábios e nas orelhas. Naquela noite tive dores de ouvido...

Na hora das preces noturnas um grupo que tinha ido inspecionar a caverna contou que era muito extensa e era suficientemente grande para abrigar a todos... Mandei chamar todos os que estavam por ali... e todos os que tinham coisas comestíveis, carne guisada, preservada ou qualquer coisa pronta deviam trazê-las... assim escapamos do terrível frio, neve e tempestade num lugar maravilhosamente confortável, seguro e quente, onde pudemos recuperar-nos.

Ao chegarmos ao alto do penhasco, depois de vários dias caminhando no fundo do vale, vimo-nos repentinamente baixando os olhos para cristas de montanhas cobertas de neve e encostas riscadas por marcas de pequenas avalanches. Uma fileira de luzes de cor turquesa aparecia por trás da crista das montanhas do leste. Continuamos a caminhar para o sul. Quando a luz desapareceu quase completamente e a neve começou a cair mais pesadamente, comecei a pensar em cavar um buraco na neve a fim de passarmos a noite, mas dez minutos depois vi luzes à nossa direita. Caminhamos naquela direção e em meia hora chegamos a um pequeno povoado, onde havia alguns homens sentados nos tetos.

— A paz esteja convosco — gritei para cima.

— Você tem um cão de guerra? — disseram eles, aparentemente sem se interessar pelo fato de que tínhamos aparecido de repente no crepúsculo.

— Não, estou procurando a casa de Seyyed Kerbalahi... Sou viajante e preciso de abrigo.

— Que tal uma luta agora? Nossos cães contra o seu... vamos... — disseram, dando os assobios de lobos.

— Este não é um cachorro lutador — disse eu, bruscamente. — Se começarem uma luta, matarei seus cães com meu cajado.

Talvez percebendo que eu estava cansado e zangado o bastante para cumprir a ameaça, os homens seguraram os cães. Parecia ser Siar Chesma, onde tinham me dito que eu encontraria um chefe de nome Seyyed Kerbalahi. Caminhei até o pátio da casa do chefe e lá fiquei de pé, tiritando e agitando minha carta de apresentação. De dentro da casa ele gritou:

— Por que está aqui? A mesquita da aldeia fica a vinte minutos, descendo o morro. Você deve ir para lá...

Como nas noites anteriores, eu estava ansioso por alimentar e abrigar Babur e encontrar um lugar quente para mim. Falei enfaticamente sobre meus ilustres anfitriões anteriores e sobre as eloqüentes apresentações. Ele acabou me deixando entrar.

Devoções

Di Muezzin shab-e-vasler
Azam pechle rat.
Hai! Kum Bakht
Kia wakht he khoda yad Aya?

— Mirza Ghalib

Na primeira noite em que dormi com minha amada
O chamado do muezim para a prece ecoou na madrugada.
Ai! pobre idiota! Isso será hora
De lembrar Deus a um homem?

A SALA DE HÓSPEDES do Seyyed Kerbalahi era ampla e decorada com alguns dos tapetes mais caros que eu já vira. Ele disse que estava muito ocupado com suas orações e não tinha tempo para falar comigo. Um empregado idoso trouxe o jantar, que consistia em uma sopa de carne apodrecida, que não consegui comer, e pão. Depois o Seyyed Kerbalahi mandou a esposa trazer um pouco de chá, mas ele próprio não apareceu. Fiquei pensando que talvez ele tivesse uma refeição melhor em outra parte da casa.

A região onde eu estava era remota. O empregado que trouxe a sopa tinha estado no bazar mais próximo, que ficava em Yakawlang, mas não conhecia Chaghcharan ou outro lugar do mesmo porte. Numa conversa posterior o sobrinho do Seyyed Kerbalahi teve de explicar-lhe o que era um avião. A esposa do Seyyed me fez perguntas sobre minha viagem, mas nunca tinha ouvido falar dos lugares por onde eu tinha passado naquele dia.

— Onde você já esteve? — perguntei.

— Nasci nesta aldeia. Sou a quinta esposa do Seyyed Kerbalahi e a única ainda viva, e nunca estive em nenhum lugar a mais de uma hora de distância a pé daqui, durante meus quarenta anos de vida.

Ela explicou que o pai do Seyyed tinha se mudado de Yakawlang para aquela aldeia nas montanhas na década de 1940. Aparentemente, a família prosperara. Todos os irmãos do Seyyed eram mulás importantes e o filho dele estava estudando em Teerã. Embora a mulher já fosse avó, não se sentia à vontade estando a sós com um homem e retirou-se depois de cinco minutos de conversa. O Seyyed Kerbalahi veio conversar após o jantar. Seu verdadeiro nome era Rasul. Era chamado Kerbalahi, explicou, porque tinha estado duas vezes em Kerbala, no Iraque, nos últimos anos da década de 1950, da primeira vez durante três meses e da segunda por cinco meses, a fim de visitar o santuário sagrado xiita do Imame Hussein.[60]

Perguntei por que ele não havia ido a Meca de Kerbala, para completar o Haj.

— Teria sido muito caro.

— Mas Meca fica bem perto de Kerbala, para quem vai do Afeganistão ao Iraque.

— Teria sido uma viagem de sete dias e por isso preferi voltar para minha casa.

O Seyyed ligou o rádio em uma estação paquistanesa que transmitia em língua urdu.

— Você entende urdu? — perguntei.

— Não — respondeu ele. — Liguei para que você ouvisse.

Em seguida começou a rezar. A cada minuto interrompia as orações para fazer um comentário, como "mais tarde arranjarei alguém

---

[60] Não perguntei, mas presumi que o Seyyed Kerbalahi fosse xiita, como a maioria da população do vale Sar Jangal. Isso sem dúvida era visível em seu orgulho por haver visitado o grande santuário xiita em Kerbala.

para secar suas meias". Depois começava a rezar novamente a partir do início. Sugeri gentilmente que ele terminasse as orações antes de voltarmos a conversar.

— Mas um hóspede é um enviado de Deus — disse ele, com ar de reprovação.

— Obrigado — respondi. — Bem, há uma coisa que queria lhe perguntar...

— Estou rezando. Falaremos mais tarde.

Quando terminou, pegou um grande livro do Corão e começou um longo murmúrio. Em seguida olhou para mim e perguntou se eu tinha fotografias.

Mostrei-lhe as fotos de minha família. Ele franziu a testa olhando-as e devolveu-as.

— Vim de Herat até aqui a pé — disse eu.

— Estou lendo o Corão e seu conhecimento de farsi não é suficiente para uma conversa — disse ele.

Ficamos em silêncio até que resolvi deitar-me e dormir.

Ao amanhecer, ele recomeçou as longas preces. Ao terminar, já havia muitos aldeões na sala. Pegou meu dicionário *dari*-inglês e começou a folheá-lo, página por página. Em geral, as pessoas que examinavam o dicionário sabiam segurá-lo de cabeça para cima. O Seyyed Kerbalahi não sabia.

Em seguida passou a outra posição na sala, abriu cuidadosamente uma caixa de sândalo e desembrulhou outro exemplar do Corão. A manhã prosseguiu com orações dispersas, um pouco de leitura silenciosa do Corão e passagens mal-humoradas pelo terraço a fim de informar a quem quisesse visitá-lo que ele estava muito ocupado com as devoções religiosas e não queria ser perturbado. Imaginei que a maior parte de seus dias eram passados assim.

Finalmente, despedi-me. Ao sair notei duas fotografias desbotadas em água-tinta na parede da sala de hóspedes.

— São meus irmãos — disse ele —, mártires. Um foi morto em Lal e o outro a caminho de Yakawlang.

Não estavam vestidos de *mujahidin* como a maioria dos mártires, mas em perfeitos uniformes russos.

Os Desfiladeiros do Vale

O SEYYED KERBALAHI ORDENOU a dois homens que me acompanhassem. Fiquei contente, porque durante a noite haviam caído mais trinta centímetros de neve, cobrindo todas as trilhas. Tivemos de sair do caminho para subir a íngreme encosta além da aldeia, e na neve solta escorregávamos um passo a cada três que avançávamos.

Para Babur foi pior do que para mim, e muitas vezes precisei arrastá-lo no caminho. Duas horas depois chegamos à crista da montanha. Ali ficava o divisor de águas central que separava a parte oeste de Hazarajat da província de Bamian, e a trinta quilômetros de distância, abaixo de onde estávamos, podíamos ver rochedos nus a leste, no limite do vale do Zarin. Aquele vale, disseram os homens, marcava a entrada para Yakawlang, meu destino naquele dia. As nuvens se moviam rapidamente ao vento frio, revelando de vez em quando um sol pálido.

Samarakot ficava na base da encosta. Nessa aldeia, depois que levei Babur a um buraco no gelo para que bebesse, Hassan Zargon veio nos receber. Tratou-nos bem, recebendo-nos com generosidade e respeito. Deu-me dois ovos cozidos e enviou comida para Babur. Assim como Zia em Katlish, mandou vir uma toalha limpa e água morna para lavar minhas mãos e encheu meu copo de chá, derramando açúcar na bebida. Começou novamente a nevar e ele me disse que ficasse para passar a noite. Respondi que queria chegar a Yakawlang naquela noite. Ele respondeu que não era possível. A cidade ficava a dois ou três dias de marcha. Mas, quando insisti, ele mandou que o filho de dezessete anos, Asad, e outro rapaz me guiassem até o próximo passo.

Sem eles teria sido impossível atravessar o passo do Zarin. A neve caía velozmente. Víamos alguns rochedos negros e de vez em quando o nevoeiro se abria, revelando uma crista de monte sobre cuja superfície corria uma fina poeira de neve, impelida pelo vento do sudeste. Contudo, na maior parte do tempo, tudo que víamos era um branco total. Procurando o caminho menos íngreme, atravessamos os montes e os vales de neve profunda. Não podíamos ver a textura da neve sob nossos pés. Nos lugares onde tinha caído sobre uma crosta endurecida, a neve ia até nossos joelhos. Ali Asad conseguiu encontrar uma trilha, mas logo em seguida a perdemos de novo, e voltamos a caminhar sobre um pó ainda mais fundo, levantando as pernas a cada passo, como lutadores de sumô.

Uma hora e meia depois a neve ficou mais densa, e o vento a soprava horizontalmente em nossos rostos. Todos sentíamos muito frio. Em cada crista de morro, Asad se voltava e gritava em meio à tempestade, "*Manda na bashi*" (Espero que não esteja cansado). Entramos em um campo de neve profunda e por dez minutos ele deu voltas alegremente, num amplo círculo, até conseguir entender onde estávamos. Fiquei imaginando qual seria a aparência desses montes e vales no verão. Finalmente chegamos à última encosta que dava entrada para o vale do Zarin, a apenas vinte quilômetros de Yakawlang. Tínhamos levado três horas para cruzar o passo e Asad e seu companheiro teriam agora de caminhar de volta em meio à tempestade de neve.

Ofereci-lhe dinheiro, mas o rapaz se horrorizou. Parecia que uma caminhada de ida e volta de seis horas em meio a uma tempestade frígida e com neve até o peito era a menor coisa que ele podia fazer por um hóspede. Eu não queria ofendê-lo, mas fiz questão de recompensá-lo de alguma forma. Insisti, sentindo-me um tanto idiota. Cinco vezes ele recusou, mas acabou aceitando por delicadeza e deu o dinheiro ao companheiro. Depois desejou-me sorte e começou a subir o morro, enfrentando a tempestade. Entrei no vale do Zarin na direção de Yakawlang.

O imperador Babur provavelmente passou a última noite antes de chegar a Yakawlang na encosta que tínhamos acabado de descer:

Antes de chegarmos à base do passo do Zarin, a noite caiu em torno de nós. O frio era terrível e passamos aquela noite em grande desconforto e miséria. Muitos perderam as mãos e os pés por causa do frio. Kupek ficou sem os pés, Siyunduk Turkoman sem as mãos e Akhi sem os pés, devido ao frio daquela noite. Na manhã seguinte, bem cedo, descemos a ravina. Embora soubéssemos que aquele não era o caminho usual, avançamos para o vale confiando em Deus, descendo através de penhascos e passagens difíceis. Quando chegamos à outra extremidade do vale já era hora das preces vespertinas. Nem mesmo o homem mais idoso se lembrava de alguém que tivesse descido por aquele passo com tanta neve; e nem era concebível que alguém tivesse a idéia de atravessá-lo naquela estação do ano. Embora durante alguns dias sofrêssemos muito por causa da profundidade da capa de neve, foi justamente esta circunstância que nos fez chegar ao fim de nossa jornada. Pois se a neve não fosse tão profunda, como teria sido possível, sem uma estrada, passar por precipícios e ravinas? Se não fosse a extrema espessura da neve, todos os nossos cavalos e camelos teriam afundado no primeiro precipício que encontrássemos.[61]

Todo o bem e o mal que existem
Sob olhar esmerado serão uma bênção

Ao chegarmos a Yakawlang já era hora das preces noturnas, e ali nos detivemos.

Quinhentos anos depois eu chegava a Yakawlang algumas horas antes das preces da noite. Asad tinha me deixado cerca das três horas

[61] Os alpinistas do século XIX na Europa também acreditavam que a neve fresca, cobrindo os acidentes do terreno, tornava mais seguros os caminhos. Faziam portanto questão de utilizar a *haute route* de Chamonix ao Zermatt por sobre a neve fresca de janeiro. Hoje a neve fresca é considerada perigosa, e as pessoas preferem cruzar as encostas nevadas na primavera, quando há menos precipitação e as fendas ficam visíveis.

da tarde. Eu sabia que teria de andar depressa a fim de chegar a Yakawlang no fim daquela tarde. O chão do vale era plano e amplo, e a aldeia de Zarin era um conjunto de cavernas escavadas na face da rocha de arenito. As entradas de muitas das cavernas tinham sido escoradas com paredes e, a julgar pela fuligem nos tetos, muitas delas pareciam ter sido outrora habitadas. Era a primeira cultura de habitantes de cavernas que eu via. Dali até Bamian cada vez mais haveria cavernas nas aldeias, hoje em dia utilizadas principalmente como depósito e abrigo de rebanhos. Diante das cavernas havia um grande castelo em ruínas, feito de barro.

De Zarin passei a uma larga estrada para veículos, que vinha de Lal. Era a primeira via desimpedida que encontrava em duas semanas, mas não vi veículos, provavelmente porque os passos em ambas as extremidades estavam fechados. Pela primeira vez, ao sol do fim de tarde, pude notar a verdadeira cor dos montes livres da neve. Havia um pico negro como carvão com encostas de um amarelo sulfuroso, uma montanha verde-esmeralda, penhascos de um roxo escuro com picos brancos e em primeiro plano falésias de arenito marrom claro com cavernas se abrindo na base, manchadas de fuligem.

Subi, adentrando esse festival de cores vivas, mas no sopé as montanhas acabaram por adquirir tons desmaiados de cinza, cáqui e ferrugem. Chegamos ao riacho e ao vale de Yakawlang ao pôr-do-sol, e naquele momento a neve começou a cair. No leito do vale o amarelo pálido da palhada de milho parecia coberto com uma poeira branca, os montes passaram a um rosa acinzentado como o dos vasos Qing e o nevoeiro se juntou nos picos em ondas espessas como numa pintura chinesa clássica. Flocos de neve rodopiavam no ar.

Sobre sua chegada, Babur escreveu:

> *O povo de Yakawlang, que ouvira falar de nós durante nossa descida, conduziu-nos a suas casas quentes, trouxe-nos carneiros gordos, feno em grande quantidade e cereais para nossos cavalos, com gravetos e esterco seco em abundância para que acendêssemos nossas fogueiras. Passar do frio da neve ao calor daquela aldeia e suas casas aquecidas, escapar da*

penúria e do sofrimento, encontrar tanto pão delicioso e carneiros gordos, como foi o nosso caso, é um prazer que somente pode ser compreendido por aqueles que sofreram dificuldades semelhantes ou suportaram tantos e pesados desconfortos.

Entrei em Yakawlang caminhando rapidamente, enrolado em minha manta, com Babur atrás de mim. Bati em diversos portões, mas, embora pudesse ver luzes do lado de dentro, ninguém me abriu as portas. Na quinta casa um homem abriu um postigo, e quando eu disse que precisava de um lugar para dormir ele me respondeu que fosse ao escritório dos *Médicos Sem Fronteiras*, no alto do morro. Assim fizemos. Tão logo bati no portão do grupo de casas do MSF um enfermeiro australiano abriu. Olhou-me com surpresa e levou-me a um quarto novo e limpo, no flanco do vale. Ali fui bem recebido. Lola, médica espanhola, deu-me um pouco de gordura de porco para Babur. Ofereceram-me um banho quente de chuveiro e em seguida Petr, um tcheco da fundação People in Need fez-me companhia enquanto eu comia cereais, manteiga de amendoim, mel e um ensopado, bebendo chocolate quente e café.

Na manhã seguinte percorri o bazar para ver as "casas aquecidas" onde o imperador Babur se alojara. Encontrei somente cascas vazias e chamuscadas. Yakawlang tinha sido uma das maiores cidades de Hazarajat, com uma população alfabetizada e politicamente engajada. O Talibã atacou-a em 1998 e executou quatrocentos homens no paredão da clínica. Desde então 75% da população morreram ou fugiram.

Nos escombros do que haviam sido lojas na parte baixa do bazar, alguns homens instalaram mesas longas de tábuas apoiadas em cavaletes, com pequenos toldos. Numa delas vi caixas de biscoitos e em outra a carcaça pendurada de uma vaca. Mas o lugar era principalmente feito de detritos, com fezes recentes de gente e de cães. Caminhei pelas lojas sem tetos nem paredes, enegrecidas pela fuligem. A fumaça dos incêndios deve ter enchido o estreito vale e o ruído das armas automáticas do pelotão de fuzilamento deve ter ecoado pelas paredes íngremes.

* * *

As instalações dos MSF onde fui acolhido abrigavam provavelmente a mais remota das atividades dos Médicos Sem Fronteiras no Afeganistão. Os funcionários tinham fugido para Cabul um mês antes, num gigantesco avião Antonov e voltaram a Yakawlang por terra, quando os passos se abriram. Antes de sua chegada o distrito não possuía instalações médicas. A associação abriu nove clínicas, inclusive uma perto das cavernas de Zarin. Os funcionários substitutos chegaram logo antes do fechamento dos passos. Alguns dos que tinham de partir estavam presos havia duas semanas em Yakawlang, sem conseguir chegar a Bamian.

Como Bamian ficava a apenas três ou quatro dias de marcha, sugeri que caminhassem comigo em vez de esperar a abertura dos passos, mas eles queriam que eu viajasse com eles em seus veículos. O enfermeiro australiano tinha visto um homem e seu cavalo despedaçados na trilha, e advertiu-me da existência de muitas minas. Lola, a médica espanhola, disse-me que eu teria de cruzar um platô nevado muito amplo, onde não veria uma só casa ao longo de trinta quilômetros. Ela tinha acabado de amputar a perna de um soldado afegão vítima de queimaduras do frio ao tentar atravessar o passo, e achava que teria de fazer o mesmo a um de seus colegas naquela tarde. Lembrou-me de tomar aspirina se começasse a ter sintomas de queimaduras de frio.

Foram anfitriões muito generosos e fiquei triste em deixá-los. Babur sentiu também. Os MSF tinha adotado um filhote de cachorro que corria em volta de Babur em círculos, tentando fazê-lo brincar, latindo em seus calcanhares. Babur caminhava solenemente para lá e para cá no teto das instalações, fingindo que o cachorrinho não existia e soltando de vez em quando um rugido rouco quando o outro o mordia com mais força. Para ele, brincar era uma atividade ocasional e solitária, quando corria para adiante e rolava pela neve. Mas tinha sido muito bem alimentado. Eu tinha esperança de que ele tivesse recuperado suficientemente as energias para poder chegar a Bamian, porque lá as estradas estavam abertas e ele poderia viajar na frente em algum veículo e esperar por mim em Cabul.

Sexta Parte

Sou o túmulo de Biton, viajante;
Se fores de Torone a Anfípolis
Leva esta mensagem a Nicágoras: seu filho único
Morreu numa tempestade, no início do inverno,
    antes do nascer do sol.

Nicainetos, século III a.C.

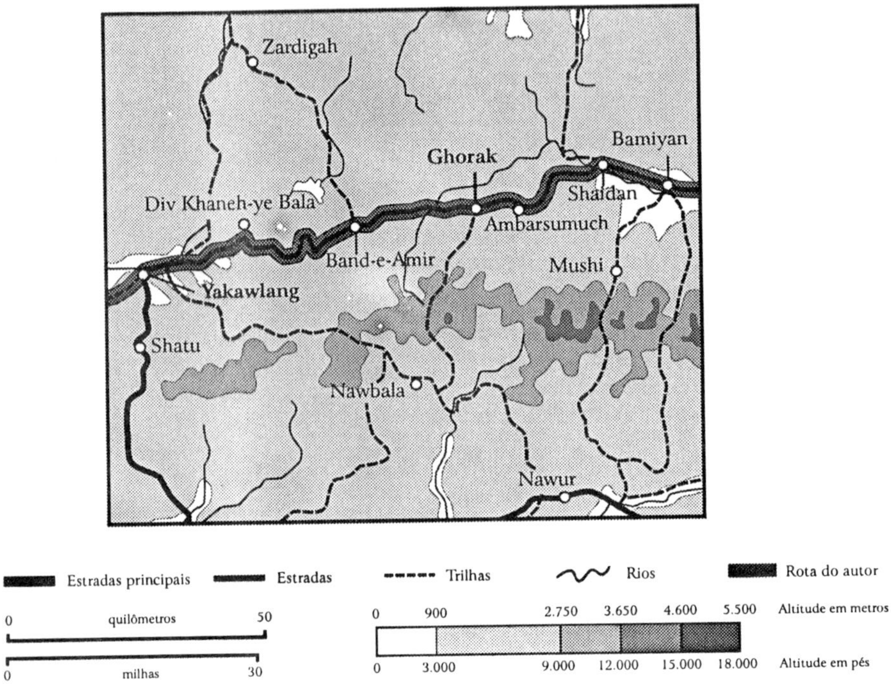

Vigésimo sexto dia – Yakawlang a Band-e-Amir
Vigésimo sétimo dia – Band-e-Amir a Ghorak
Vigésimo oitavo dia – Ghorak a Shaidan
Vigésimo nono dia – Shaidan a Bamiyan

Os Estágios Intermediários da Morte

Um quilômetro e meio após Yakawlang, olhei para trás do alto de uma crista do monte. As casas incendiadas estavam ocultas pela distância, misturadas com as colinas e as fileiras de álamos e salgueiros. Depois do descanso e boa alimentação em Yakawlang, Babur começara energicamente o trajeto, caminhando mais rapidamente do que eu e puxando-me nas primeiras encostas mais íngremes. Em breve, porém, cansou-se novamente. Duas horas depois, na subida final da planície de Firuzbabar para o longo platô nevado, vi os primeiros homens naquele dia. Conduziam um burrico com um homem deitado numa maca. Presumi a princípio que estivessem levando um parente à clínica de Yakawlang. Ao chegar perto, porém, percebi que os hospitais já não lhe serviriam.

Ainda tinha um pouco de carne rosada agarrada a um lado do rosto, mas os olhos tinham desaparecido e restava apenas um chumaço de cabelos na parte de trás do crânio. Ainda havia tendões suficientes para manter no lugar o queixo acinzentado. O homem tinha os joelhos juntos, os braços estendidos rigidamente para os lados e a cabeça ligeiramente erguida. As mãos estavam bem preservadas e as rugas nos dedos davam a impressão de que era idoso. Vestia uma esfarrapada jaqueta marrom caseira e as mãos estavam envolvidas em sacos plásticos transparentes, amarrados nos pulsos, para proteger da baixa temperatura. Não adiantara. O homem fora encontrado no planalto, morto de frio.

Não sabiam quem ele era, somente que estava indo a pé de Bamian a Yakawlang. Como estivera viajando sozinho e a pé, imaginavam que fosse um homem pobre, vindo de alguma região remota. Poderia estar indo ao encontro da família para o festival do Eid. A festa era naquele dia, e os homens que o transportavam perderam as comemorações a fim de levar o cadáver ao governo do distrito.

Eu nunca tinha visto antes aquele estágio intermediário de deterioração, somente pessoas que tinham acabado de morrer ou esqueletos. Desejei sorte aos dois homens e continuei a caminhar pelo planalto que o velho viera atravessando. Um vento frio começou a soprar. As pegadas na trilha eram antigas. Depois de duas ou três horas, com a planície infindável que se estendia em todas as direções até o horizonte presente em minha mente, parei para comer alguns biscoitos e comecei a tiritar, com os pés molhados e sentindo-me sozinho. Uma sensação de derrota me invadiu e senti instintivamente que não teria energia suficiente para chegar a Cabul. Mesmo assim, levantei-me e voltei a caminhar, primeiro vagarosamente e em seguida cada vez mais depressa, puxando Babur e pensando no momento em que meus músculos deixariam de mover-se.

Ao pôr-do-sol, sem ter visto outros seres humanos desde que encontrara o cadáver, chegamos a três grandes extensões planas de neve, tão regulares que percebi tratar-se de lagos congelados. Uma cascata se congelara em grossas estalactites entremeadas de intensos tons verdes de óxido de cobre, azul-turquesa e amarelo sulfuroso, com neve na base onde as cores penetravam no lago. O sol descambou no hiato do rochedo atrás de mim e a colorida alquimia do gelo escureceu-se no crepúsculo.

Vi uma aldeia do outro lado do lago, mas não fui para lá. Em vez disso, encaminhei-me para uma barreira de pedra que separava o lago superior do inferior. Três horas depois de sentir ganas de parar, eu agora queria ultrapassar o lago e atravessar a planície. Pensei nas estrelas acima da neve fresca, nas dimensões da planície e na paz que reinava ali. Sentia-me como em transe com meus movimentos adiante. Mas Babur deitou-se na neve. Esforcei-me, suplicando para que se levantasse. mas ele não se moveu. Acabei desistindo e segui-o até uma casa, onde chegamos logo depois que escureceu.

Aquele lugar se chamava Band-e-Amir. O quarto semi-arruinado da casa de barro onde ficamos já tinha sido parte de uma hospedaria. Até a invasão soviética, os lagos eram um destino turístico, e depois os soldados russos passaram a freqüentá-lo nos dias de licença. Eu era o primeiro hóspede estrangeiro pagante depois de doze anos. Meu dinheiro serviu para pagar por cinco linguados que o proprietário tinha pescado por meio de um buraco no gelo do lago. Ele os preparou fritos e serviu-os com pão, dizendo que eu estava com sorte. O método de pescaria do Talibã tinha sido usar dinamite, e restavam poucos peixes.

Pegadas Aladas

NA MANHÃ SEGUINTE atravessei o lago congelado a pé e, quando cheguei ao centro, observei uma mesquita que fora escavada num penhasco da cor da madeira de olmo. O gelo estava coberto por uma camada de neve pulverosa, marcada somente pelas pegadas solitárias de um homem e de um cão.

Subi com Babur a encosta diante de nós para chegar ao planalto nevado em que tínhamos caminhado no dia anterior. Depois de alguns minutos tive a sensação de que nunca estivera tão sozinho e em meio a tanto silêncio. Os únicos ruídos eram os de meus passos e do atrito de meu cajado. Nada podia ver em todo o amplo círculo do platô a não ser nossas pegadas e os picos das montanhas na distância atrás de nós. A neve era macia e cedia sob minhas botas. Olhando para trás, vi que um fino rastro em forma de pena surgia atrás de cada marca dos calcanhares. Enquanto prosseguíamos, as pegadas aladas e as marcas retangulares do cajado iam mudando de forma, congelando-se e depois derretendo ao sol.

Parei, sentei-me, levantei-me, caminhei durante mais dez minutos e depois sentei-me novamente, meio enterrado na neve, pois me sentia muito cansado. Tinha os pés molhados e as mãos geladas. O vento passava pela superfície da neve como um fino nevoeiro. Ergui os óculos escuros e a luz súbita consumiu todas as formas do lugar. A paisagem se encolhia, contorcia, dissolvia e corroía. Não havia pegadas aladas nem horizonte na reverberação uniforme. Eu não lembrava por que motivo estava caminhando.

Sentia-me mal, meus músculos se enrijeciam. A neve formava uma almofada branca e brilhante, perfeitamente adequada às minhas costas. Em decúbito dorsal senti-me aquecido e tranqüilo. Fechei meus olhos e sorri. Ocorreu-me a idéia de que ninguém poderia criticar-me por ficar ali. Abri parcialmente os olhos e o sol parecia especialmente brilhante: o pó da neve se estendia ao infinito, sem interrupção. Era um lugar muito protegido e ali, enterrado na neve com apenas a cabeça iluminada pelo sol, meu corpo só seria encontrado depois de muitos dias. Eu sabia que havia aldeias mais adiante, mas não parecia existir razão para tentar chegar a elas.

A meu lado, Babur escavava a neve com suas grandes patas. Enfiou o nariz no pó, reemergiu piscando, com uma orla branca no focinho negro e depois deixou-se cair pesadamente, virando a cabeça de lado para lamber o gelo. Depois de alguns minutos, sentou-se sobre as patas traseiras e em seguida caminhou até onde eu estava. Senti sua respiração morna em meu pescoço quando ele me farejou cuidadosamente e empurrou o focinho suavemente contra minha orelha. Vendo que eu não reagia, ele recuou, ficou olhando para mim, aproximou-se novamente e finalmente começou a caminhar, afastando-se na planície nevada, olhando para trás de vez em quando. A cerca de duzentos metros parou, voltou-se e deu um latido. Levantei-me e segui suas pegadas.

Após oito quilômetros chegamos a um pequeno povoado entre Subzil e Kuh-I-Kinuti, onde nos deram pão e chá numa casa cujos moradores descreveram como “pobre”. E era mesmo. Em outros lugares, a maioria das moradias tinha pelo menos um tapete colorido no chão, alguns cobertores de acrílico e um baú com decorações vívidas onde as noivas guardavam seus enxovais. Mas o chão daquela casa era coberto de lã crua de cabra, o baú era de latão sem pintura e os cobertores eram de feltro pisado, feito em casa.[62]

---

[62] A palavra inglesa *walk* não é de origem indo-européia, e sim uma adaptação tardia e excêntrica do termo anglo-saxão *walken*, que significa prensar o feltro molhado, ação geralmente executada com os pés.

A pata dianteira de Babur estava muito rígida. Retirar-me da planície parecia ter esgotado toda a sua energia. Continuei a caminhada, esperando que quando ele se visse sozinho em meio à neve viesse correndo para junto de mim. Mas isso não aconteceu. Ele caminhava cada vez mais lentamente, quase parando, coxeando em minha direção com a cabeça baixa, até que finalmente se deitou. Voltei e falei com ele durante alguns instantes. Com seus sessenta quilos era pesado demais para que eu o carregasse, e naquele ritmo levaríamos um mês para chegar a Bamian. Amarrei a corda em seu pescoço e comecei a puxá-lo atrás de mim, mais depressa do que ele gostaria. Precisava pelo menos puxá-lo até Bamian se quisesse ter a oportunidade de colocá-lo num veículo para Cabul e fazê-lo chegar a um veterinário.

Da aldeia tínhamos de recomeçar a subir. Seguimos um curso d'água e eu queria que Babur bebesse um pouco, mas o gelo devia ter quase cinco metros de espessura e, por mais que eu batesse com a ponta do cajado, não conseguia atravessá-lo. Mais acima, no entanto, a camada de gelo era mais fina. Chamei Babur: "Venha, meu querido, venha... assim, meu cachorrinho... água...", mas ele ficou simplesmente deitado na margem, com a cabeça entre as patas, olhando as montanhas. Procurei puxá-lo, mas ele resistiu. Tinha se recusado a beber no lago de Band-e-Amir talvez por causa dos produtos químicos misturados com a água. Tínhamos um dia inteiro sem água pela frente.

Agachei-me junto ao buraco que tinha feito no gelo e agitei a água, derramando um pouco no focinho dele. Babur afastou a cabeça, fazendo uma espécie de careta, mas deve ter entendido alguma coisa porque acabou voltando ao riacho e bebendo. Depois de alguns minutos, ergueu-se nas patas, ainda com a água escorrendo pelo focinho, e olhou em torno. Continuei agachado. Ele abaixou a cabeça e bebeu novamente.

Como nosso itinerário naquele dia era longo, não podíamos parar por muito tempo, mas fizemos uma pausa ao descer a encosta, chegando a Pasuruan. Ali retomamos o que tinha sido a principal estrada para Yakawlang, que não estava mais sendo usada por causa das minas. O Talibã tinha incendiado Pasuruan e também a aldeia seguinte, Ghorak, onde chegamos ao cair da noite.

Blair e o Corão

LOGO ABAIXO DE GHORAK encontrei Ali, filho do chefe da aldeia. Expliquei que precisava de um lugar para passar a noite. Ele respondeu que ia ser difícil.

— Os viajantes passam a noite na mesquita, mas como você pode ver... — O rapaz apontou para uma estrutura comida pelo fogo, em meio às casas abandonadas. — Não se pode cuidar de um hóspede ali.

Esperei, em silêncio. Um minuto depois, ele disse:

— Podemos falar com meu pai. Siga-me, e tenha cuidado com as minas.

— Foi o Talibã que colocou as minas? — perguntei, puxando conversa.

— Não, fomos nós, mas não nos lembramos de todos os lugares.

Eu o segui em direção ao topo do monte, passando pelas casas em ruínas. No alto, entramos no pátio da casa dele. Também tinha sido incendiada, mas a família recuperara parcialmente um dos cômodos. Por causa da fumaça vinda do fogão que queimava esterco, eu não podia distinguir quantas pessoas estavam lá dentro, mas ouvia um bebê chorando num canto mais afastado. O pai de Ali estava deitado numa cama de ferro, coberto por mantas. Era a primeira cama que eu via em uma aldeia afegã. O pai parecia ter cerca de oitenta anos. Convidou-me a sentar e em seguida teve um acesso de tosse que o fez soerguer-se, com o corpo estremecendo e os olhos cheios de lágrimas, murmurando, "Em nome de Alá", e escarrou numa vasilha de latão. Quando a tosse e os roncos surdos diminuíram, ele se deitou novamente, fechou os olhos e disse:

— Estou doente. Desculpe, por favor, minha indelicadeza com meu hóspede.

— Eu deveria partir...

— O senhor é nosso hóspede. Ficará para comer — respondeu o chefe. — Um pouco de arroz, um pouco de carne... meu filhinho está chorando. Tem dois anos e eu já estou muito velho e acabado para educá-lo. Por favor, aceite meu pedido de desculpas. Meu filho mais velho lhe falará do Talibã e de nós, os Hazara. Eles queimaram nosso Corão. Veja.

Ali destapou uma caixa de madeira entalhada, beijou o volume que estava dentro, desembrulhou-o cuidadosamente, fez uma oração e abriu o Corão. O fogo tinha consumido um dos cantos, mostrando finas camadas de papel enegrecido, e algumas cinzas se desprenderam da lombada quando ele o abriu.

— O Talibã fez isso com nosso sagrado Corão — disse o irmão de Ali.

— Se quiser entender o Talibã, veja o que fizeram com nosso sagrado Corão — acrescentou Ali.

Não havia eletricidade nem televisão na aldeia. Aqueles homens nunca tinham visitado uma cidade do Afeganistão e nem conhecido um jornalista. Eu me perguntava por que estavam explicando aquilo tão prontamente, e por que se concentravam no Corão e não no que o Talibã tinha feito a suas famílias e à aldeia.

— Você lê o Corão? — perguntei.

— Não; não sabemos ler nem escrever.

— Os homens do Talibã o tiraram daqui para queimá-lo?

— Não. O livro estava em uma das casas que eles incendiaram quando atacaram a aldeia.

— Então foi acidental.

— Sim. Veja como é essa gente do Talibã.

Ele pensava que eu imaginava que fossem infiéis sacrílegos.

— Quantas pessoas eles mataram nesta aldeia? — perguntei.

— Cinco.

— Seis — corrigiu outro homem. — Hussein, Muhammad Ali, Ghulam Nabi...

— Seis — concordou Ali.

— De sua família?

— Sim. Meu irmão. O pai daquele ali. Mas veja o Corão.

Naquela cidade não havia Fanta; a única marca mundial era o Islã. Ali achava que a única coisa que eu e ele tínhamos em comum era o Corão, e que eu entenderia que qualquer pessoa que queimasse o livro, ainda que fosse por acidente, estaria condenado por sacrilégio. Ele não imaginava que um estrangeiro se interessaria pelas mortes em sua família. De certa forma, tinha razão. Os ocidentais prestaram pouca atenção ao assassinato dos hazara. O que os emocionou foi a destruição dos Budas de Bamian ou o destino do leão do jardim zoológico de Cabul. Nos Estados Unidos e na Grã-Bretanha uma coleta produzira novecentos mil dólares para o leão. Tony Blair dava especial atenção ao Corão, mas Ali teria enfrentado dificuldade em entender a opinião de Blair a respeito do livro.

Em 20 de setembro de 2001, o primeiro-ministro levou um exemplar do Corão em uma viagem ao Oriente Médio. Nove meses depois, disse a um entrevistador que possuía duas edições. Agora, segundo o jornal *Guardian*, já tinha três. "Blair", dizia o jornal, "leva sempre consigo um exemplar do Corão para ganhar inspiração e coragem, hábito que copiou da filha do presidente Clinton." Antes do 11 de Setembro, Blair havia aconselhado aos muçulmanos que estudassem o livro sagrado, dizendo aos leitores do *Muslim News* que "o conceito de amor e companheirismo como espírito orientador da humanidade é muito claro... para quem lê o Corão". Em 7 de outubro, falando dos seqüestradores do 11 de Setembro, disse: "As ações dessas pessoas são contrárias aos ensinamentos do Corão... Isso me causa raiva, assim como à grande maioria dos muçulmanos."

Uma semana depois, ele afirmou: "Não consigo compreender como alguém que estude verdadeiramente os ensinamentos do Islã e as palavras da mensagem do Corão seja capaz de justificar a matança [do 11 de Setembro]." Bush fez coro: "Os ensinamentos do Islã são de bondade e paz, e os que cometem más ações em nome de Alá blasfemam o nome de Alá. Os terroristas são traidores de sua própria fé..."

Ali consideraria altamente excêntricas as referências de Blair ao Corão e suas opiniões sobre ele. Imaginaria que o primeiro-ministro não seria capaz de ler o Corão, por não saber árabe. Como o Corão, ao contrário da Bíblia, é a transcrição direta da palavra de Deus, ditada a Maomé em língua árabe, as traduções não são consideradas o mesmo que o Corão. Em certas ocasiões, até mesmo traduzi-lo tem sido considerado uma blasfêmia. Ali embrulhava cuidadosamente seu Corão, guardava-o na caixa de madeira numa prateleira alta e somente o tomava nas mãos depois de fazer abluções e preces. Ficaria horrorizado se visse Blair folheando suas traduções durante uma viagem de avião, ou se o ouvisse fazendo confiantes afirmações sobre seu significado. A densa teia de metáforas, poesia e alusões contida no Corão é tradicionalmente interpretada mediante referência aos *hadiths* (ditos) do profeta e à longa tradição de exegese jurídica e teológica. Em conseqüência, pronunciamentos públicos sobre o significado do Corão costumam estar reservados aos mais eruditos e importantes mulás.

As palavras confiantes e informais do primeiro-ministro a respeito do texto não pretendiam ser condescendentes nem presunçosas. A intenção era demonstrar sua sensibilidade à cultura islâmica. Talvez ele tenha erroneamente presumido que o Corão guarda semelhanças com sua visão protestante da Bíblia, que pode ser traduzida sem problemas, ser facilmente compreendida, livre de trechos apócrifos, aberta à interpretação por leigos e ser fisicamente manuseada como qualquer outro livro. Outros comentadores cristãos protestantes, como Bush, podem ter suposto o mesmo. Em novembro de 2001, Bush apareceu em uma foto em que puxa um exemplar do Corão casualmente por cima de uma mesa, com a mão esquerda impura, enquanto o mulá que apresentara o livro se esforçava por sorrir.

Grande parte dos meios de informação britânicos imitaram Blair ao definir o Islã quase exclusivamente em termos do Corão, sem referência ao contexto cultural de seu conteúdo. Talvez não seriam tão rápidos em reduzir a Igreja Católica aos evangelhos; quiçá estivessem mais interessados em modificar o Islã do que em descrevê-lo. Em 16 de setembro de 2001, o *Guardian* observava que as *houris* que o Corão promete aos fiéis nada mais são do que símbolos puramente inocentes e não virgens fornecidas para serviços sexuais, e dava a entender que os terroristas suicidas teriam sido enganados. Um mês depois, o *Observer* afirmou, a respeito de uma das versões da fé, que "Isso não é Islã, assim como a Ku Klux Klan não é cristianismo". Os comentaristas raramente descreviam a variedade de crenças e práticas islâmicas. Talvez porque seus comentários visassem primordialmente acalmar o sentimento antimuçulmano na Grã-Bretanha (e talvez, no caso de Tony Blair, agradar os parceiros muçulmanos da coalizão). Os adversários do Islã também trataram do Corão fora de contexto, embora em apoio a um objetivo diferente. Em novembro, o presidente do Partido Nacional Britânico escreveu:

> Começamos a procurar o trecho do Corão que tem sido exaustivamente citado desde o 11 de Setembro, inclusive por George Bush, Tony Blair, Iain Duncan-Smith e uma série interminável de jornalistas: "Quem mata uma só alma é igual a quem mata toda a humanidade." Essa frase está no cerne da campanha politicamente correta para assegurar que a febre bélica contra os terroristas islâmicos não venha a acarretar uma explosão de hostilidade aos muçulmanos per se. Afinal, não seria essa frase uma prova clara de que o Islã é no fundo uma religião pacífica e de amor; um cristianismo com uma toalha na cabeça?
>
> Seria, sem dúvida, se fosse verdade! Mas o problema é que a citação é uma invenção politicamente correta. Vejamos o que a sura 5, ayat 32 realmente diz:

> "Quem mata uma alma, a não ser por retaliação por outra alma ou por corrupção no país, é igual a quem mata toda a humanidade."

Prosseguiu citando 23 versículos como "prova" de que os muçulmanos são uma "ameaça à vida na Grã-Bretanha".[63]

---

[63] A resposta de intelectuais britânicos foi mais sofisticada. Após o 11 de Setembro, diferentemente da mídia de massa, eles de fato se ocuparam com as motivações dos seqüestradores, o simbolismo da ação, o contexto histórico e as dificuldades inerentes em qualquer reação. Contudo, por vezes, até intelectuais escreveram artigos que surpreenderiam muitos muçulmanos por seus pronunciamentos confiantes sobre a ortodoxia islâmica ou por sua relutância em admitir quaisquer diferenças entre culturas tão distantes. Assim, Terry Eagleton escreveu na *London Review of Books*: "o fundamentalismo islâmico é o que representa uma versão blasfema do Corão, e não *Os versos satânicos*" [romance de Salman Rushdie livremente inspirado na vida do profeta Maomé, que provocou a ira de diversos grupos islâmicos], enquanto Mary Beard sugeriu que "estes mártires totais são uma comunidade rara, muito mais numerosa na imaginação do que na realidade", com base em seu estudo sobre o cristianismo primitivo.

O Solo Salgado e o Nardo

No dia seguinte encontrei dois meninos de Ghorak caminhando na mesma direção que eu, conduzindo um burrico a Bamian para comprar sal. Caminhamos sem parar durante as primeiras cinco horas, talvez 25 quilômetros. O panorama não tinha maiores atrativos. Quando subíamos um morro, percebi como era difícil fazer o burro mover-se na neve espessa.

Como muitos aldeões, os meninos maltratavam o burro. Vi um deles quebrar um bambu no dorso do animal e depois atingi-lo com uma pedra aguda. Na neve, porém, prepararam um caminho para ele e voltavam pacientemente a fim de levantá-lo quando se deitava. O burro dava dois ou três passos vacilantes e depois se deitava novamente, enquanto os meninos iam melhorando a trilha e voltavam para acariciá-lo, estimulá-lo ou levantá-lo mais uma vez. No vale de Qarganatu me indicaram onde havia minas, algumas a apenas sessenta centímetros da trilha. Encurtei a corda da coleira de Babur.

No início da tarde cruzamos o passo Shibartu e chegamos ao que tinha sido um centro de resistência dos hazara. Khalili, que os comandava, construíra ali uma pista de pouso, na qual eram lançados suprimentos vindos do Irã. Da aldeia restava apenas uma única sala superlotada. Os outros prédios tinham sido incendiados pelo Talibã e abandonados. Aquele vale, no entanto, não sofrera somente no tempo do Talibã. Babur chegou a ele em meados de fevereiro de 1507:

Descemos pelo passo de Shibartu. O povoado dos hazara turcomanos se apossara da região que atravessaríamos, com suas famílias e suas propriedades. Não tiveram nenhum aviso de minha aproximação. Na manhã seguinte chegamos às cabanas deles, próximas aos abrigos dos carneiros, dois dos quais saqueamos, fazendo com que todos os hazara, alarmados, abandonassem as cabanas e fugissem para as colinas levando as crianças.

Pouco depois recebemos notícia de que alguns deles haviam encurralado nossos homens numa garganta estreita e os estavam atacando com flechas... Os nossos ficaram um tanto perplexos e pararam. Fui sozinho à frente, procurando estimulá-los. Nenhum deles deu atenção nem avançou contra o inimigo, e permaneceram espalhados em vários lugares. Embora eu não tivesse posto o elmo, a malha de meu cavalo ou minha armadura, e tivesse apenas o arco e a aljava, gritei que os servos tinham de estar à disposição e em caso de necessidade deviam provar sua lealdade ao amo, em vez de ficar apenas observando enquanto o amo marcha contra o inimigo; depois disso esporeei o cavalo e avancei... [Babur insere um poema sobre os acontecimentos em uma das línguas ancestrais do turco...]

> *Vendo-me avançar, também meus homens avançaram,*
> *Deixando para trás seu terror.*
> *Chegamos ao topo da colina e expulsamos os hazara,*
> *Percorremos as elevações e as ravinas como corças,*
> *Saqueamos os pertences e carneiros e entre nós os dividimos;*
> *Matamos os turcomanos hazara*
> *E capturamos homens e mulheres;*
> *Seguimos os que já iam distantes e os aprisionamos*
> *Capturamos as esposas e filhos.*

Quatorze ou quinze dentre os rebeldes e salteadores mais notórios dos hazara tinham caído em nossas mãos. Era minha intenção torturá-los e matá-los quando acampássemos, para dar um exemplo e aterrorizar todos os rebeldes e ladrões; mas Qasim Beg, depois de vê-los, foi tomado de compaixão um tanto fora de lugar e libertou-os: (Como diz o poeta persa Saadi...)

Fazer o bem aos maus é o mesmo
Que fazer mal aos bons;
O solo salgado não produz o nardo
Não desperdice nele as boas sementes.

Círculos Pálidos nas Paredes

CONTINUAMOS A JORNADA pelo passo Shaidan. Eu caminhava lentamente, acompanhando os passos do burro. Minha mochila parecia querer me atirar ao chão e o esforço para me movimentar fazia com que eu praticamente só prestasse atenção à minha respiração. Abaixei a cabeça para examinar a trilha e meus pensamentos se acalmaram, misturando-se com o movimento. Babur também tinha a cabeça baixa, com a língua de fora, e eu sabia que se soltasse a corda ele pararia completamente.

No topo da colina de Shaidan fizemos uma pausa em uma trilha coberta de cartuchos de projéteis antiaéreos. Daquela posição o Talibã atirara contra as planícies dos hazara em Shibartu. A aldeia de Shaidan me parecia bela enquanto descíamos. Os campos eram amplos ao longo do rio. As ornadas torres octogonais do castelo se erguiam acima de um bazar de paredes de barro com oitenta lojas que davam para o pátio de um seminário. Antigos álamos se enfileiravam junto aos pomares dos proprietários de terras. As velhas cavernas no penhasco eram dotadas de janelas de madeira e acima delas via-se a silhueta de um pico nevado de quinhentos metros, contra o céu azul-escuro.

Quando cheguei ao primeiro prédio, no entanto, percebi que se tratava de uma cidade-fantasma. As lojas eram como esboços feitos com a fuligem escura. Em Cabul, onde metralhadoras e poderosos explosivos tinham sido usados contra os prédios de concreto, havia buracos de bala ou crateras. Mas ali não havia qualquer marca. O fogo tinha consumido as vigas e travessas, deixando apenas cascas vazias de barro cozido. Em algumas havia ainda os restos e tocos carbonizados do teto de madeira; em outras viam-se círculos pálidos nas paredes, pretas como os álamos das terras dos senhores feudais, e também os caixilhos vazios das janelas nas cavernas. Todos os prédios tinham sido abandonados. A Montanha Turquesa deve ter ficado com essa aparência após o ataque de Gêngis Khan.

Seis anos antes, duas mil famílias moravam em Shaidan. Fazia três anos que o Talibã tinha matado oitenta homens no bazar. Havia um ano, logo depois de dinamitarem os gigantescos Budas, a 35 quilômetros dali, que tinham matado mais 120. Sete meses antes de minha chegada, encontraram a aldeia vazia e a incendiaram. A maior parte da população escapou para os campos de refugiados.

Em Herat, muitos correspondentes de guerra[64] previram que os afegãos odiariam o ataque norte-americano ao Talibã. Disseram que o tratamento dispensado pelo Talibã às mulheres, seu uso da lei Sharia e a demolição dos Budas de Bamian não tinham sido mal recebidos nas aldeias. Destacavam que o Talibã "não era mais cruel" do que a Aliança do Norte e que havia melhorado as condições de segurança nas zonas rurais. A intervenção simplesmente substituiria um grupo de bandidos por outro e enraiveceria os afegãos.

Mas os hazara que conheci estavam satisfeitos com o fim do Talibã, e não detestavam os norte-americanos por havê-los expulsado. Em nenhuma outra parte do Afeganistão a crueldade do Talibã se mostrou tão abrangente ou com características étnicas tão pronunciadas. Durante a caminhada de três dias a partir de Yakawlang, onde o Talibã tinha executado quatrocentas pessoas, até Shaidan, onde setenta lojas tinham sido reduzidas a escombros enegrecidos pela fuligem, todas as aldeias hazara que vi tinham sido incendiadas. Em cada povoado ocorreram assassinatos, dispersão de rebanhos e destruição de pomares. A maioria das aldeias ainda estava abandonada.

---

[64] Talvez porque muitos deles tinham estado nos Bálcãs e se lembravam da fúria dos sérvios contrários a Milosevic por causa do bombardeio de Kosovo.

Eu havia verificado, efetivamente, que as comunidades tadjique e aimaq não eram inteiramente adversárias do Talibã. Concordavam em que naquele período a segurança havia melhorado. As mulheres tadjiques agora cobriam a cabeça com lenços na aldeia, e somente usavam as burcas, que escondiam todo o rosto, quando iam à cidade, mas ninguém reclamava contra a falta de instrução para as mulheres durante o regime do Talibã e nem contra a imposição da lei islâmica Sharia. Acabei sabendo que Seyyed Umar, que se queixava muito deles ("roubaram meus jumentos"), tinha sido comandante do Talibã. Mas estes hazara perderam suas casas, seus meios de subsistência e, em muitos casos, suas vidas. Sabiam pouco sobre o World Trade Center, e se importavam menos ainda. Mas não estavam irados com a coalizão por haver expulsado o Talibã. No curto prazo, as coisas tinham melhorado para eles. Eram mais livres e estavam mais seguros; voltaram a ter certa medida de poder e estavam satisfeitos com o governador da província, Khalili.

@afghangov.org

Eu DUVIDAVA QUE OS NOVOS formuladores de política em Cabul entendessem muito dessas coisas. Durante os três meses anteriores, sempre que ia ler meu e-mail em alguma cidade do Nepal onde houvesse um café com Internet, recebia uma mensagem de alguém que tinha acabado de partir para ajudar a governar o Afeganistão. Os formulários para emprego nas Nações Unidas tinham começado a aparecer em outubro de 2001, e depois vieram as circulares: "Por favor, não responda para este endereço de e-mail — não há conexões de Internet em Cabul." Finalmente, vieram mensagens de novos endereços: @pak.id, @afghangov.org, @worldbank.org, @un.org, falando sobre o sol nas montanhas. Eu agora já tinha meia dúzia de amigos trabalhando no Afeganistão em embaixadas, institutos de pesquisa, agências internacionais de desenvolvimento, Nações Unidas e governo afegão, controlando projetos de milhões de dólares. Um ano antes, essas pessoas tinham estado em Kosovo ou em Timor Leste, e um ano depois estariam no Iraque ou em escritórios em Nova York e Washington.

O objetivo delas (para citar a Missão de Assistência das Nações Unidas no Afeganistão) era "a criação de um governo centralizado, de base ampla e multiétnico, comprometido com a democracia, os direitos humanos e o império da lei". Trabalhavam doze ou quatorze horas por dia redigindo minutas de documentos para iniciativas bem-dotadas de recursos, que tratavam de "democratização", "aperfeiçoamento de capacidades", "gênero", "desenvolvimento sustentável", "treinamento e capacitação" ou "questões de proteção". Na maioria tinham pouco menos ou pouco mais de trinta anos e pelo menos dois diplomas: freqüentemente em direito internacional, economia ou desenvolvimento. Vinham de famílias de classe média de países ocidentais e trocavam anedotas em jantares sobre a corrupção no governo e a incompetência das Nações Unidas. Raramente saíam de carro para além de Cabul, porque os conselheiros de segurança o proibiam.

Alguns, como os dois funcionários encarregados de política em Chaghcharan, tinham experiência e eram bem-informados sobre as condições no Afeganistão rural. Mas esses seriam menos de cinqüenta entre muitos milhares. A maioria dos formuladores de política quase nada sabia sobre as aldeias onde viviam 90% da população do Afeganistão. Vinham de países pós-modernos, globalizados, seculares, com tradições liberais na legislação e no governo. Era natural que dessem início a projetos em planejamento urbano, direitos das mulheres e redes de cabos de fibra ótica; que debatessem processos transparentes, limpos e responsáveis, de tolerância e de sociedade civil; e que falassem de um povo "que deseja a paz a todo custo e compreende a necessidade de um governo centralizado e multiétnico".

Mas que sabiam da maneira de pensar da mulher de Seyyed Kerbalahi, que nunca tinha se afastado mais de cinco quilômetros de sua casa em quarenta anos? Ou do Dr. Habibullah, o veterinário que levava uma arma automática como eles levavam suas pastas de documentos? Os aldeões que encontrei eram na maioria analfabetos, não conheciam eletricidade nem televisão e pouco sabiam do mundo exterior. Tinham atitudes muito diversas em relação à política, ao Islã e a etnias. O povo de Kamenj entendia o poder político em termos de seu senhor feudal Haji Mohsin Khan. Em Herat, Ismail Khan queria implantar uma ordem social baseada na política islâmica do Irã. Os hazara como Ali detestavam a idéia de um governo central, porque a associavam à subjugação a outros grupos étnicos e ao sofrimento durante o Talibã. Essas diferenças entre os grupos eram profundas, fugidias e difíceis de vencer. A democracia nas aldeias, as questões de gênero e a centralização eram conceitos de difícil aceitação em algumas áreas.

Os formuladores de política não tinham tempo, estruturas ou recursos para um estudo a sério de uma cultura estranha. Justificavam a falta de conhecimento e experiência concentrando-se na pobreza e dando a entender que não existiam diferenças culturais drásticas. Agiam como se os aldeões estivessem interessados em todas as prioridades das organizações internacionais, ainda que essas prioridades fossem mutuamente contraditórias.

Num seminário em Cabul ouvi Mary Robinson, Comissária de Direitos Humanos das Nações Unidas dizer: "Há 25 anos os afegãos vêm lutando por seus direitos humanos. Não precisamos dizer-lhes quais são seus direitos." Em seguida o chefe de uma grande agência de provisão de alimentos disse privadamente: "O povo das aldeias não está interessado em direitos humanos. São como os pobres do mundo inteiro. Só querem saber de onde virá a próxima refeição." A isso o diretor de uma ONG afegã de aconselhamento respondeu: "A única coisa que é preciso saber a respeito dessa gente é que sofrem de estresse pós-traumático."

As diferenças entre um formulador de política e um hazara como Ali eram muito mais profundas do que a falta de comida. Ali raramente se preocupava com a origem da refeição seguinte. A idéia que fazia de si mesmo era principalmente a de muçulmano e hazara, e não de afegão faminto. Versões diferentes do Islã, opiniões distintas sobre etnia, governo, sobre os métodos apropriados de encerrar disputas (inclusive conflitos armados) e a experiência de 25 anos de guerra variavam de região a região. Mesmo a uma distância de uma semana de caminhada, encontrei áreas onde os Begs locais tinham sido derrubados por revoluções sociais financiadas pelo Irã, e outras onde as estruturas feudais ainda estavam de pé, áreas onde a violência tinha sido infligida pelo Talibã e áreas onde os aldeões a infligiam entre si. Os formuladores de política eram incapazes de dedicar o tempo, a imaginação e a persistência necessários para compreender experiências tão variegadas.[65] Assim, era impossível que modificassem a sociedade afegã do modo como desejavam.

Em Ghorak, perguntei a Ali quem deveria ser o presidente do Afeganistão.

— O governador Khalili — responderam todos, em uníssono.

---

[65] Os críticos dessa nova fornada de administradores os acusaram de neocolonialistas. Na verdade, a atitude deles não é a mesma dos funcionários coloniais do século XIX. Os governos coloniais podem ter sido racistas e exploradores, mas pelo menos tratavam seriamente de compreender os povos que governavam. Recrutavam pessoas dispostas a passar o resto de suas carreiras em províncias perigosas de uma única nação estrangeira. Investiam no ensino das línguas locais a administradores e oficiais militares. Estabeleceram ministérios do Exterior eficazes, treinaram uma elite local e incentivaram inúmeros estudos acadêmicos sobre seus súditos por meio de instituições e museus, sociedades geográficas reais e jardins botânicos reais. Equilibraram os orçamentos locais e geraram receitas fiscais, porque se não o fizessem o governo central raramente os ajudava. Se deixassem de governar de maneira correta, a população se rebelaria.

Os peritos em pós-conflito obtêm prestígio sem o esforço e o estigma do imperialismo. A negação implícita das diferenças entre culturas é a nova marca de massa da intervenção internacional. As políticas fracassam, mas ninguém nota. Não há órgãos de monitoramento responsáveis e não há quem assuma responsabilidade formal. Os funcionários individuais nunca estão em um único lugar durante tempo suficiente para serem adequadamente avaliados. A empresa colonial podia ser julgada por meio da segurança ou da renda que produzia, mas os neocolonialistas não têm esses critérios de desempenho. Na verdade, sua própria inutilidade os beneficia. Evitando ações ou avaliações sérias, eles conseguem, ao contrário de seus antecessores coloniais, escapar de acusações de racismo, exploração e opressão.

Talvez isso ocorra porque no mundo em desenvolvimento não se exige mais do que uma sedutora ilusão de atividade. Se os formuladores de política pouco sabem sobre o Afeganistão, o público sabe menos ainda e poucos se importam com o fracasso das políticas quando seus efeitos são sentidos somente no Afeganistão.

— Mas os pashtuns e os tadjiques não querem que o líder dos hazara seja presidente do Afeganistão — disse eu. Os outros afegãos culpam Khalili por atrocidades em Cabul.

— Ahmed Shah Masud — tornou o chefe — é a única figura nacional.

Todos assentiram.

— Mas ele já morreu — murmurei eu.

Todos assentiram novamente.

— Bem, então quem? Hamid Karzai, o líder atual?

— Não, definitivamente não... é um títere pashtun dos americanos... — disse o chefe.

— Bem, então quem?

Silêncio. Parecia que jamais tinham pensado no assunto. Talvez achassem que a escolha do presidente não era problema deles, ou que Cabul não importasse.

— Por favor, coma sua carne — disse o chefe, sem olhar diretamente para a bandeja de arroz e pão dormido. Não havia carne porque o Talibã tinha confiscado a maior parte dos rebanhos da aldeia. Mas estava escuro e ele estava doente demais para perceber.

— Vamos — disse eu —, quem deve ser o líder de vocês?

— O rei... — sugeriu alguém, finalmente. Os outros pareciam um tanto incertos.

— Mas ele tem 85 anos.

Todos assentiram.

— Se Deus quisesse, não haveria guerra — acrescentou Ali —, mas no futuro lutaremos por muitas coisas contra outros povos.

Enquanto Dura a Música

Paramos para passar a noite nos arredores de Shaidan, em uma casa grande que tinha sido transformada em quartel. Babur ficou com um quarto só para ele nas instalações em ruínas de um antigo proprietário de terras. Eu dormi em um cômodo pequeno com trinta soldados hazara, a maioria dos quais roncava. As dimensões do quarto não permitiam que dormíssemos com o corpo estendido. Tínhamos de ficar encolhidos e tão próximos uns dos outros que não era possível virar-se.

A maioria dos soldados se deitava sobre finos sacos de dormir norte-americanos, marcados "para frio moderado". Fiquei imaginando se o oficial americano de Logística (Operações Secretas) sabia que a temperatura podia cair até quarenta graus negativos, ou se se importava com isso. Alguns dos homens tinham casquetes de lã de tipo comando ou redes de dormir de onde pendiam garrafas de água vazias. Muitos vestiam camisas norueguesas de tipo pólo com zíper e macacões marrons de feltro, provavelmente destinados a roupa de baixo, mas aqui usados por cima das roupas.

Acordei com enxaqueca e diarréia. Saí para aliviar-me duas ou três vezes, mal dando atenção ao brilho da lua cheia que parecia dia ao refletir-se na neve, e tampouco ao frio. Notei que o cós de minha calça estava agora muito largo. Voltando ao quarto, procurei registrar o que anteriormente me parecera maravilhoso sobre a caminhada no Afeganistão: "A culminação de todas as caminhadas

— o deserto, o céu noturno, os castelos feudais na paisagem, a lança solitária do minarete de Jam em seu estreito vale, as dimensões internacionais da guerra, a neve."

Depois anotei em três páginas todas as refeições que fizera durante o mês anterior, demorando mais nos dias em que tinha comido ovos cozidos. A madrugada rompeu, mais brilhante do que a noite de lua cheia, com uma pálida luz cor de limão no cimo das montanhas a leste. Os outros acordaram, queixando-se do frio. Apesar dos corpos juntos, havia gelo em nossas roupas externas molhadas. Alguns foram para a cozinha a fim de aquecer-se ao fogo de esterco seco, deixando aos demais um pouco de espaço para distender os músculos.

Depois, para minha satisfação, foram servidos pequenos biscoitos doces enrolados, do tipo que os afegãos chamam *basraq* ou *haju*. Comi quinze e todos riram, porque são considerados comida de crianças. Enquanto comíamos, nosso anfitrião, Khalife Amir, tocava uma espécie de alaúde feito com uma pequena garrafa plástica amarela de azeite, um pé de mesa e duas cravelhas de madeira. Usava somente a corda mais grave. Fazia um mês que eu não ouvia música. Meus dias tinham sido silenciosos, com torrentes de pensamentos numa paisagem que mudava lentamente. Nota por nota, a música me trouxe de volta uma sensação de tempo. Cada pausa estava carregada com a espera da nota seguinte e a lenta revelação de uma melodia. Khalife Amir media o silêncio, dividindo cada minuto em uma série de notas claras com sua única corda e atando-as a sua voz. Os outros, que não tinham podido ouvir música tocada em público durante os anos do regime do Talibã, ficaram em silêncio. Eu não entendia a letra da canção, mas não era preciso. A tristeza era evidente na melodia, no tom de voz do cantor e nas expressões dos ouvintes, assim como na beleza que compartilhávamos.

Ao meio-dia parei em Baraqi, sentei-me numa plataforma acima da estrada e pedi chá e biscoitos. A existência daquela casa de chá indicava que estávamos nos aproximando de Bamian e do início da estrada para Cabul. A cada três metros, na parede diante de nós, havia uma pedra pintada de vermelho para mostrar o local de uma mina na trilha. Eram minas contra veículos, que nosso peso era insuficiente para detonar, e por isso podíamos caminhar sobre elas. As minas antipessoal pareciam ter sido semeadas um pouco fora do caminho. Um mês antes um cavalo se assustara, correra para o deserto e morrera junto com o cavaleiro.

Babur ficou deitado na sombra, junto a uma parede. Levantou-se, latiu roucamente repetindo seu próprio eco, lambeu as partes íntimas e novamente deitou-se para dormir. O clima era bastante ameno. Pelo menos uma vez o céu azul não prenunciava frio. O rio corria além de uma fileira de álamos. Lembrei-me dos biscoitos doces que tinha comido de manhã e aproveitei o calor do sol.

No início da tarde deixamos uma garganta estreita, passamos por uma fonte de água quente que, como muitas outras do Afeganistão, era apenas morna, e emergimos nos campos amplos e planos do vale de Bamian. O dia foi ficando mais quente e Babur tratou de deitar-se em todas as sombras que encontrava. Foi preciso que a cada passo eu o puxasse para levantá-lo.

Na orla do vale misturamo-nos com uma longa fila de caravanas de jumentos que se dirigiam ao mercado. Dois meninos calçando botas azuis de borracha e barretes de oração brilhantes vinham montados em montes de lenha empilhados no dorso dos animais. Ao lado deles caminhava uma novilha, sob cujo couro escuro surgiam as pontas dos ossos da bacia. A vaca era produto de uma especulação: a família a tinha comprado três dias antes num bazar da montanha, pretendendo dobrar o investimento vendendo-a no mercado, mas no intervalo não tinham dinheiro para alimentá-la. Um homem solitário, montado em uma mula, reduziu a velocidade do trote e forçou caminho entre os jumentos, passando adiante de nós na estrada do vale. Atrás dele vinham homens de caras fechadas que nada traziam em seus jumentos e iam ao mercado para comprar óleo e sal.

Emparelhamos com quatro jumentos cavalgados por mulheres vestidas de desbotadas burcas azul-celeste tiradas dos armários para a viagem à cidade. Nas aldeias elas não cobriam o rosto. Tinham levantado as saias para cavalgar, e eu pude ver um bebê olhando para fora entre as dobras da roupa de baixo, colorida de lilás, vermelho e roxo, de uma delas. Os homens caminhavam ao lado das mulheres, com chicotes *buzkashi*. Os jumentos não andavam em linha reta, mas balançavam de um lado para o outro, distraindo-se facilmente ao subir as encostas em direção a uma casa em alguma aldeia, trombando uns nos outros, o que obrigava os tocadores a trotar constantemente junto deles, empurrando-os e fazendo-os voltar à trilha. Os velhos e mulheres jovens que cavalgavam os burros se chocavam em diversos ângulos. Um homem a pé, com um chapéu cor de laranja pousado sobre a cabeleira ruiva encaracolada, rosto escuro e *shalwar kemis* de veludo-cotelê marrom, parecia estar perpetuamente correndo para agarrar um burro que teimava em levar a mulher e o bebê para os campos adjacentes.

A seda e as escrituras budistas levadas a Bamian há 1.300 anos provavelmente também chegaram em meio a redemoinhos de areia e gritos de tocadores de mulas. Viajantes antigos, como Babur e Marco Polo, que se movimentavam com longas colunas de cavalos e animais de carga, não devem ter visto grande parte do panorama, por causa da poeira. Senti-me satisfeito por viajar geralmente sozinho.

A caravana se dispersou em torno do que restava do bazar, que era um novo tipo de ruína — não com paredes ainda de pé e vigas enegrecidas, e sim com as crateras e silhuetas destroçadas, características de um bombardeio aéreo. Do flanco norte daquele vale, mais amplo e fértil do que os que eu tinha visto desde Herat, erguia-se um penhasco de arenito marrom pálido, de muitas dezenas de metros de altura. Escavados nos rochedos à minha esquerda havia dois nichos, cada um de sessenta metros de altura, com escombros na base. Durante 1.400 anos, dois grandes Budas estiveram erguidos nos nichos. Sete meses antes que eu pudesse vê-los, no entanto, o Talibã tinha dinamitado as estátuas. Aquele vale de Bamian, a 2.400 metros de altitude, foi outrora a fronteira ocidental do mundo budista.

Sétima Parte

Os Wurduk [uma tribo pashtun] são todos agricultores. São um povo pacífico e tranqüilo.

Mountstuart Elphinstone
The Kingdom of Kaubul and Its Dependencies, 1815

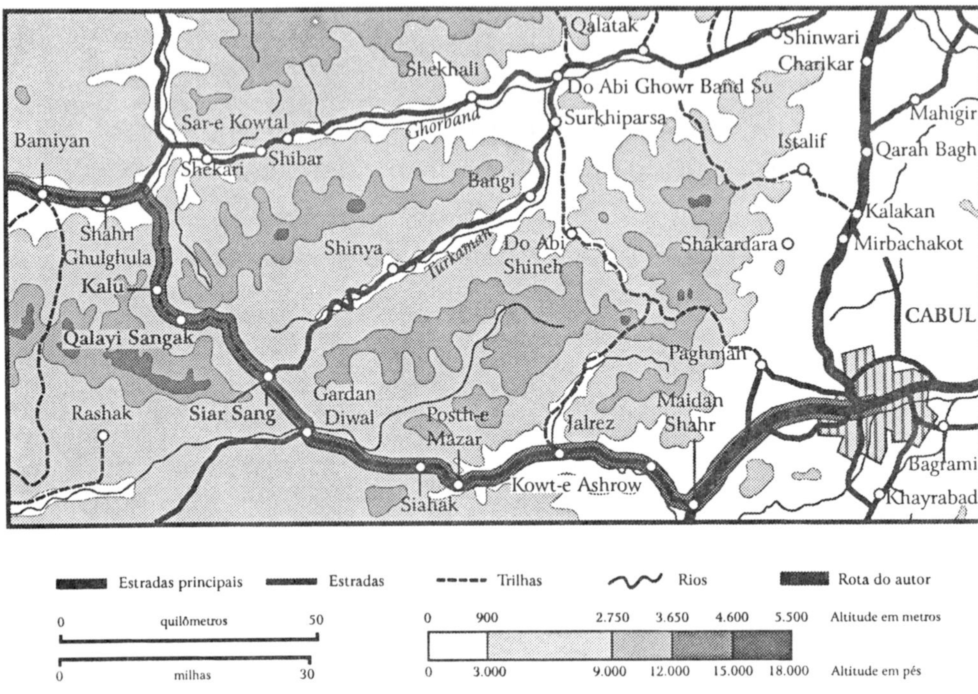

Trigésimo e trigésimo primeiro dias – Bamiyan a Kalu
Trigésimo terceiro dia – Kalu a Siar Sang
Trigésimo quarto dia – Siar Sang a Siahak
Trigésimo quinto dia – Siahak a Maidan Shahr
Trigésimo sexto dia – Maidan Shahr a Cabul

Pegadas no Teto

As religiões e as caravanas de camelos parecem evitar os passos das montanhas. O budismo se espalhou rapidamente em direção ao sul a partir do local de nascimento do Buda no sul do Nepal, atravessando a planície do Ganges até Sri Lanka. Mas foi preciso um milênio para que chegasse à China, e em vez de atravessar o Himalaia descreveu uma curva parabólica a 1.500 quilômetros para o leste, 500 para o norte e mais 2.500 novamente para o leste.[66] A religião acabou por estender-se à Mongólia e ao Japão, mas no Afeganistão preencheu somente uma estreita faixa que deixou pagãos nos vales de ambos os lados, a leste e a oeste, em Kailash e Gur.

À medida que avançava, o budismo modificou-se. No Tibete absorveu a antiga religião Bon-Po e criou novas demonologias. No norte da Índia do século XVIII tornou-se escolástico; entre os monges das florestas do Sri Lanka, pragmático; em Newar, no Nepal, monges casados praticavam um *tantra* invertido; e no Japão os devotos do Zen contemplavam paradoxos minimalistas. Foi no Afeganistão que o budismo se encontrou com a arte da Grécia de Alexandre. Ali, com estilo de Ghandara, desenvolveu sua expressão artística mais característica: retratar Buda em forma humana. As

[66] Um fardo de seda fazia a viagem em nove meses. O budismo levou quase mil anos.

estátuas colossais de Bamian eram o legado mais monumental daquela inovação.

Subi doze metros por uma escadaria inclinada de barro a partir da base do nicho mais a leste e cheguei a um longo corredor aberto, que dava para câmaras vazias. Continuei a subir mais degraus. De cada lado havia terraços, escadarias circulares e salas octogonais com tetos abobadados escavados nas paredes do penhasco, que se erguiam em andares na rocha. Subi ainda mais, por entre frágeis paredes de barro, até emergir a sessenta metros acima da base do vale, onde antes estivera a cabeça do Buda.

Era uma arquitetura característica da montanha. A escultura afegã budista de Ghandara é em geral famosa por sua graça e equilíbrio, mas os Budas de Bamian eram desajeitados e corpulentos. A função central parece ter sido dominar o panorama. Era impossível conseguir detalhes ou formas elegantes com aquela rocha friável e solta. Foi preciso sacrificar qualquer outra consideração para que as figuras pudessem ser escavadas na face do penhasco de arenito.

Ao descer em direção ao outro nicho, entrei em uma passagem lateral onde encontrei uma sala ainda decorada com traços de tinta azul e dourada, mostrando figuras humanas em uma procissão. Os últimos budistas de Bamian provavelmente viveram na região por volta do fim do primeiro milênio. Sua religião, inicialmente enfraquecida por um renascimento do hinduísmo, foi extinta pelo Islã. Quando os guridas conquistaram o vale no século XII, praticamente não havia mais budistas entre Bamian e Bangladesh. Pouco sabemos sobre a espécie de budismo outrora praticada em Bamian. Das dezenas de milhares de mosteiros que se estendiam por mil quilômetros restam apenas fragmentos de *stupas*, esculturas, inscrições e manuscritos, além dos registros de viajantes chineses.

No fim de outro corredor vi que o Talibã tinha incendiado o interior de outra sala, presumivelmente para apagar um afresco, e vi também marcas de pegadas de botas no teto. Deve ter sido difícil, porque o pé-direito tinha cerca de seis metros.

Os guridas da Montanha Turquesa, que tinham escolhido aquele vale para sua segunda capital, talvez tivessem alguma afinidade com aquela arquitetura alternativa de montanha, e deixaram de pé os Budas do penhasco. O Talibã, no entanto, dinamitou-os por desaprovar a idolatria. Muitos hazara parecem ter tido dificuldade em acreditar nestes motivos. "Talvez estivessem procurando ouro sob as estátuas", sugeriu um homem da caravana de jumentos, quando perguntei. Mas aquilo não parecia preocupá-los. Devem ter estranhado a ausência das estátuas depois de tê-las visto de todos os lados do vale durante um milênio e meio, mas como disse aquele homem, "Há coisas que nos importam muito mais".[67]

Sentei-me em uma cela de meditação para monges, atrás de uma longa varanda aberta, e olhei o amplo vale verde trinta metros abaixo e os picos brancos mais ao longe. O panorama talvez outrora fizesse recordar uma versão de Lhasa em miniatura, antes da invasão chinesa; o edifício em volta dos Budas fora pintado em cores vivas, com flâmulas de prece nos picos, e o vale repleto dos cânticos nas procissões dos monges em seus mantos cor de açafrão. Os nichos dinamitados recordam hoje as primeiras figurações pré-Ghandara, nas quais o Buda é representado por uma cadeira vazia, mostrando o lugar onde ele antes estivera.

[67] Babur, o imperador, passou por Bamian em sua viagem e, embora não pudesse ter deixado de ver os Budas, não os menciona. Aparentemente não tinha interesse no passado pré-islâmico. O motivo dessa falta de interesse pode ter sido a oposição do Islã aos ídolos pagãos. No século XIX, os habitantes do local aparentemente não tinham idéia do que as estátuas representavam, e foi necessário estudar crônicas chinesas e estátuas semelhantes para que uma equipe britânica chegasse à conclusão de que eram Budas.

Eu Sou o *Zoom*

Bamian era agora uma guarnição militar. Os passos do norte estavam livres de neve e era possível chegar a Cabul de carro em onze horas. Todos os dias chegavam alguns veículos. Havia uma ampla pista de aterrissagem, militares estrangeiros e escritórios de diversas agências de assistência. Era dominada pelos soldados do novo governador Khalili, adolescentes imberbes vestidos com uniformes de camuflagem e botas novas de combate fornecidas pela CIA, em geral grandes demais e desamarradas. As barras das camisas chegavam aos tornozelos dos rapazes. Muitos dos meninos usavam cajal nos olhos para ficarem mais bonitos. Enchiam as ruas, gritando para chamar os conhecidos, perscrutando as vitrines, brincando com os kalashnikovs que levavam às costas e interrogando os desconhecidos. Pelas ruas passavam carros utilitários levando o pessoal das agências de assistência e forças especiais dos Estados Unidos. Uma picape de um comandante afegão parou e um homem de olhar frio subiu à caçamba, segurando uma metralhadora pesada. Não se viam mulheres.

Eu queria encontrar transporte para Babur até Cabul porque ele estava fraco demais para caminhar os últimos 160 quilômetros. Passei a tarde no bazar falando com motoristas de caminhão, mas ninguém estava disposto a aceitar um cachorro. No fim da tarde comecei a procurar acomodações. A maioria dos viajantes teria dormido no chão dos restaurantes do bazar, mas eu estava cansado e não queria deixar Babur na rua, e por isso recorri novamente às organizações internacionais. Procurei não aborrecer os MSF, porque achava que já tinham sido generosos demais em Yakawlang, mas, como nenhuma das outras agências quis me hospedar, recorri ao MSF e fui recebido calorosamente.

Passei a maior parte de meus dois dias de descanso em companhia de um fotógrafo francês que também estava hospedado na casa dos MSF. Didier Lefèvre tinha atravessado o Afeganistão com os *mujahidin* no início da década de 1980 e estava de volta para fotografar a guerra. A maioria dos fotógrafos de guerra usa máquinas fotográficas digitais, mas Didier tinha filme preto-e-branco e duas Leicas antigas. Em zonas de guerra os fotógrafos preferem usar o *zoom*. Didier, não. "Eu sou o *zoom*", disse ele. Enquanto outros fotógrafos iam de carro ou de helicóptero para procurar novidades em diversas cidades do Afeganistão, Didier estava em Bamian havia um mês, fotografando refugiados hazara. Voltaria a Cabul em um veículo dos MSF. Ele e o motorista concordaram generosamente em levar Babur consigo e deixá-lo em casa de um amigo em Cabul.

Karaman

No dia seguinte fui assistir ao jogo de *buzkashi* que se realizava em uma série de campos, alguns sem cultivo e outros arados e plantados, a leste dos nichos vazios dos Budas. O *buzkashi* é uma espécie de pólo que se joga com um cabrito morto em vez de bola. Quando cheguei, alguns jovens tratadores faziam seus cavalos caminharem a fim de exercitá-los, enquanto outros mais apareciam, levantando poeira e fungando ao ar frio. Homens mais velhos, de barbas brancas e vestidos de paletós conversavam em voz baixa na orla da arena, enquanto os cavaleiros, com os turbantes firmemente amarrados sob o queixo, caminhavam para lá e para cá, batendo nervosamente com os chicotes nas botas. Ninguém estava interessado em falar com um estrangeiro.

Era uma das primeiras partidas desde que o Talibã proibira o esporte. Os espectadores falavam de alguns dos homens que tinham vindo participar do jogo: os senhores feudais Nasir e Shushuri, além de Karaman, famoso jogador de Dang-e-Safilak, com seu chapéu alto de lã. Dizia-se que o comandante Yawari, de Yakawlang, tinha viajado durante três dias pela estrada minada para chegar até lá, montado num cavalo que valia dez milhões de *afghanis*.

Algumas das montarias eram pôneis da aldeia, com mantas simples, barrigueiras de lona e rédeas feitas com cordas, mas a maioria estava extravagantemente enfeitada. Abdul Qoudus, de Shaidan, preparava novamente seu potro branco. Já tinha arreado e desarreado o animal duas vezes. O cavalo se virava nervosamente nos arreios e salivava no freio duplo justo. Primeiro, Qoudus cobriu o dorso do cavalo com a manta *julum* tecida por sua mulher durante um mês, segundo ele dizia. Era um quilim de dois metros de comprimento com trinta faixas alternadas de desenhos em preto, branco e vermelho, com uma fileira de pompons que tremulavam. Colocou outro pano por cima do *julum* e amarrou no pescoço do cavalo uma faixa laranja e verde muito viva, chamada *taule*. Ajeitou os pompons que caíam sobre o focinho e o pescoço do animal e prendeu discos de metal nas rédeas, para fazê-las tilintar. Depois estendeu um pano feito com retalhos coloridos e com losangos nas bordas por cima das orelhas empinadas do cavalo e puxou-o até os ombros. No centro da testa do animal havia um disco de cobre enfeitado com vidro verde. Finalmente ergueu a sela, de cepilho alto. Era coberta com uma tapeçaria grená enfeitada com flores pretas, cor de laranja e brancas, além de pompons verde vivo e rosa.

Os soldados de Khalili se postaram ao longo do cimo das colinas, e suas silhuetas eram visíveis contra o céu claro, acima das antigas celas dos monges budistas. Corpulentos funcionários de segurança levando rádios e com chapéus russos vagavam por entre os milhares de espectadores que agora se juntavam nas encostas e ao longo das paredes do penhasco ao norte. Do lado sul da arena uma equipe de soldados estrangeiros vestidos à paisana portavam grandes armas de fogo, e acima deles, no teto do hospital, havia cadeiras para Khalili.

Como muitos dos cavaleiros, Abdul Qoudus vestia um macacão térmico norte-americano de combate como se fosse roupa de montaria. Tinha enrolado ataduras de feltro nas pernas e, antes de subir à sela, trocou de calçado com seu ajudante, tirando as botas de beisebol já muito usadas e calçando um par de mocassins marrons muito bem lustrados.

O terreno era mais propício para uma corrida de obstáculos do que para o pólo. Qoudus juntou-se aos outros cavaleiros, que exercitavam seus animais a pleno galope, saltando fossos, fendas nos limites dos campos, terrenos pedregosos e muros de pedra, com os corpos inclinados quase na horizontal, apoiados na parte de trás das selas.

Outras picapes trouxeram mais soldados de Khalili. Havia um boato de que BHL — Bernard Henri-Lévy, célebre filósofo francês e agora representante especial do primeiro-ministro para o Afeganistão — chegaria de helicóptero para assistir ao jogo, mas isso não aconteceu.

A partida começou com as duas equipes convergindo para o cadáver de um cabrito. A galope, o líder do grupo abaixou-se na sela até que sua mão direita quase tocasse o solo, agarrou o cabrito pelas pernas traseiras, ergueu-se novamente na sela e prendeu o cabrito com uma das pernas para melhor segurá-lo. Em seguida deu volta ao cavalo e correu em direção à meta adversária. Somente manteve o cabrito por alguns segundos, porque um homem de Nayak o arrancou de suas mãos e lançou-se a galope na direção oposta. Uma massa de cavalos e cavaleiros o perseguiu e espectadores fugiam das patas em disparada, até que todo o grupo voltasse correndo para o outro lado do campo.

O comandante Yawari, que não estava participando do jogo mas fazia a volta do terreno montado num cavalo cinza, mandou trocar seu cavaleiro. Isso era contrário às regras. O homem veio cavalgando até a orla do campo sobre o cavalo premiado de Yawari: um chicote *buzkashi* havia cortado seu rosto da orelha ao queixo. Desceu da montaria e outro jóquei saltou para a sela, enquanto os soldados armados se adiantaram para impedi-lo de entrar no jogo. O jóquei não olhou para as armas. Sem dar importância à ameaça e nem aos gritos de incentivo da multidão, o jóquei, franzindo a testa em concentração, mantinha os olhos fixos entre as orelhas do cavalo. Esporeou o animal na direção dos soldados, afastando-os para ambos os lados. Depois de passar, ergueu as mãos acima da sela como se estivesse rezando, tocou os flancos da montaria com os calcanhares, curvou-se para trás na sela, olhou a linha das montanhas e lançou o animal num galope. As patas do animal dispararam em direção à nuvem de pó que escondia os demais cavaleiros.

Ao vento norte que levantava a poeira, eu podia ver as ancas do cavalo branco de Abdul Qoudus que se libertava dos demais e logo se via novamente cercado. Quando o jóquei de Yawari se juntou ao tumulto, Karaman surgiu, primeiro lentamente e logo a galope, lado a lado com um homem de Shaidan. Cada um segurava uma das pernas do cabrito. Os alto-falantes gritaram: "Karaman, Karaman", e a multidão ecoou, "Karaman, Karaman", porque ninguém sabia o nome do outro homem; justificando os aplausos, Karaman arrancou o cabrito e depositou-o perfeitamente dentro da meta, marcando um gol.

Na manhã seguinte, Aziz, oficial inteligente e amistoso do gabinete do governador Khalili, me deu uma carta de apresentação. Levei Babur para um último passeio. Depois de um dia de descanso, ele se mostrava novamente curioso e ativo. Subimos ao platô próximo aos restos do grande forte gurida e ele trotava a meu lado, batizando cada árvore ao longo do pequeno canal. Correu na frente e eu o chamei, mas ele não me deu atenção e eu o persegui. Ao chegar a um velho tanque, ele diminuiu o ritmo o suficiente para que eu o agarrasse pela pele do pescoço e visse o que o tinha excitado. Havia um lobo asiático jovem amarrado a uma estaca, mais ou menos da metade do tamanho de Babur. As costelas eram visíveis e ele se virava desesperadamente de um lado para o outro. Um grupo de jovens soldados, sentados ali perto, sorriam observando a luta e a exaustão do animal. Disseram que tinham capturado o lobo quando ainda era filhote e que iam vendê-lo a um general.

Voltei-me e me afastei, puxando Babur, que me olhava desconfiado com seus olhos amarelos de lobo. Era um animal apenas semidomesticado. Embora tivesse resolvido seguir-me e confiado em mim para alimentá-lo e afagá-lo, nunca senti que era seu dono. Ele era independente. Nunca suplicava nem tentava seduzir-me, e nada era capaz de induzi-lo a correr para trazer de volta um pedaço de pau, sentar-se quando eu mandava, ou ainda vir até mim quando eu o chamava. Soltei-o. Ele correu na frente, rolou no chão e quando me aproximei correu novamente. Ele gostava daquela brincadeira.

Quando o alcancei, sem fôlego, na quarta vez, ele se deitou de costas para que eu lhe coçasse a barriga.

Pensei que talvez o cão já estivesse bastante recuperado para caminhar comigo até Cabul, mas não queria arriscar e por isso o cocei mais uma vez, levei-o de volta às instalações dos MSF, dei-lhe água e confirmei a disposição de Didier de levá-lo consigo à capital. Depois amarrei Babur a um poste, tirei um pouco de lama seca de seu pêlo empoeirado, pus a mochila às costas e saí.

Os Soldados de Khalili

Eu estava agora completamente sozinho pela primeira vez desde que encontrara Babur em Dahan-e-Rezak. A neve caía além dos nichos vazios onde antes estavam os Budas. Por três vezes os soldados de Khalili me pararam em postos de checagem na estrada e me interrogaram.[68] Em geral eram rapazes vindos de aldeias distantes, com uniformes novos mandados pelos Estados Unidos e salários pagos pelo Irã. Paravam quem bem entendiam. Eu me sentia frustrado por ter de parar e responder às suas perguntas: a mochila era pesada e queria caminhar 45 quilômetros naquele dia. Na fronteira da cidade, um homem mais idoso saiu de um posto de guarda.

— Quem é você? — gritou.

— Sou Rory, da Escócia.

— Para onde vai?

— Para Cabul.

---

[68] Durante as onze semanas desde a partida do Talibã, a região dos hazara tinha estado em paz, e Khalili, o govenador (um mulá hazara de família pobre), não tinha nenhum rival plausível. Os novos comandantes agiam como senhores feudais, quaisquer que fossem suas origens. Ministravam justiça, distribuíam a ajuda para desenvolvimento e representavam seus distritos perante o governador. Não eram instruídos e nem sequer alfabetizados, e freqüentemente se apoderavam do dinheiro vindo do estrangeiro, mas seus distritos eram surpreendentemente tranqüilos e a maioria do povo dizia apoiar Khalili. Ele parecia até mesmo ser relativamente apreciado pelo novo governo de Cabul.

— Por que está sozinho? Por que não está em um veículo? Venha cá.

Vinte hazara com rifles surgiram por trás dele.

— Desculpe, mas já me pararam quatro vezes. Não tenho tempo para isso. Tenho cartas de Khalili e tenho permissão para caminhar por esta estrada.

— Mandei vir aqui, agora! — gritou o comandante.

— Adeus — disse eu, e continuei a caminhar.

Já tinha percorrido vinte metros quando ouvi gente correndo atrás de mim. Alguém me agarrou pela manga. Voltei-me para me desvencilhar e o homem me deu um soco no rosto, acertando-me logo abaixo do olho. Tropecei e virei-me, preparando os punhos. Ele deu um passo atrás e ambos nos movemos em círculo. A mochila me atrapalhava.

O comandante e o resto dos homens tinham corrido para perto e nos rodearam. Eu não prestava muita atenção aos outros; não fitava seus olhos ou rostos. Estava concentrado no homem que me dera o soco e que procurava uma oportunidade para golpear-me novamente.

— Que está fazendo? — gritei. — Sou um *mehman* em seu país, um *mosafer*.[69]

Enquanto eu falava o homem agarrou meu cajado. Lutamos por alguns segundos e ele o arrancou de minhas mãos. Eu não podia acreditar que aquilo estivesse acontecendo. Minhas reações pareciam tolamente tardias. Sentia-me como um urso encurralado. Ele tentou me acertar com o cajado, mas foi lento e eu me desviei. Ele esperava um momento adequado e os outros observavam para ver como ele iria me bater. Meu rosto ardia do soco e eu estava furioso. Ele, não. Parecia excitado, girando o cajado na mão e pensando onde iria me golpear. Olhou para o mais velho, que balançou afirmativamente a cabeça. Depois disse:

— Vou derrubar você.

---

[69] Eu usava palavras do Corão para lembrá-los de que muçulmanos têm o dever de tratar os viajantes com hospitalidade.

— Pare — disse eu. — Isto está errado. Sou britânico. Sou hóspede de seu governador Khalili. Você me deu um soco no rosto. Sou um homem muito importante, não pode fazer isso comigo. Como é seu nome?

O homem não prestava atenção. Fez um gesto com o cajado. Dei um passo atrás. Ele agitou de novo a vara, devagar, permitindo que eu me esquivasse. Estava apenas se habituando ao cajado. Tinha as pupilas estranhamente dilatadas e as mãos tremiam ligeiramente. A boca estava entreaberta, entre uma careta e um sorriso. Movia o cajado de uma mão à outra, com prática, até mesmo com graça. Já tinha feito aquilo muitas vezes antes, e os outros tinham assistido.

Olhei para os demais e vi um intérprete que tinha conhecido na casa dos MSF.

— Aquele homem — gritei. — Ele me conhece. Ele pode explicar.

O comandante interrompeu.

— Você o conhece?

Houve uma pausa, o homem com o cajado voltou-se para fitar o comandante, e o intérprete disse, muito claramente:

— Conheço. É o estrangeiro que veio caminhando desde Herat.

— Por que está caminhando? Os estrangeiros andam em picapes.

Enquanto eles falavam eu tirei a mochida, abri o compartimento de cima e puxei a carta do representante de Khalili. Entreguei-a ao intérprete, porque achei que os outros deviam ser analfabetos.

— Ouça isto — gritei para o comandante. — Khalili está dizendo que me ajudem, não que me dêem socos no rosto.

O intérprete leu a carta com voz neutra e calma:

— O governador solicita a seus comandantes que ajudem e protejam o historiador do povo hazara, Rory Stewart.

— Por que não nos mostrou a carta antes? — perguntou o comandante.

— Eu disse que tinha uma carta — respondi. — Mas vocês não me deram atenção. Você vai comigo ao palácio para explicar a Khalili por que atacou o hóspede dele. Você vai perder seu emprego.

— Aconselho-o a esquecer isso — interrompeu firmemente o intérprete. — Eles não perceberam que você é estrangeiro.

— O fato de eu ser estrangeiro é irrelevante. Eles não deviam fazer isso a ninguém. — Os soldados riram. A função deles era bater nas pessoas. — Por que estão rindo? Vocês são gente má... brutamontes.

— Você é que não presta — gritou o comandante. — Que acha que podia acontecer? Não pode simplesmente andar por aí sozinho...

Para meu alívio, o administrador dos MSF também aparecera. Contei a ele o que tinha acontecido. Ele pareceu um tanto embaraçado. Imaginei como devia estar minha aparência — um estrangeiro sujo e suado, gritando depois de uma briga com alguns soldados.

— Quem exatamente bateu em você? — perguntou ele.

Olhei para o grupo de homens. Meu cajado estava por terra. Tinha certeza de que era o homem alto, mas fiquei perturbado ao ver sua expressão calma e martirizada, olhando para o chão.

— Aquele homem... — disse eu, e depois fiquei enojado com tudo aquilo. — Deixe para lá — murmurei.

Peguei meu cajado e saí andando. Estava tão zangado que durante duas horas não pensei em outra coisa. Eu tinha insultado o comandante diante de seus homens, ameaçado denunciá-lo ao governador e depois saíra sozinho caminhando por uma estrada deserta. Nada o impediria de mandar os soldados atrás de mim ou de avisar os postos de controle adiante para lidar comigo.

Durante os dez quilômetros seguintes, virava-me para trás a cada ruído e pensei em entrar por um atalho através das colinas. Mas depois de duas horas sem que nada acontecesse, concluí que ele não devia estar preocupado comigo. Na Índia e no Paquistão, as forças de segurança se preocupavam em não tratar mal aos estrangeiros, para não serem denunciadas aos superiores e perderem seus empregos. Mas aqueles homens não pareciam se abalar. Provavelmente pensavam que o governador não daria importância a uma agressão contra um viajante. A prioridade de Khalili (estimulado pelos milhões de dólares da CIA) era prender fugitivos do Talibã ou da al-Qaeda, e eu poderia ser um deles. Não obstante, não tinham me matado e achei que fosse devido à carta do governador. O incidente parecia provar que, apesar dos traumas dos últimos 24 anos,

Hazarajat ainda era de certa forma uma sociedade ordeira. Quem tivesse uma carta, e se ela não fosse uma ameaça direta, em geral era deixado em paz.

Encontrei mais três postos de controle durante os vinte quilômetros seguintes e já exibia a carta antes de alcançá-los. O primeiro guarda disse que eu era um infiel mas deixou-me passar. O segundo fez o mesmo. O terceiro posto ficava na base do forte vermelho de Zorak, onde tinha existido uma grande fortaleza dos guridas. Ali o neto predileto de Gêngis Khan tinha sido morto com uma flecha, despertando a fúria de Gêngis contra os reinos das montanhas. O guarda do posto leu a carta, interrogou-me, deixou-me seguir, chamou-me outra vez, leu de novo a carta, e quando eu já ia me afastando chamou-me novamente. O comandande disse que ia levar-me de carro ao quartel-general em Bamian, quinze quilômetros de volta pela estrada onde eu vinha caminhando havia três horas, para mais interrogatórios. Apesar de haver decidido três horas antes que nunca mais desafiaria um policial, perdi a paciência.

— Não, eu me recuso — repliquei. — Sou um hóspede. Sou amigo íntimo do governador. Fiquei hospedado com ele. Ele me deu permissão.

Nada daquilo era verdade. Segui meu caminho, ignorando os gritos irados que ouvia atrás de mim, mas para meu alívio não ouvi passos e os gritos foram se reduzindo. Entrei em uma garganta estreita em direção aos picos nevados, e não vi ninguém durante as quatro horas seguintes.

E Eu Tenho a Minha

Ao cair da noite, cheguei à aldeia de Kalu (parte baixa) próximo ao limite da região dos hazara. Em dois dias mais chegaria ao território pashtun. Subi ao castelo por uma encosta íngreme de barro, passando por uma cratera recente feita por uma bomba da coalizão. Percebi o odor conhecido de fezes humanas do lado de fora das casas. Bati no portão, raspando a corrente de ferro na madeira escura. Um minuto depois, apareceu um homem idoso.

— A paz esteja contigo — disse eu.

— E também contigo — respondeu ele. Olhou a contusão arroxeada em meu rosto e disse: — Entre.

Segui-o pelo pátio até a sala de hóspedes. De modo incomum para um hazara, não sugeriu que eu dormisse na mesquita. Deu-me uma almofada para sentar, juntou alguns gravetos, alimentou o fogo e soprou, até surgirem labaredas. Em seguida pediu que lhe desse minhas meias para secar. Agradeci. Ele saiu e voltou com um jarro de chá açucarado e sentou-se em silêncio, com as pernas cruzadas, vendo-me beber. Quando terminei, trouxe pratos de arroz e espinafre e disse:

— Ainda somos os comandantes do vale. Mas o Talibã matou nossos rebanhos, e lamento não poder oferecer-lhe carne. Esses alimentos foram dados por estrangeiros.

Somente depois que viu que eu já tinha me aquecido e terminara de comer foi que ele se curvou para a frente e perguntou:

— E quem é você? De onde vem?

Respondi e perguntei pela família dele. Nasir-i-Yazdani disse que era um dos chefes da tribo Besut, dos hazara, aparentado com os grandes Begs que eu tinha conhecido no vale Sar Jangal a duzentos quilômetros dali — os chefes dos Pés negros de Sang-i-zard e Zia, o jovem chefe de Nauruz Beg, de Katlish. Eram quase todos descendentes ou parentes do grande líder hazara Mir Yazdan Baksh, e davam a si mesmos o nome de *Mir-Bache-ha* (filhos do Mir). Mir Yazdan Baksh tinha sido executado por ordem do rei do Afeganistão aos pés dos Budas de Bamian no final do século XIX.

Depois do jantar, os netos de Nasir-i-Yazdani subiram em seu colo e um sobrinho se sentou a seu lado enquanto ele falava da peregrinação de seu avô a Meca na década de 1930, e eu lhe contei alguma coisa sobre minha caminhada.

— Está viajando sozinho? — perguntou Nasir-i-Yazdani. — Que aconteceu com a hospitalidade dos hazara? Um hóspede não pode viajar sozinho. Meu sobrinho o acompanhará amanhã no passo de Besut e meu primo que mora lá vai levá-lo a Maidan Shahr.

Enquanto Nasir-i-Yazdani falava eu fazia um desenho dele. Tenho a figura a meu lado agora. Com a barba fina, olhos apertados e rosto rugoso, ele parece um solene imperador mongol. Não consegui captar seu sorriso e sua gentileza.

Depois do jantar, saímos para a neve. Eu já vinha caminhando na região dos hazara havia várias semanas. Tinha visto a grandeza feudal de Sar Jangal, a destruição em Yakawlang, a agressão dos soldados de Khalili e agora aquela acolhida generosa. Percebi, no entanto, que sabia muito pouco sobre os hazara.

Uma meia-lua iluminava o vale e o rio Kalu corria caudaloso com o degelo. A água descia por uma garganta estreita e desaparecia na escuridão, passando ao lado do castelo vermelho que Gêngis havia incendiado e prosseguindo em direção aos nichos colossais dos Budas. Setenta quilômetros mais além o rio chegava à viga queimada que sugeria a existência de uma sacada no bazar de Shaidan e lá, derramando-se nos campos secos, inundava o trigo de inverno.

Nasir-i-Yazdani contou que tinha acertado um foguete em um veículo russo, perto da cratera onde a coalizão explodira um carro do Talibã, matando quatro homens. Depois me levou para dentro, porque fazia frio e ele achou que eu estava cansado. Eu lhe disse que tinha procurado compreender os hazara mas que apenas conseguira colher algumas histórias desconexas e enigmáticas. Perguntei o que poderia explicar os hazara a mim. Ele sorriu e colocou cobertores limpos no chão. Quando me deitei ele retirou um pacote de uma caixa de madeira entalhada, beijou-o, murmurou uma oração e disse, abrindo o Corão:

O que poderá explicar-te o caminho íngreme?
É a libertação de um escravo
Ou a oferta de alimento num dia de fome...

E enquanto eu, deitado, fiquei imaginando quem seria ele, meu anfitrião prosseguiu gentilmente:

Descrente, não adoro o que adoras,
E nem adoras o que adoro.
Jamais adorarei o que adoras
E nem adorarás o que eu adoro.
Tens a tua religião e eu tenho a minha.

O Plano das Gerações

No dia seguinte os sobrinhos de Nasir-i-Yazdani me acompanharam na caminhada. Passamos por um bazar onde os russos assassinaram setenta homens e onde o Talibã tinha feito 150 prisioneiros. Três meses antes, um grupo de árabes se aquartelara no bazar para lutar em favor do Talibã. Começamos a longa subida, passando por encostas suaves cobertas de neve para chegar ao passo Hajigak, a mais de quatro mil metros. Mir Yazdan Baksh, antepassado de Nasir-i-Yazdani, tinha cruzado aquele passo, assim como o exército de Gêngis Khan e o rei afegão Abdul Rahman Khan, em sua grande campanha para a conquista da região dos hazara, um século atrás.

Do outro lado do passo encontramos um grupo de homens que retiravam a neve da estrada. O velho que os supervisionava desfiava um longo rosário enquanto os homens trabalhavam com as pás. O supervisor era primo do chefe local.[70] Levou-me a um vale lateral onde ficava o castelo de Harzard, oculto da estrada, e deu-me leite desidratado chamado Makse. O filho do chefe apareceu. Perguntei sobre sua família. Ele respondeu:

> Mir Waiz gerou Shah Ashrafi Hotak; e Shah Ashrafi Hotak gerou Shah Hussein Hotak, que recebeu o governo de Kandahar de Nadir, xá do Irã;

[70] Ahmadi, de Dewali Ghulakesh.

E Shah Hussein Hotak gerou Malik Waisi Hotak; e Malik Waisi Hotak gerou Abdul Rehman, que deixou Kandahar e construiu o castelo de Besut; e Abdul Rehman gerou Nur Muhammad, que construiu este castelo de Harzard, e Amir Muhammad, de quem descende Mir Yazdan Baksh;

E Nur Muhammad gerou Daulat Muhammad; e Daulat Muhammad gerou Isfand Wakil; e Isfand Wakil gerou Lal Wakil; e Lal Wakil gerou Saifullah Wakil; e Saifullah Wakil gerou Aladad Wakil; e Aladad Wakil gerou Khan Ali Wakil;

E Khan Ali Wakil gerou Haji Hussein Ahmed Khan; e Haji Hussein Ahmed Khan gerou Haji Assan Jan Khan, de que nasceu Muhammad Hakim, que sou eu.

Ele tinha acabado de recitar de memória quinze gerações. Eram mais do que as quatorze entre Cristo e o exílio na Babilônia ou entre David e Abraão; somente dez separam Abraão de Noé e Noé de Adão. Também era capaz de falar dos ramos laterais, contando que Mir Yazdan Baksh era descendente de Abdul Rahman e como este por sua vez era ligado a Mir Zafr, de Kalu, com cujo trineto Nasir-i-Yazdani eu estivera na noite anterior. Embora fosse ainda jovem, aquele rapaz era um tradicional chefe Hazara. Assim como seu parente Nasir-i-Yazdani, ele tinha inicialmente pertencido ao Shura-e-tafaq, o partido dos senhores feudais hazara após a invasão russa, mas tal como Nasir-i-Yazdani sua família rapidamente percebeu o erro e aliou-se com Khalili. Isso lhes permitira estar relativamente bem providos de armas vindas de Peshawar e preservar tanto o poder quanto a terra que possuíam. A maioria dos senhores feudais que não se juntaram a Khalili tinham sido derrubados por revoluções nas aldeias, patrocinadas pelo Irã.[71]

---

[71] A invasão russa do Afeganistão coincidiu com a revolução islâmica no Irã. O governo iraniano, que era xiita, interessava-se especialmente pelos hazara xiitas e, além de apoiá-los contra os russos, estimulou-os a fazer uma revolução

Eu era mais rápido sem Babur e naqueles dois dias cobri 77 quilômetros. Entrei em Dahan-e-Siar Sang uma hora depois de escurecer, sob uma neve ligeira, com o gelo estalando sob meus pés e sem uma lua para iluminar o caminho. Estava com muita fome e tinha uma tosse convulsa. O zíper de minha jaqueta travou, um dos cordões de minhas botas estava partido e o saco de arroz que cobria minha mochila caíra aos pedaços. Os insetos me picavam, causando irritação da pele; minhas unhas estavam crescidas e eu não cortava os cabelos havia quatro meses. Na porta da casa do comandante em Dahan-e-Siar Sang passei os dedos sujos por minha barba rala, meu olho preto, meus lábios rachados e o nariz que descascava, examinando minhas roupas que não eram lavadas havia três semanas. Era compreensível que inicialmente o comandante hesitasse em deixar-me dormir em sua casa.

---

semelhante à iraniana. Um ingrediente fundamental para isso era o confisco das terras dos senhores feudais, como tinha acontecido no Irã.

A Nascente do Rio Cabul

No dia seguinte subi a quatrocentros metros em meio a uma neve brilhante para atravessar o último passo, o de Unai, e depois levei duas horas para descer do topo. À tarde, cheguei a uma fortaleza em ruínas com seis torres octogonais e seteiras em forma de losangos e de bastões compridos. Um rei afegão havia construído esse forte em Siahak a fim de proteger Cabul e Ghazni dos hazara e nomeara um persa para comandá-lo. Em 1998 ainda era ali a fronteira com a região dos hazara, até que o Talibã finalmente invadiu Siahak, matando 150 pessoas a caminho de Bamian. Agora a fronteira era outra vez ali, vigiada por uma guarnição de soldados hazara de Besut sob o comando de Muhammad Hussein Fahimi, homem de ar solene.

Além da fortaleza ficavam as quatro fontes sagradas que formavam a nascente do rio Cabul, o curso d'água que eu agora iria seguir para sair do Afeganistão. Eu já tinha conhecido o rio em viagens anteriores, observando-o correr pela estreita garganta Sarobi, onde jornalistas tinham sido executados, passando pelas oliveiras de Jalalabad, o lugar a que o Dr. Brydon conseguira chegar em segurança. Eu o vi precipitando-se entre as florestas de Shisham, em meio às árvores Kikul e o tumulto dos pássaros mainá, mais além de Peshawar, no Paquistão. Tinha me sentado a suas margens em Attock, onde a torrente barrenta se encontrava com as águas verdes do Indus e onde o último senhor feudal Khwarezmian, dos guridas, esporeara seu cavalo em direção ao precipício a fim de escapar de Gêngis

Khan, provocando deste último a observação: "Deixem-no; eis um pai digno do filho." Ali, na nascente, a água acinzentada borbulhava em meio a restos de cascas de ovos, batata e cebola, além de óleo lubrificante, sinais da prosperidade de Siahak e da proximidade de Cabul. Os salgueiros nas margens estavam sem folhas.

Naquela tarde o comandante das tropas hazara demonstrou seu status distribuindo pílulas com rótulos de Drotaverina, Ácido mefenâmico e Rowatex. Engoliu uma de cada antes de oferecê-las e todos, menos eu, pegaram um punhado. Depois bebeu de uma garrafa que tinha a figura de um cérebro de um lado e do outro uma junta de bois puxando um arado. Parecia coisa de veterinário.

Na refeição matinal ele me recordou que eu havia chegado à fronteira da província hazara.

— Agora você está na planície de Wardak. Mais além estão os tadjiques e os pashtun-Talibã-al-Qaeda. Este é o primeiro lugar em que as estradas estão desimpedidas até Cabul. As dificuldades que você encontrou até agora foram problemas de neve e montanhas. Agora a paisagem é plana. São somente 71 quilômetros até Cabul, mas o povo é muito mais perigoso. Entre em um carro. Chegará a Cabul em duas horas, e não em dois dias. Não caminhe.

Respondi que precisava terminar a pé a viagem até Cabul. Não podia explicar por que tinha resolvido caminhar ao longo de todo o trajeto. Concordei que seria tolice ser morto na última noite depois de dezenove meses de caminhadas, mas não achava que pudesse desistir tão perto de minha meta final.

— O problema é dinheiro? Podemos dar-lhe o suficiente para um jipe

Finalmente, e com muita hesitação, ele se despediu e mandou que dois soldados me acompanhassem até Maidan Shahr. Meus escoltas eram jovens novatos e estavam longe de suas aldeias natais. O mais velho dos dois, Nasir, tinha dezessete anos e acabava de regressar de Teerã, onde passara seis semanas. O queixo sem barba e os óculos amarelos de aviador eram uma herança da viagem. Ao sair de Siahak passamos por uma menina que parecia ter quatorze anos. Ela nos olhou enquanto enchia vasilhas de água.

— Vamos pegá-la e fodê-la? — perguntou ele. O outro riu alto.
— Como se diz "foder" em inglês?

Repetiu minha resposta diversas vezes, rindo mais a cada vez. No Irã muitas vezes as pessoas comentaram comigo a beleza das mulheres persas, mas os afegãos, assim como os aldeões do Paquistão, nunca tinham falado de mulheres comigo.

Os soldados me levaram a um pequeno santuário dedicado ao tio do Profeta, onde admirei vinte carpas negras nadando num pequeno remanso do rio Cabul. Agora que tínhamos cruzado o último passo, a terra se mostrava imediata e visivelmente rica. Não havia neve no chão e o dia estava muito quente. Os tadjiques que eu via nos campos tinham barbas mais longas e mais espessas do que as de qualquer hazara. As casas tinham terraços longos e as valetas de irrigação eram cercadas por fileiras duplas de álamos e salgueiros. O bazar de Takana era repleto de cantos de pássaros em gaiolas penduradas em todas as traves, acima de caixotes de laranjas, jarros com ovos, cebolas e sacos abertos de cereais. Pela primeira vez, desde Kamenj, vi pomares.

Além de Takana, já tendo caminhado dez quilômetros, fomos parados por um comandante local que viu que meus escoltas eram hazara. Disse-lhes que tinham ultrapassado sua fronteira e que não tinham direito de estar ali, e por isso tinham de voltar. Intervim, e depois de certa discussão ele nos deixou passar, mas vi que os dois rapazes ficaram preocupados. Depois disso, a cada dez minutos me perguntavam por que não poderíamos conseguir um carro. Caminhavam cada vez mais devagar e naquele ritmo não chegaríamos a Maidan Shahr antes de escurecer. Finalmente, Nasir, o de dezessete anos, disse:

— Recebemos ordem de levar você a Haji Ghulam Ahmed, mas ele não está em Maidan Shahr... está em Bamian. Não podemos continuar.

Já era evidente havia algum tempo que eles não continuariam. Fiz com que se sentassem na trilha, sob algumas ameixeiras, dei-lhes algum dinheiro e o bolo de hortelã Kendal que um soldado me dera em Bamian, escrevi um bilhete de referência ao comandante elogiando a coragem deles e mandei-os de volta. Faltavam 25 quilômetros para Maidan Shahr.

Talibã

Wardak tinha sido uma antiga praça-forte do Talibã, e um ex-ministro do regime ainda o comandava.[72] Nas regiões tadjiques e hazara onde eu havia passado o mês anterior, a maioria das pessoas parecia concordar com o bombardeio feito pela coalizão. Ali em Wardak, região Pashtun, o povo provavelmente se opunha. Eu me preocupava por estar sozinho e quase não notei o panorama durante a meia hora seguinte, embora certamente o teria achado belo. O sol era muito mais suave ali do que nas montanhas elevadas e atravessava as nuvens iluminando montes avermelhados, planícies irregulares e densos pomares.

No bazar seguinte ficava a primeira aldeia pashtun. Um grupo de jovens do lado de fora de uma loja me chamou. Ao aproximar-me eles me encararam, empertigando-se. Um deles tinha uma arma nas mãos. Para minha surpresa, senti a mudança no ritmo de minha respiração.

Saudei-os formalmente.

— *Salaam aleikum* (A paz esteja contigo). *Manda na bashi* (Espero que não estejam cansados).

Eles não responderam à saudação. Um homem gordo e barbudo no meio do grupo perguntou em *dari*, secamente:

— Para onde vai?

---

[72] Em 2002, cinco escolas para mulheres foram incendiadas em Wardak por pessoas que mantiveram estritamente as opiniões do Talibã.

— Você fala *dari?* — repliquei.

— Falo — respondeu ele, meio confuso.

— Bem, então talvez não tenha compreendido o que eu disse — prossegui. — Vou repetir. *Salaam aleikum.*

Pausa.

— *Waleikun salaam* (E também contigo) — respondeu ele.

— Sua casa está bem? Seu corpo está forte? *Manda na bashi.* Que sua família prospere. Desejo-lhe longa vida.

Desta vez ele respondeu imediatamente:

— Minha casa está bem. A sua está bem? Meu corpo está forte. O seu está forte? *Manda na Bashi.* Desejo-lhe longa vida.

Sorri e solenemente apertei-lhe a mão.

Mas quando tentei retirá-la ele não deixou. Um dos homens deu um passo atrás, como se não tivesse certeza do que iria acontecer.

— Que é isso? — perguntei bruscamente. — Por que está segurando minha mão?

— Porque quero que você venha à minha loja — respondeu ele.

— Solte-a.

Ele obedeceu. Voltei-me para os demais e expliquei que estava escrevendo um livro de história e que tinha caminhado desde Herat. Enquanto eles comentavam minhas palavras, eu disse um rápido adeus e fui caminhando pela trilha, esperando a cada momento por um assobio, um grito ou um tiro chamando-me de volta, mas isso não aconteceu.

Dez minutos depois ouvi alguém que vinha correndo atrás de mim. Era um jovem com um turbante preto e um rifle. Parei.

— Sou um *hafiz* do Corão — disse ele, à guisa de apresentação.

— E eu sou professor de história — retruquei.

O homem olhou para mim e disse:

— Deixe-me ver sua arma.

— Eu disse que sou professor... compreendeu? Não sou soldado... Levo livros, e não armas. — Tentei manter a voz lenta, objetiva e um tanto fatigada. Dois de seus companheiros vieram correndo até nós, um deles trazendo um rifle. Percebi que não entendia o que diziam entre si; eu tinha acabado de sair de uma região de língua *dari*, onde passara as últimas seis semanas, e entrado em outra que usava o *pashto*, idioma que eu não falava. Mas dirigiram-se a mim em *dari*.

— De onde você é?

— Sou da Indonésia — respondi. Escolhi a Indonésia porque é um grande país muçulmano com o qual eles não teriam problemas e do qual saberiam muito pouco. Suspeitei de que não gostavam dos britânicos.

Um deles riu.

— Isso é mentira. Onde está seu passaporte?

— No escritório de passaportes em Cabul... Não o trago comigo porque não quero perdê-lo.

O passaporte estava no compartimento em meu cinto, onde eu guardava o dinheiro.

— Fale alguma coisa em indonésio.

— *Salamat Sore. Apa Kabar? Baik-baik-saja? Ada masalah di sini?*

— Diga: "Sou indonésio, professor de história."

— *Saya bekarja sebagai...*

— Você é muçulmano?

— Temos um só Deus, o mesmo Deus — respondi. — Sou seguidor de Hazrat Jesus. Temos três livros, vocês têm quatro... Vocês jejuam no Ramadan e nós na Quaresma.

Não quis dizer que era muçulmano porque achei que seria desmascarado, mas me apresentara como um cristão muito muçulmano.[73]

— Você fala inglês?

— Falo.

— Como assim?

— Sou professor.

Caminhamos lado a lado por algum tempo e um dos homens disse:

— Dê-me quatrocentos dólares.

— Isso é um pedido de *zakat*? — perguntei, referindo-me à esmola muçulmana obrigatória para os pobres.

---

[73] Os muçulmanos são estimulados a serem gentis com os "Povos das Escrituras" (cristãos e judeus). Dizer-se ateu ou hindu seria provocativo e perigoso.

— Não — disse ele, confuso. — Não preciso de *zakat*.

— Bem, então guardarei meu dinheiro para uma causa mais necessitada.

Ficamos novamente em silêncio até chegarmos a um grande grupo de jovens mulás que estavam parados no meio da rua. Parei, apresentei-me a eles e convidei-os a caminhar conosco. Sentia-me mais seguro à medida que encontrava outras pessoas. Quando disse que estive no Paquistão, um dos mulás me submeteu a um exame improvisado em língua urdu.

— Na Indonésia as mulheres andam de cabeça descoberta e calças compridas?

— Lamento dizer que algumas mulheres de vez em quando descobrem as cabeças nas aldeias — respondi. Na verdade, na Indonésia poucas mulheres cobrem as cabeças.

Outro jovem mulá se aproximou.

— Este homem — disseram os outros — era o chefe Talibã desta aldeia.

— A paz esteja contigo — disse eu.

Ele assentiu gravemente.

— E também contigo.

Apertou minha mão, perguntou se eu era muçulmano, e enquanto eu dava a mesma longa resposta ele perguntou:

— Que acha do Talibã? Você concorda com os Estados Unidos ou com o Talibã?

— Sou um hóspede em seu país. Não sou americano e nem pertenço ao Talibã. Não posso responder.

— Quem você acha que é melhor, Osama bin Laden ou George Bush?

— Sou indonésio e professor de história; sou hóspede em seu país. Nada sei a respeito desses homens. Minha especialidade é Gêngis Khan... poderia falar sobre ele. Quem você acha que deve ser presidente?

— O Mulá Mohammed Omar — gritaram todos em uníssono.

— Quem você acha que é melhor, Osama bin Laden ou George Bush? — perguntou novamente o mulá.

— Sei qual dos dois você acha melhor — repliquei —, mas nada conheço sobre esse assunto.

— Sabe quantos civis os americanos e os britânicos mataram neste país? Milhares — disse o homem do rifle. — Dezenas de milhares.

— Foram mortos em sua aldeia?

— Não, não nesta aldeia. Nunca vimos um americano nem um britânico. Eles não ousam vir a nossa aldeia porque têm medo de morrer e nós os mataríamos imediatamente. Têm medo de morrer porque não têm um Deus. São patéticos, decadentes e corruptos. Por que têm medo da morte? Eles não têm por que viver. Mas eu estou pronto a morrer agora. Todos estamos prontos para morrer porque sabemos que iremos à presença de Deus. Por isso não podem nos vencer. Por isso é que a civilização deles vai ser destruída. Isso é a *jihad*.

Todos assentiram com entusiasmo.

— De qualquer maneira, podemos todos esperar — disse eu — que, se Deus quiser, haverá paz.

— Só vai haver paz quando todos os estrangeiros saírem deste país — disse um recém-chegado, secamente. — Você é muçulmano?

Comecei novamente a explicar. Ele cuspiu no chão, deu as costas e afastou-se, seguido por outros cinco. O chefe do Talibã, no entanto, despediu-se delicadamente, abraçando-me e desejando-me sorte. Abracei-o demonstrando um afeto e respeito que não sentia.

Os três primeiros homens continuavam comigo.

— Por que não vai até o rio ali perto para observar a nascente? — perguntou o que tinha pedido dinheiro.

— Não, obrigado — respondi —, estou com pressa... tenho de chegar a Maidan Shahr antes de escurecer... tenho de partir.

— Vá até lá.

— Não, obrigado — disse eu, com ar sério. — Tenho de partir.

Todos riram.

— Por que estão rindo? — perguntei.

— Porque se tivesse ido ao rio teria sido morto — responderam.

Caminhamos lado a lado em silêncio até chegarmos a outra aldeia. Um comboio de picapes surgiu à nossa retaguarda e de um dos veículos um homem mais idoso gritou alguma coisa.

— Aquele é nosso comandante Haji Gulam Ahmed — disse um dos três homens. — Está nos chamando. Temos de ir falar com ele. Depois nós o alcançaremos.

Mas não me alcançaram.

Apertei o passo, sentindo-me cansado e com ligeira tensão nos músculos. Durante a hora anterior, minha preocupação tinha sido imediata e prática. Queria chegar à aldeia seguinte. Aqueles homens me pareceram encrenqueiros ignorantes, com uma visão torturada e perigosa de Deus e uma estúpida obsessão pela morte. Não invejei o governo que teria de lidar com eles.

Compreendi que poderiam ter me matado, mas não tinha certeza se realmente queriam fazê-lo ou se estavam apenas se divertindo comigo, e tampouco estava seguro de que tinha me comportado corretamente. Talvez apenas tive sorte com a chegada do comandante. Durante a hora seguinte, quase não prestei atenção à paisagem. Minhas emoções pareciam entorpecidas. Ocorreu-me que ser ameaçado pelo Talibã daria uma narrativa emocionante, mas em geral recordava aquela conversa com desgosto e frustração.

Dedos dos Pés

DEIXEI O VALE DE JALREZ, atravessei uma suave elevação e desci. Ao cair a noite cheguei ao grupo de prédios de barro que servia de quartel em Maidan Shahr e bati no portão. Ao abrir-se, rifles apontaram para mim. Pelas jaquetas camufladas, *shalwar kemis*, sapatos de ginástica e cintos soviéticos, eu não podia adivinhar muita coisa a respeito dos homens. Seus barretes *chitrali*, no entanto, sugeriam que apoiavam o novo governo, porque os homens do Talibã em geral usavam turbantes. Os homens gritaram perguntas e eu murmurei respostas; mandaram chamar um comandante. Ajeitei as alças de minha mochila para aliviar o peso e olhei para meus pés. Mais perguntas. Finalmente fui convidado a entrar.

Levaram-me a uma repartição pública construída na época dos russos. No passado as janelas possuíam vidraças e havia algumas salas pequenas e vazias ligadas ao corredor principal. Havia doze pessoas, eu inclusive, sentadas no chão de uma sala. Esta era pequena demais para que todos pudessem encostar-se à parede, mas os outros me fizeram ocupar o lugar principal e me fizeram perguntas sobre minha viagem e minha família. Tinham um fogareiro a gás e comecei a me sentir mais aquecido. Perguntei pelas famílias deles e, talvez por estarem distantes de seus lares, responderam longamente. Muitos tinham sido refugiados.

Um jovem de cabelos espessos e bem cuidados foi mandado a um prédio adjacente para cozinhar. Voltou com dois grandes pratos de arroz, que compartilhamos. Os soldados acharam divertido ver-me comer tanto, e me estimulavam a comer mais.

— Lamento termos sido um pouco rudes — disse o comandante, depois que terminamos. — Você está usando roupas da terra. Não parece afegão; seu rosto, suas botas. Pensamos que fosse árabe ou paquistanês. Aqui há muita gente da al-Qaeda que se parece com você: exaustos, subnutridos, com uma mochila nas costas... Também olham do mesmo jeito que você. Há um mês havia milhares deles no vale, de Jalrez a Maidan Shahr... Nós somos tadjiques. Eles eram nossos inimigos.

— E agora?

— Eles se foram. Mas aqui é uma região perigosa para nós; nossa guarnição está cercada por gente hostil.

Alguns dos homens jogavam com um baralho de 44 cartas. Sentia-me cansado porém tranqüilo, com um copo de chá quente nas mãos, encostado à parede e participando da conversa. Ouvimos tiros na rua e os homens interromperam o jogo, correndo para fora. Voltaram dez minutos depois dizendo que não era nada importante.

Contei minha conversa com os homens do Talibã na estrada.

— Encontrou Haji Ghulam Ahmed? — perguntou um jovem.

Respondi que o tinha visto de relance.

— Por quê? — perguntei.

— Ele foi ministro do Planejamento no tempo do Talibã — respondeu o rapaz que tinha cozinhado. Ele chamou minha atenção porque era o único que até aquele momento nada tinha dito e porque enfiara as calças do *shalwar* nas meias. — Ele ainda é o comandante desta região. Foi perigoso para você caminhar por aquela estrada. Teve sorte em escapar. Todos eles são contra a invasão norte-americana.

— E você? — perguntei.

— O Talibã cortou os dedos de meus pés.

Apontou para os pés. Apesar das meias, era claro que os dedos terminavam na primeira articulação. Ele sorriu ligeiramente ao ver minha expressão.

— Por que cortaram seus dedos?

— Porque eu não deixei crescer a barba.

Agora ele tinha barba. Era fina e irregular, como a minha, e por isso o chamavam "garoto Hazara".

Fomos dormir na aglomeração costumeira. Vários deles passaram por cima de mim durante a noite para ir agachar-se no pátio; alguém deixara um rádio ligado, e acordamos ao amanhecer, mas eu tinha dormido bem. Senti-me contente por estar abrigado e a salvo. O pão da refeição matinal estava morno e o chá era doce. Comecei a desenhar o comandante e dei aos homens a ração de emergência que guardara na mochila desde Herat. Dizia: "Menu 22. Massa vegetariana Al Fredo". Tirei a folha de papel que explicava aos soldados norte-americanos quantas calorias eram necessárias para estar em condições de lutar e mostrei-lhes o pó que aquecia a refeição quando misturado com água. Eles não entenderam. Fiquei preocupado com a possibilidade de que tentassem comer o pó, e por isso juntei água e aqueci a comida para eles. Todos experimentaram um pouco, mas acharam repugnante o grosso molho de queijo.

Deram-me presentes para minha família: um sachê de xampu, um pacote de biscoitos recheados e um pouco de hena para enfeitar as mãos de minha mãe. Guardei-os na mochila. Finalmente, terminei o desenho do comandante e despedi-me. Um dos homens caminhou comigo durante o primeiro quilômetro para que eu chegasse à estrada em segurança e disse que todos tiveram muito prazer em ter-me como hóspede.

Um vento frio me envolveu quando saí de Maidan Shahr e entrei na estrada principal de Ghazni para Cabul. O céu estava nublado e de ambos os lados havia cascalho e terra. Ao longo do caminho números e letras vermelhas marcavam a posição dos campos de minas. A cada dez minutos, aproximadamente, passava um caminhão.

Aquela noite no quartel foi um momento de transformação. Muitas vezes me sentira pouco à vontade nas aldeias por causa da sujeira, das salas frias e cheias de gente, homens analfabetos, conversa limitada. Quanto mais cansado e dolorido, mais eu queria afastar-me desses lugares. Mas aquela noite parecia uma volta ao lar. Nada havia de pomposo no modo com que os homens tinham falado comigo. Eu saboreei o arroz quente, o chão firme, o abrigo do vento e a companhia. Tinha visto que os homens se orgulhavam do que podiam oferecer e me senti afortunado por poder partilhar do mesmo espaço. Trataram-me como se eu fosse um deles, e senti que era.

Todas as experiências de minha caminhada não chegavam a aproximar-se das dificuldades da vida quotidiana numa aldeia. Mas eu sentira que já não precisava explicar-me a meus anfitriões — que finalmente tinha conquistado o direito de sentar-me com eles e compartilhar de seu alimento — e adorei aquela noite e aqueles homens por isso.

Enquanto caminhava, não prestava atenção ao cascalho negro ou ao vago cheiro de óleo diesel, mas a algo que se revelava nestas coisas e além delas. Quase todas as manhãs, remorsos e ansiedades haviam passado pela minha mente, como uma melodia medíocre, freqüentemente repetida e que nada revela. Eu esperava que acontecesse outra vez. Mas à medida que continuava a caminhar, os pensamentos não me dominaram. Em vez disso, tomei consciência da paisagem, como havia acontecido certa vez no Himalaia indiano. Cada um dos elementos ao meu redor me parecia mais claro, as cores mais intensas. Fiquei olhando, esperando que aquele efeito se dissipasse, mas a presença e a realidade dos objetos só aumentavam. Pensei que esta visão cessaria, e subitamente tive medo. Ela continuou a se intensificar, até que eu já não sabia se seria capaz de sustentá-la.

Aquele momento era novidade para mim. Jamais sonhara ou imaginara aquilo antes. Ainda assim, eu o reconhecia. Sentia que eu era quem de fato era neste lugar, e que já o conhecia. Era o último dia de minha caminhada. Pareceu-me extraordinário sentir tal inexplicável completude nestas horas finais, após meses de frustração. Mas o reconhecimento era imediato e incontroverso. Admiti que encontrei algo naquelas montanhas, que meus anfitriões daquela noite, e a maioria das pessoas, já possuíam. Não me seria possível ir além. Não tinha palavras para descrevê-lo, e relutava em dar-lhe nomes. Agora, enquanto escrevo, sou tentado a dizer que sentia como se o mundo me tivesse sido presenteado, como uma dádiva única para mim e igualmente para cada indivíduo. Tinha terminado minha caminhada, e podia voltar para casa.

Mármore

Ao passar pela crista de um monte vi uma grande planície, uma fileira de edifícios de apartamentos de concreto e em outra elevação, a oito quilômetros de distância, o Hotel Intercontinental de Cabul. Desci para a planície Campanie. As ruas principais da cidade estavam cheias de cabines telefônicas, ciclistas que manobravam por entre velhos ônibus, motoristas de táxi, policiais com bonés de bico e barracas que vendiam cartões-postais de atrizes indianas de seios fartos. Um homem gritou para mim. Voltei-me e ele veio a meu encontro.

— Saia da estrada — murmurou ele. — É muito perigoso para você. Lá adiante há soldados britânicos e americanos. Não pode entrar em Cabul a pé; eles o prenderão. Venha comigo. Pode descansar na mesquita.

— Eles não me farão mal, obrigado.

O homem olhou para mim, perplexo.

— Mas você é árabe, não é?

— Não. — Eu sorri. — Sou britânico.

Saí da estrada principal. Caminhei durante cerca de uma hora por entre blocos de casarões modernos de concreto, com sacadas curvas como as dos transatlânticos *art déco*. Eram predominantemente casas de três andares, muitas das quais provavelmente pertenceram a pessoas ricas. Nos lugares em que os morteiros haviam aberto buracos nas paredes, eu via enfeites de gesso e tocos de árvores maduras em amplos jardins. Os tetos planos, onde antes atiradores se escondiam, tinham sido cravejados por tiros de armas pequenas, mas ainda se viam as decorações das fachadas. A linha de buracos que corria por todas as paredes, erguendo-se da esquerda para a direita, na direção que uma arma automática assume nas mãos do atirador, atingira as placas de mármore verde e rosa. As amplas avenidas, cercadas de plátanos de troncos carbonizados estavam em grande parte desertas, mas eu ouvia vozes infantis. As grandes janelas foram lacradas com tijolos de barro, e alguns tetos tinham cobertas de plástico, dando a entender que a vida prosseguia em quartos isolados.

Subi a colina e recebi uma lufada de vento que atirou poeira dentro de meus olhos, e passei o hotel Intercontinental. Lembrei-me da última vez em que estivera lá. O "perito em Osama" de um jornal britânico estava sentado em uma mesa de canto, sob a frisa de terracota — um exemplar de intrigante arte abstrata que antes do período do Talibã tinha sido uma fileira de Budas. Debaixo da toalha suja ele escondera uísque paquistanês, que agora derramava no copo de Fanta. Em volta da mesa havia três repórteres independentes e três garçons. Os jornalistas não estavam mais bem nutridos que os garçons; eram necessários quinze dólares pagos à conta do jornal para conseguir um *kebab* malfeito e cinco batatas fritas. Os repórteres independentes esperavam que alguém lhes emprestasse um telefone ligado a um satélite e os garçons esperavam pela chance de tirar um copo que ainda tivesse uma gota de uísque.

Desci a colina, entrei no centro da cidade e passei por um engarrafamento com sete picapes estacionadas. As mais antigas tinham a sigla da ONU pintada nos flancos e levavam jovens estrangeiros de ambos os sexos, com motoristas afegãos. As mais novas e aerodinâmicas, com placas de um único número, tinham fotos do líder mártir Ahmed Shah Masud pregadas nos pára-brisas escuros e pertenciam aos principais comandantes tadjiques. Os veículos estavam estacionados por causa de uma parada militar.

Cinqüenta afegãos de várias idades, com alvos capacetes brilhantes acima dos sujos rostos barbados, e com uniformes de gala grandes demais marchavam a passos largos, rindo um pouco e olhando para os lados a fim de ver a reação dos transeuntes. Quatro pares de soldados vinham de mãos dadas. Era o novo exército afegão instituído pelo Estados Unidos.

Na rua ao lado estava um pelotão de pára-quedistas britânicos armados e com boinas nas cabeças. Um patrulheiro examinava os biscoitos Hobnob e os pacotes de cereal Minibix do supermercado, enquanto outro comprava antiguidades. O cabo hesitava entre uma moeda gurida e um pássaro Huma de terracota, e uma mendiga vestida de burca celeste procurava fazer com que ele colocasse uma nota na palma de sua mão rugosa.

Virando em uma alameda lateral diante da embaixada da Índia, peguei uma folha de papel na rua. Era uma proposta dirigida ao governo afegão, escrita em inglês:

> Há consenso na sociedade afegã; a violência tem de acabar e o respeito pelos direitos humanos será o caminho para a paz duradoura e a estabilidade em todo o país. As aspirações do povo devem estar representadas em um governo responsável, de ampla base, sem discriminação de gênero, multiétnico e representativo, que promova diariamente o progresso.[74]

À direita eu via a colina que encerrava o túmulo do imperador Babur. O sepulcro ficava em um platô abaixo de uma parede montanhosa escura que se erguia como o espaldar de um trono de mármore. Ficava diante de uma suave encosta, de um vale amplo e dos picos nevados de Hazarajat. Ao lado havia os tocos de dois gigantescos plátanos; por sua circunferência podem ter sido árvores que Babur diz ter plantado no jardim do monte, quinze anos depois de sua marcha. Quando as plantou, o imperador tinha quase quarenta anos de idade. Os primos que o haviam recebido em Herat já tinham morrido, assim como Qasim. A própria Herat tinha sido invadida pelos guerrilheiros uzbeques e nunca mais se recuperaria. Não havia mais ninguém capaz de impedir seu alcoolismo:

---

[74] "Afeganistão: Reconstrução de uma nação: seis subprogramas de prioridade nacional". Programa Nacional de Reconstrução do Afeganistão.

Na quinta-feira 21 [de abril de 1519] mandei fazer um recinto no monte, em cujo cimo planejava fazer um jardim. No sábado 23 plantei mudas de plátano e de sicômoro no recinto. Na hora das preces do meio-dia celebramos com bebida. Na madrugada do dia seguinte fizemos nova festa com bebida dentro do recinto terminado. Depois do meio-dia montamos e regressamos a Cabul. Chegando a Khwajeh Hassan, completamente bêbados, lá passamos a noite.

Uma década depois, Babur — que a essa altura já havia conquistado a Índia — soube que seu filho Humayun estava gravemente doente. Mandou trazê-lo a Agra por via fluvial, mas os médicos não foram capazes de curá-lo. Um dos cortesãos disse que às vezes Deus permitia que um homem vivesse se um amigo fizesse uma oferenda da coisa mais valiosa que possuía. Babur replicou que sua própria vida era o bem mais precioso para Humayun, assim como a vida de Humayun o era para ele. Daria a vida em sacrifício a Deus em troca da vida de seu filho. O cortesão suplicou a Babur que renegasse a promessa e oferecesse em vez disso o diamante Koh-i-Noor, mas Babur respondeu que nem mesmo aquela gema valia uma vida. Segundo um contemporâneo, "ele caminhou três vezes em volta do príncipe moribundo, e ao retirar-se, orou a Deus. Depois de algum tempo, ouviram-no dizer: 'Eu a entreguei, eu a entreguei'".

À medida que Humayun se recuperava, Babur foi adoecendo. Morreu no dia 26 de dezembro de 1530. Tinha pedido para ser enterrado naquele monte em Cabul, com o túmulo aberto ao céu. O bisneto construiu uma mesquita de mármore ao lado do túmulo com uma inscrição que diz, segundo a tradução de Peter Levi:

> Somente esta bela mesquita, neste templo de nobreza, construída para as preces dos santos e a epifania dos querubins, seria digna de figurar em um santuário tão venerável como esta estrada dos arcanjos, este teatro celeste, o jardim de luz do eleito de Deus, o Rei Anjo cujo repouso está no jardim dos céus, Zahiruddin Muhammad Babur, o Conquistador.

O palácio lateral construído por reis afegãos posteriores estava em ruínas; os fundos rebaixados de lagos decorativos foram esmagados;

o gesso desmoronava e havia furos de balas no teto entalhado. As crateras abertas pelos tiros de morteiro refletiam as que se viam nos blocos de apartamentos soviéticos do outro lado da estrada.

O sol da tarde fazia as longas sombras das árvores jovens subirem as suaves encostas, cobrindo os traços de quatro trilhas e fontes. Babur fundou um império na Índia e seus descendentes incorporaram os arcos da Índia mongol à arquitetura das mesquitas. Mas a colina onde está seu túmulo subia para o norte no rumo dos picos nevados da Ásia central, que ele atravessara em sua viagem a partir de Herat, e para além deles até sua terra natal, Samarcanda.

Entrando em uma alameda transversal, abri o portão da casa que outrora pertencia à terceira mulher de Osama bin Laden. Adormecido na soleira estava o meu Babur. Pus a mochila no chão e ao ouvir o som conhecido ele acordou, trotou ao meu encontro, com o toco de cauda se agitando, e rolou de costas no chão para que eu lhe coçasse a barriga. Era uma barriga e tanto. Eu nunca o tinha visto tão saudável, repousado e vivaz.

Epílogo

A CASA DA MULHER DE OSAMA era agora alugada por meu amigo Peter; estava cheia de homens e mulheres britânicos que trabalhavam no Afeganistão e que por uma semana alimentaram Babur com torta de carne de carneiro com batatas. Uma dessas pessoas, Mel, apegou-se especialmente a Babur e passava grande parte do dia acariciando-o, escovando-o ou dando-lhe comida. Após toda uma vida sem comer carne, ele agora a comia três vezes por dia. Passava a maior parte do tempo dormindo no jardim, à sombra das vinhas e das amoreiras. Para um cão quase selvagem, parecia ter-se adaptado rapidamente à vida doméstica.

Dois dias depois, Babur e eu partimos de automóvel, seguindo o rio Cabul através do passo Khyber para o Paquistão. O carro era pequeno e eu ia com Babur no assento dianteiro do passageiro, ele com as patas traseiras entre minhas pernas, as dianteiras em meus ombros e sua saliva caindo sobre minha suéter. Os carros o aterrorizavam, pois ele nunca tinha visto nenhum em sua aldeia, e salivava muito.

No Paquistão tratei de vaciná-lo e obter atestados veterinários, consegui uma gaiola enorme e a passagem de avião para a Grã-Bretanha. Era o início do verão no Paquistão e Babur, que gostava de rolar na neve, sentia calor. Mas eu não estava muito preocupado. Ele parecia encantado com a grama viçosa e as árvores cheias de pássaros. Iria para minha casa em Perthshire, onde estaria fresco sob os carvalhos.

Tudo parecia finalmente terminado. Eu partiria para Londres naquele dia e ele no dia seguinte. Saí para o jardim e Babur acordou, olhou para mim e rolou preguiçosamente de costas para ser coçado na barriga. Não o cocei por tanto tempo quanto desejava porque não queria que ficasse apreensivo. Mas creio que ele adivinhou que alguma coisa iria acontecer porque quando entrei no carro ele veio trotando pelos fundos da casa, com o focinho branco e enrugado no ar. Parou no portão e ficou olhando para mim enquanto o carro recuava, fazendo a manobra.

Depois de vinte meses de caminhadas, parti de Islamabad de avião com uma parada no aeroporto internacional de Dubai, onde comi um hambúrguer servido por um filipino de Luzon. Aterrissei em Londres e reparei nas vitrines e cartazes de mulheres seminuas. Nos lugares da Ásia por onde andei, as estradas pavimentadas tinham trechos de terra nua e cheia de lixo. Aqui o concreto corria ininterrupto das ruas para as sarjetas e subia pelas paredes dos prédios, fazendo com que toda a cidade se parecesse com uma única sala. Ao meio-dia, homens de meia-idade paravam nas ruas em seus ternos, parecendo perdidos e frágeis.

Tomei o trem noturno para Dunblane e caminhei os últimos vinte quilômetros até minha casa. Era madrugada e as luzes de halogênio ainda estavam acesas na rua. Os coelhos se escondiam entre as árvores dispersas. Havia carneiros espalhados em uma planície de grama que poderia alimentar um rebanho cinqüenta vezes maior. Sob um céu estreito e fechado, o rio era tranqüilo e largo, com tabuletas que diziam "propriedade privada" e "proibido pescar". Uma fileira de narcisos tinha sido plantada ao longo das margens, diante de uma alameda de faias desfolhadas.

Imaculadas tabuletas metálicas anunciavam uma escola e um limite de velocidade de sessenta quilômetros por hora. Um gato saltou por cima do muro de um posto de gasolina. Os carros estacionados diante das casas tinham os narizes enfiados nos gramados recém-aparados. Havia estufas de plantas, mesas verdes de ferro por trás de muros baixos e comedouros com sementes para passarinhos.

Imaginei-me batendo e perguntando: "Onde está o chefe? Gostaria de poder passar a noite."

Cheguei à ponte do século XVIII, da largura exata para deixar passar um único cavalo. Uma placa elegante ao lado informava que tinha sido restaurada com recursos da União Européia em 1990, doze anos antes, e reinaugurada por um general. Estava meio coberta por espinheiros e um tronco caído bloqueava uma das extremidades.

Subi as colinas. Dois pôneis superalimentados com longas crinas que lhes caíam sobre os olhos trotaram a meu encontro em meio às moitas de espinheiros e à névoa. Era um nevoeiro escocês, que umedecia minhas mãos e rosto, embora não estivesse chovendo. Em Muthill parei no *pub* para a refeição matinal. A dona perguntou:

— Por que está caminhando? — Lembrei-me das respostas que dava aos afegãos. Ela acrescentou: — Você faz isso por caridade ou porque está de férias?

Atravessei a velha ponte de pedra na parte sul de Crieff e o cascalho afundava na terra úmida sob meus sapatos quando entrei na rua. Um sicômoro tinha caído, revelando o lugar do acampamento. Os pesados carvalhos adernavam para diante, dois anos mais robustos. A casca escura e rija estirou-se e rachou ainda mais, revelando um pouco mais da parte interna lisa. Alguém — meu pai, supus — tinha trazido seis mudas do bosque. Eu podia ver os teixos adiante e depois as colunas cinzentas da casa, escurecidas pela umidade. Caminhei para os degraus. Se tivesse vindo de carro alguém me ouviria chegar, mas, como não era o caso, não havia ninguém na entrada para me receber.

Muito mais tarde, quando beijei minha mãe e subi para o meu quarto, pensei novamente no telefonema que tinha recebido em Londres. Era Edward, chamando do Paquistão, para dizer que Babur tinha morrido na véspera do dia em que deveria pegar o avião. Alguém lhe tinha dado costeletas de carneiro. Depois de ter comido pão a vida inteira, ele não tinha dentes e nem experiência para lidar com ossos. Os estilhaços lhe rasgaram o estômago, matando-o. Eu tinha imaginado que aquele roteiro de odores em pedras anônimas que se estendiam a um horizonte de picos nevados, com buracos no gelo para beber, acabariam em boa carne, troncos de carvalho, coelhos e uma casa aquecida. Mas acabou com sua morte.

Não creio que Babur ficaria impressionado em me ver chorando agora, procurando trazer de volta as cinco semanas caminhando juntos e a sós, com minha mão em uma grande cabeça de pêlos dourados, que é Babur, a meu lado e vivo.

Agradecimentos

ESCREVI ESTE LIVRO EM MINHA CASA EM PERTHSHIRE. Tive a sorte de ter muitos amigos que o leram ainda em rascunho. Devo gratidão especial a Patrick Mackie, Stephen Brown, Edward Skidelsky, Minna Jarvenpaa e Rachel Aspden por dar ao livro mais vida e todas as vírgulas.

Agradeço a Clare Alexander por sua imaginação e energia; a Mary-Kay Wilmers pela estréia na publicação; e Jason Cooper pela compreensão da viagem e por editar o livro de maneira tão competente; e a Peter Straus e Andrew Kidd pelo apoio editorial.

Devo a J D-B muita coisa que nunca conseguirei comunicar, a Peter Jouvenal por seu estímulo e a Diana Livesey, Felix Martin, Andrew Greenstock, Will Adamsdale, Oliver Akers-Douglas, Luke Ponte, Palash Dave, Tommaso Nelli, Peregrine Hodson, Honor Fraser, Nico Schwarz, Mani Boni, Nick Crane, Fiona, Annie, Heather, Gordon, Gillie e Richard pela amizade e conselhos durante a viagem e a redação do livro.

A coragem e a determinação de Mohammed Oraz, que caminhou comigo durante três meses através do Irã, me serviram de inspiração durante todo o trajeto. Eu tinha esperança de terminar a jornada a seu lado. Ele morreu numa avalanche no alto do Gasherbrum 1, seu sexto pico de oito mil metros, em setembro de 2003.

Finalmente, minha dívida maior é para com meus pais, nisto e em tantas coisas mais.

Este livro foi composto na tipologia Arrus BT,
em corpo 11/15, e impresso em papel
off-set 75g/m² no Sistema Cameron da
Divisão Gráfica da Distribuidora Record.